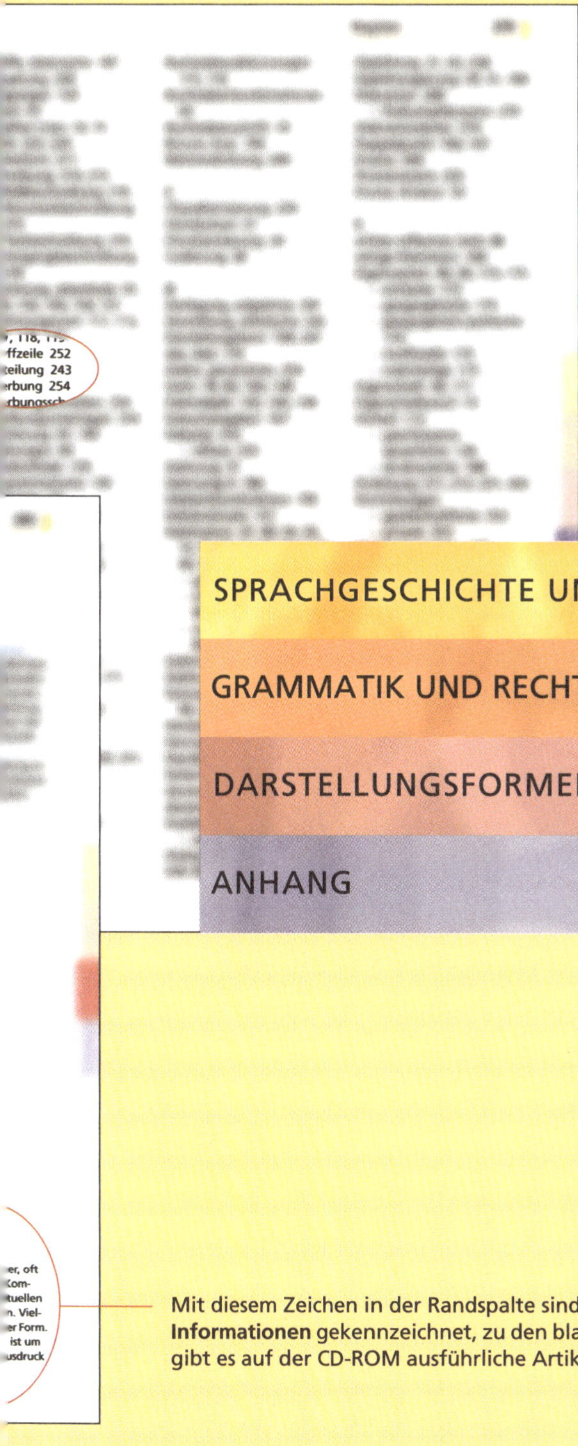

Mit diesem Zeichen in der Randspalte sind zusätzliche **Informationen** gekennzeichnet, zu den blauen Textteilen gibt es auf der CD-ROM ausführliche Artikel.

In der Reihe „Basiswissen Schule“ sind erschienen:

5. bis 10. Klasse

Biologie (376 Seiten)
ISBN 978-3-411-71483-4

Chemie (320 Seiten)
ISBN 978-3-411-71473-5

Deutsch (288 Seiten)
ISBN 978-3-411-71592-3

Englisch (320 Seiten)
ISBN 978-3-411-71961-7

Mathematik (392 Seiten)
ISBN 978-3-411-71503-9

Physik (360 Seiten)
ISBN 978-3-411-71463-6

7. Klasse bis Abitur

Astronomie (272 Seiten)
ISBN 978-3-411-71491-9

Geografie (416 Seiten)
ISBN 978-3-411-71612-8

Geschichte (464 Seiten)
ISBN 978-3-411-71582-4

Kunst (400 Seiten)
ISBN 978-3-411-71971-6

Literatur (464 Seiten)
ISBN 978-3-411-71602-9

Musik (352 Seiten)
ISBN 978-3-411-71981-5

Politik (464 Seiten)
ISBN 978-3-411-04702-4

Technik (264 Seiten)
ISBN 978-3-411-71522-0

Wirtschaft (288 Seiten)
ISBN 978-3-411-71533-6

11. Klasse bis Abitur

Biologie Abitur (464 Seiten)
ISBN 978-3-411-04612-6

Chemie Abitur (464 Seiten)
ISBN 978-3-411-04592-1

Englisch Abitur (360 Seiten)
ISBN 978-3-411-71951-8

Mathematik Abitur
(464 Seiten)
ISBN 978-3-411-71742-2

Physik Abitur (464 Seiten)
ISBN 978-3-411-71752-1

Die GPI e.V. hat die Reihe „Basiswissen Schule“ von 2002 bis 2006 jährlich mit der Comenius Medaille für exemplarische Bildungsmedien ausgezeichnet.

Der Software-Preis GIGA-MAUS der Zeitschrift „Eltern for family“ wird verliehen für empfehlenswerte Familiensoftware und Onlineangebote.

Der deutsche Bildungssoftware-Preis „digita“ wird verliehen für E-Learning-Produkte, die didaktisch und technisch herausragend sind.

Das Internetportal von „Basiswissen Schule“ www.schuelerlexikon.de erhielt 2004 das Pädi-Gütesiegel als empfehlenswertes Internetangebot für Jugendliche.

Detaillierte Informationen zu den einzelnen Bänden unter **www.schuelerlexikon.de**

Duden
Basiswissen Schule

Deutsch

2. Auflage

Duden Schulbuchverlag
Berlin · Mannheim · Leipzig · Wien · Zürich

Herausgeber
Dr. Detlef Langermann
Simone Felgentreu

Autoren
Simone Felgentreu
Dr. Sonja Huster
Gerald Lindner
Anne-Cathrin Friedrich
Dr. Detlef Langermann

Die Autoren der Inhalte der beigefügten CD-ROM sind im elektronischen Impressum auf der CD-ROM aufgeführt.

Bibliografische Information der Deutschen Nationalbibliothek
Die Deutsche Nationalbibliothek verzeichnet diese Publikation in der Deutschen Nationalbibliografie; detaillierte bibliografische Daten sind im Internet über http://dnb.ddb.de abrufbar.

Internet www.schuelerlexikon.de
Redaktion Dr. Sonja Huster, Dr. Carola Wuttke
Gestaltungskonzept Britta Scharffenberg
Umschlaggestaltung Hans Helfersdorfer
Umschlagabbildung R. Braum, Frankfurt am Main
Layout Nina Geist, Dieter Ruhmke
Grafik Gabriele Lattke, Dieter Ruhmke
Druck und Bindung Těšínská tiskárna, Český Těšín

F E

ISBN 978-3-89818-056-6 (Duden Schulbuchverlag)
ISBN 978-3-411-71592-3 (Dudenverlag)

Inhaltsverzeichnis

SPRACHGESCHICHTE
UND KOMMUNIKATION

1

1.1 Was ist Sprache?

Sprache ist eine Besonderheit der Menschen. Sie ist ein komplex aufgebautes System, das Laute und Schriftzeichen verbindet, Wörter bildet, die sich zu größeren Einheiten, Sätzen, formieren. Durch die Aneinanderreihung vieler Sätze entstehen schließlich Texte.

Es werden *natürliche* und *künstliche Sprachen* unterschieden. Zu den natürlichen Sprachen zählen auch tierische Sprachsysteme. Bienen, Delfine und andere Tiere benutzen zur Verständigung Systeme von Zeichen. Die menschliche Sprache ist aber sehr viel komplexer.

Sprache ist ein sich stets weiterentwickelndes, komplexes System von Lauten und Zeichen zum Zwecke der **Kommunikation.**
Jedem **Zeichen** des Systems wird eine Bedeutung zugeordnet, die sich sprachgeschichtlich verändern kann.
Sprache wirkt im Prozess der Kommunikation als Medium zwischen dem Sender (Sprecher/Schreiber) und dem Empfänger (Hörer/Leser).

Natürliche Sprachen sind historisch gewachsen. Hierzu zählen z.B. Deutsch, Englisch, Französisch. Sie sind Ausdruck menschlichen Denkens, Fühlens und Wollens und weisen im Unterschied zu künstlichen Sprachen verschiedene Sprachschichten, Mehrdeutigkeiten im Wortschatz sowie grammatikalische Strukturen auf. Sprachschichten sind Hoch- und Standardsprache, Dialekte und Soziolekte.

Soziolekt (lat.) = Sprachgebrauch einer sozialen Gruppe, z.B. Jugendsprache, Berufssprache

In der Regel gibt es von einer Sprache eine gesprochene und eine geschriebene Form.
In der Anwendung überwiegt der **mündliche Sprachgebrauch,** da er nicht die Beherrschung der Schrift voraussetzt.

Künstliche Sprachen sind Zeichensysteme, die nur die Verständigung innerhalb eines relativ begrenzten Fachgebietes regulieren, wie Programmiersprachen. Welthilfssprachen wie Esperanto sind ebenfalls künstliche Sprachen, die sich durch eine leichtere Schreibung und Grammatik auszeichnen als die natürlich entwickelten Sprachen.

Entscheidend für das Verständnis der Funktion jeder Sprache sind Grundkenntnisse des **Zeichenbegriffs.**

Die Beziehung zwischen **Zeichen** und *Bezeichnetem* hängt von der jeweiligen Sprachgemeinschaft ab. Die Zeichen werden von jeder Sprachgemeinschaft Abbildern der Wirklichkeit zugeordnet.
Dieselbe Wirklichkeit kann also unterschiedlich bezeichnet werden.

Zwischen einem existierenden Gegenstand oder einer Vorstellung und seiner/ihrer Bezeichnung besteht keine naturgegebene, sondern eine beliebige Beziehung.

Der Wirklichkeit wird willkürlich eine Bezeichnung zugeordnet. Willkürlich (arbiträr) heißt, es besteht keine innere Notwendigkeit, die Dinge genauso zu bezeichnen.

Bezeichnetes | Bezeichnendes

Haus (deutsch)
maison (französisch)
hus (schwedisch)
casa (italienisch)

Trotz des arbiträren (willkürlichen) Charakters des Zeichens besteht eine Determiniertheit (Verbindlichkeit) innerhalb einer Sprachgemeinschaft (meist auch darüber hinaus), welche eine Kommunikation erst ermöglicht.

1.1.1 Klassifikation der Sprachen

Sprachen werden nach der Art ihrer *grammatischen Formveränderung* (Morphologie) klassifiziert.
Dabei werden vor allem zwei morphologische Sprachtypen unterschieden:
- analytische und
- synthetische Sprachen.

Morphologie: Wissenschaft von den Formveränderungen, denen die Wörter durch Deklination und Konjugation unterliegen (↗ S. 11, 44).

Klassifikation der Sprachen nach morphologischen Gesichtspunkten

1. **Analytische Sprachen** (z.B. Chinesisch)	Grammatische Beziehungen (z.B. Singular, Plural ...) werden durch hinzutretende *Hilfselemente* ausgedrückt. Typisch sind einsilbige Wörter, z. B. Artikel, Pronomen.

Ta – men – hui – shuo – zhong – wen
Er – Plural – können – sprechen – China – Sprache

2. **Synthetische Sprachen** (z. B. Lateinisch)	Grammatische Beziehungen werden durch Verschmelzung der *Wortstämme* mit *Hilfselementen*, welche keine eigene Bedeutung haben, ausgedrückt. Elemente, z. B. Endungen, können verschiedene grammatische Kategorien wie Genus, Numerus oder Kasus übernehmen.

fero (ich trage), ferimus (wir tragen), ferent (sie tragen)

Deutsch ist eine synthetische Sprache. Es gibt jedoch Tendenzen, dass sie sich zur analytischen hin bewegt. Das Englische, eine dem Deutschen sehr verwandte Sprache, zeigt besonders diese Tendenz.

1.1.2 Entwicklung von Sprache

Gegenwärtig geht man davon aus, dass auf der Erde etwa 4 000 bis 5 000 gesprochene *Sprachen* existieren.
Schon seit mehr als 150 000 Jahren wird mündlich kommuniziert, während sich die **Schriftsprache** erst vor ca. 5 000 Jahren entwickelte.
Um die Ursprünge des gesprochenen Wortes zu erklären, wurden bereits im 7. Jh. v. Chr. Versuche durchgeführt. Die Frage nach der ältesten Sprache der Welt kann jedoch bis heute, trotz unterschiedlicher Forschungen in jeder Epoche der Geschichte, nicht eindeutig geklärt werden.
Fest steht jedoch, dass *Laute* erst im Zusammenhang mit anderen *Kommunikationsformen*, wie Mimik, Gestik und Bewegungen, semantische (Zeichen mit Bedeutung) Funktionen entwickeln konnten.

Der Ausdruck **„Semantik"** wurde 1883 von dem französischen Sprachwissenschaftler MICHEL BRÉAL geprägt. Er wurde aus dem griechischen Wort „sêma" = Zeichen, Merkmal gebildet (↗ S. 34).

Voraussetzungen für das Entstehen von Sprachen

PHYSIOLOGISCH ARTIKULATORISCH	GRAMMATISCH	SEMANTISCH
Körperliche Voraussetzungen, um Sprachlaute zu erzeugen (Kehlkopf, Atemorgane usw.).	Struktur, mit der Lauteinheiten zu Bedeutungseinheiten verbunden werden.	Der Bedeutungsgehalt, der von Sprechern erfasst und verstanden wird.

Vor- und frühsprachliche Entwicklung

Bei der *Erforschung* der **Sprachentwicklung** stützen sich die Sprachwissenschaftler auf *Knochen-* und *Sachfunde*, nachgewiesene Veränderungen der **Klima-** und **Landschaftsverhältnisse** und daraus resultierende Veränderungen im **Arbeits-** und **Sozialverhalten** der Ur- und Frühmenschen.
Die Herausbildung der Sprache im heutigen Sinne wird nicht als „Stufenleiter" angesehen, sondern als ein Prozess, bei dem die einzelnen *Entwicklungsstadien* sich verzweigten und sogar nebeneinander existierten.
Seit jeher bewegt die Menschheit die Frage, welche die *älteste Sprache* sei, und so wurden mehrere Experimente durchgeführt. Eine richtige Lösung konnte bisher nicht gefunden werden und wird wohl auch nie nachgewiesen werden können. So werden nach wie vor Spekulationen aufgestellt.
Wenn man die Kommunikation innerhalb des **Tierreiches** als Sprache betrachtet, so ist sie die älteste der Welt. In der Tierwelt gibt es verschiedene Möglichkeiten, miteinander zu kommunizieren. So reicht das Spektrum von akustischen Signalen bis zu Gerüchen, Mimik, Farben und Bewegungen.

Reaktion der Meerkatzen auf unterschiedliche Feinde mit unterschiedlichen Signalen und Bewegungen: Leopard, Adler, Schlange.

Entwicklungsstadien der Sprache

1. Vor etwa 5 Millionen Jahren (Australopithecus)	
Voraussetzungen (biologisch, geologisch, soziologisch)	• Zusammenleben in größeren **Lebensgemeinschaften** • Herstellung und Gebrauch einfacher **Werkzeuge** • **Sprechwerkzeuge** noch nicht voll ausgebildet
Sprachentwicklung	• primitive **Lautäußerungen** zur Regulierung existenzieller Vorgänge (Erkennen von Gefahr, Flucht, Nahrungssuche) • **Differenzierung** der Lautzeichen durch Anwendung auf konkrete Einzelsituationen • **Wortschatzerweiterung** durch Wiederholung, Verdoppelung und Verbindung von Lauten • noch *keine* voll ausgebildete **Sprache**

Um die **älteste Sprache** zu finden, wurden verschiedene Experimente durchgeführt. Das erste Experiment zur Erforschung des **Ursprungs der Sprache** kam zu dem Ergebnis, die älteste Sprache der Welt müsse Phrygisch (altgriechische Tonart) sein. Über dieses berichtet HERODOT: Zwei ausgesetzte Kinder, ohne menschlichen Kontakt, stießen einen Laut aus, der dem phrygischen Wort „bekos" (dt. Brot) ähnelte.
Der ägyptische König PSAMTIK I. erklärte, dass Phrygisch die ursprüngliche Sprache der Menschheit sei. Eine Wiederholung des Versuches gab es im 15. Jahrhundert in Schottland unter König JACOB IV. Diesmal wurde Hebräisch als die Ursprache angesehen.

Das Anfertigen von komplizierter werdenden Jagdgeräten zum Beispiel erforderte den geschickteren Einsatz der *rechten Hand*. Für deren Steuerung ist das Zentrum der *linken Gehirnhälfte* zuständig, welche sich durch die wachsenden Anforderungen stärker entwickeln konnte. Beide Gehirnhälften arbeiteten also nicht mehr wie bisher gleich. Das hatte wiederum zur Folge, dass sich das Sprachzentrum in der *hinteren linken Gehirnhälfte* stärker entwickeln konnte. Bei Linkshändern liegt das Sprachzentrum in der rechten Gehirnhälfte.

2. Vor etwa 2 Millionen Jahren (Homo erectus)	
Voraussetzungen	• entscheidende *erdgeschichtliche Veränderungen* bedingen den jahreszeitlichen Wechsel • grundlegende Veränderungen in der **Lebensweise** des Frühmenschen (Anlegen von Nahrungsvorräten, Suche nach geeigneten Lebensräumen) • Behütung des *Feuers* • Notwendigkeit besserer **Arbeitsteilung** und Koordination • Veränderung im **Körperbau,** Ausbildung der Sprechorgane, Zunahme des Gehirnvolumens
Sprachentwicklung	• verbesserte **Artikulation** • einfache **Lautkombinationen** mit verschiedenen Bedeutungen verbunden ⇒ Ausbildung einfachster Formen menschlicher Sprache • neue **Informationen** wurden mit einfachen Begriffen und Abstraktionen wiedergegeben, jedoch keine komplexeren Gedankengänge

3. Von etwa 150 000 bis 10 000 v. Chr. (Praesapiens – Homo sapiens)	
Voraussetzungen	• Entwicklung des vollen **Gehirnvolumens** • *bewusste* Nutzung der Naturvorräte • *geplante* Herstellung von Arbeitsgeräten • Verteilung der Aufgaben nach individuellen Fähigkeiten führte zu differenzierteren **sozialen Beziehungen**
Sprachentwicklung	• wachsende Anzahl nach einfachen Regeln kombinierbarer **Zeichen** • Speicherung von vielschichtigen Erfahrungen im Bewusstsein durch Trennung des Lautzeichens vom konkreten Gegenstand oder Zustand • Gültigkeit der Zeichen in einer **Sprachgruppe,** gedankliche (innere) Verarbeitung des Gesprochenen • ⇒ Herausbildung der *kommunikativen* und *kognitiven* Funktion der **Sprache**

Die durch die klimatischen Veränderungen hervorgerufenen neuen Anpassungen im Zusammenleben der Frühmenschen haben einen wesentlichen Einfluss auf die Veränderungen des Körperbaus und des Gehirns und damit auf die Herausbildung des Sprachzentrums.
Zur **Lautbildung** ist das Vorhandensein von **Sprechwerkzeugen** erforderlich. Vor etwa 2 Millionen Jahren setzte mit der Veränderung des Körperbaus sowie der Zunahme des Hirnvolumens die weitere Ausbildung der Sprechorgane ein.

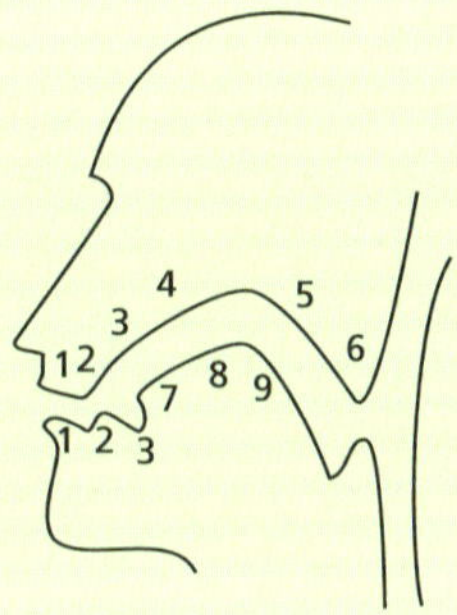

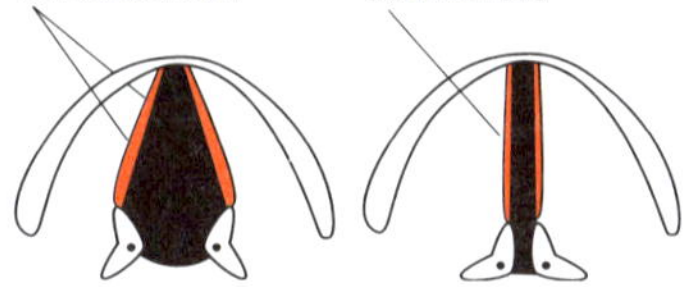

Fast alle **Sprachlaute** werden bei der **Ausatmung** erzeugt. Der Luftstrom, der die Lunge verlässt, wird durch den Kehlkopf mit Stimmritze und den Stimmbändern gepresst und gerät dabei in Schwingungen. Diese Schwingungen werden im Mund- und Nasen-Rachen-Raum ausgeformt zu Lauten (s. Abb.).

Die Öffnung zwischen den Stimmbändern bildet die sogenannte Stimmritze.

Kein Artikulationsorgan oder auch Sprechwerkzeug ist ausschließlich der Lautbildung vorbehalten. Lippen, Zähne, Kiefer, Zunge, Rachen dienen in erster Linie der Nahrungsaufnahme, während Nase, Luftröhre und Lungen der Atmung dienen. Diese Körperteile haben also mit der Artikulation eine weitere Funktion übernommen und haben sich im Laufe der Menschheitsentwicklung zur Erfüllung dieser Funktionen weiter ausgebildet. Sie variieren mit Geschlecht und Alter, sind aber ansonsten bei allen Menschen gleich.

Die Phasen dieser Entwicklung sind beim Säugling z. T. noch zu erkennen. Der Kehlkopf als das vor allem stimmbildende Organ senkt sich erst etwa 10 Monate nach der Geburt so weit ab, dass an den Stimmbändern die Grundschwingungen des Luftstroms erzeugt werden können. Damit verliert der Säugling allerdings seine Fähigkeit, gleichzeitig zu atmen und zu essen.

Entwicklung verschiedener Sprachgruppen

Die *geografische Trennung* der Lebensgruppen seit der Urgesellschaft kann als die wichtigste Voraussetzung für die Entstehung der verschiedenen **Stammessprachen** gelten.

Aufgrund des **Wortschatzes** und der **Morphologie** der verschiedenen Sprachen unterscheidet die historisch-vergleichende Sprachwissenschaft bestimmte Sprachfamilien, aus denen sich die zum Teil noch heute existierenden Sprachen entwickelten. Der Ursprung der deutschen Sprache geht zurück auf die **indoeuropäische Sprachfamilie.** Die indoeuropäische Sprachfamilie wird nicht als praktisch funktionierende Sprache, sondern als ein Regelwerk bestehender morphologischer Gemeinsamkeiten von Sprachen aufgefasst.

Morphologie ist die Formenlehre der Sprache. Sie ist die Wissenschaft von den Formveränderungen, denen die Wörter durch Deklination und Konjugation unterliegen (↗ S. 44).

Sprachfamilien

indoeuropäische Sprachen	Turksprachen	afroasiatische Sprachen	finno-ugrische Sprachen	kaukasische Sprachen
↓	↓	↓	↓	↓
z.B. italische Sprachen keltische Sprachen indoiranische Sprachen slawische Sprachen baltische Sprachen germanische Sprachen				
↓				
Afrikaans, Dänisch, Deutsch, Englisch, Friesisch, Isländisch, Jiddisch, Luxemburgisch, Niederländisch, Norwegisch, Schwedisch	z.B. Türkisch	z.B. Ägyptisch-Koptisch	z.B. Finnisch	z.B. Georgisch

Älteste Belege **sprachlicher Überlieferungen** stammen aus dem Griechischen, Hethitischen und Indischen des 15.–14. Jh. v. Chr. Die germanischen Sprachen wurden erst durch einen gotischen Text (Codex argenteus) etwa 500 n. Chr. nachgewiesen.

Entwicklung der germanischen Sprachen

Etwa 2000 v. Chr. begann mit der Neubesiedlung des westlichen Ostseeraumes die Abtrennung der germanischen Sprachen aus dem Indo-europäischen. Dieser Prozess beinhaltet sprachliche Veränderungen, wie die erste Lautverschiebung, den Akzentwandel und die Herausbildung schwacher Verben und war etwa 500 v. Chr. beendet.
Wesentliche Unterschiede der germanischen Sprachgruppe zur indo-europäischen Sprachfamilie:

- erste (germanische) Lautverschiebung
- Akzentwandel
- Herausbildung schwacher Verben

Erste (germanische) Lautverschiebung

Indoeuropäische Sprachfamilie	b d g	labium	duo	ager
Germanische Sprachgruppe	p t k	Lippe	twai (gotisch: zwei)	Acker

Indoeuropäische Sprachfamilie	bh dh gh	nábhas	dhur	ghostis
Germanische Sprachgruppe	b d g	nebul (Nebel)	door	gast

Die **erste Lautverschiebung** setzte etwa zwischen 1200 und 1000 v. Chr. ein und war zwischen 500 und 300 v. Chr. abgeschlossen. Sie führte zur Differenzierung zwischen den germanischen und indoeuropäischen Sprachen.

a) Die stimmhaften Verschlusslaute b, d und g wurden zu den stimmlosen Verschlusslauten p, t und k.

b) Die behauchten Verschlusslaute bh, dh und gh wurden zu stimmhaften Reibelauten und schließlich zu den stimmhaften Verschlusslauten b, d und g.

Das **grimmsche Gesetz** zeigt, dass sich Veränderungen innerhalb einer Sprache sowie in Sprachgruppen äußerst langsam und allmählich vollziehen. Das Werk von JACOB GRIMM wurde durch die Forschungen des dänischen Philologen KARL ADOLF VERNER zur Akzentverschiebung ergänzt. Das **vernersche Gesetz** beschreibt die gesetzmäßige Verschiebung des Wortakzents, die in Wörtern der germanischen Sprachen nach der von GRIMM beschriebenen Konsonantenverschiebung eingetreten ist.

JACOB GRIMM (↗ S. 33) hat 1822 das Gesetz der ersten (germanischen) Lautverschiebung beschrieben (grimmsches Gesetz). Systematisch erläutert er den Lautwandel, insbesondere das Muster für die Veränderungen der Verschlusslaute (p).

Akzentwandel

Mit der *ersten Lautverschiebung* erfolgte eine **Akzentveränderung** im Germanischen. Während in den indoeuropäischen Sprachen der Akzent auf jeder Silbe liegen konnte, beschränkte sich dies in den germanischen Sprachen auf eine Wurzel oder **Stammsilbe.** Dies war in den meisten Fällen die erste Silbe des Wortes. Die anderen Silben, die wichtige grammatische Funktionen haben, wurden dadurch oft vernachlässigt oder sogar ganz gestrichen. Dadurch waren Person, Zeit oder Fall oftmals nicht mehr zu erkennen. Um dies wieder deutlich zu machen, veränderte sich die Beugung der Worte.

Indoeuropäische Sprachen	Germanische Sprachen
Beweglich springender Akzent, *Veränderung* der Betonung bei **Flexion** des Wortes: trápeza, trapézes, trapezón – der Tisch, des Tisches, der Tische.	Meist **Akzentuierung** des Wortes auf der *Stammsilbe* (erste Silbe des Wortes – exspiratorischer Akzent): Tón, Betónung, Vertónung.

Durch Änderung der Verschlusslaute und Betonung der ersten Silbe eines Wortes unterschied sich das Germanische von den indoeuropäischen Sprachen.

Herausbildung schwacher Verben (Entwicklung vom synthetischen zum analytischen Sprachbau)

Indoeuropäische Sprachen	Germanische Sprachen
– Bildung von *verschiedenen Zeitformen/Tempora*, Kasus usw. mithilfe von Endungen – viele **Konjugationsmöglichkeiten** (z. B. zehn Möglichkeiten im Altindischen für die Bildung des Präsens)	– Reduzierung der **Tempusbildung** auf **zwei** Möglichkeiten: • starke und • schwache Verben starkes Verb: graben – grub, schwaches Verb: leben – lebte

Zur Entwicklung der deutschen Sprache aus den germanischen Sprachen

Ausgedehnte **Wanderbewegungen** führten zum Zusammenschmelzen mehrerer kleinerer Gruppen zu größeren Lebensverbänden – den germanischen Großstämmen. Schon im 5. Jahrhundert n. Chr. kommt es in den verschiedenen Besiedlungsgebieten (zwischen Oder und Weichsel, an der Elbe usw.) zu einer differenzierten Sprachentwicklung, die als Ursprung heutiger Sprachen wie Deutsch, Schwedisch, Dänisch usw. verstanden werden kann.

Ursprung der deutschen Sprache ist das **Westgermanische,** aus dem sich auch das Niederländische, das Englische und das Friesische entwickelte.
Entscheidende Komponente für die sprachliche Abgrenzung des Deutschen ist der Prozess der **zweiten (hochdeutschen) Lautverschiebung** (nach JACOB GRIMM, „Deutsche Grammatik“, 1822).

Diese *Lautverschiebung* begann in den Alpen und breitete sich mit unregelmäßiger Konsequenz bis in den Norden aus. An der **„Benrather Linie“,** der deutschen **Ost-West-Furche,** die von Aachen über Düsseldorf, Kassel, Aschersleben, Saalemündung, Wittenberg, Doberlug, Lübben nach Frankfurt an der Oder führt, verebbte diese sprachliche Bewegung (↗ Karte S. 15).
Die zweite Lautverschiebung kennzeichnet die Trennung des Hochdeutschen vom Niederdeutschen. Aus dieser Entwicklung ergibt sich, dass der Lautstand des Niederdeutschen älter ist als der des Hochdeutschen. Das **westgermanische Sprachgebiet** wurde durch die hochdeutsche Lautverschiebung in zwei Teile geteilt: den südlichen hochdeutschen Teil und den nördlichen niederdeutschen und niederländischen, der diese Lautverschiebung nicht mitgemacht hat. Die Veränderungen sind also nicht in allen deutschen Dialekten gleichermaßen erfolgt. So sind in den niederdeutschen Dialekten (Plattdeutsch) die alten Laute noch erhalten wie in dat (das) oder ik (ich). Heute sprechen etwa 90 Millionen Menschen die deutsche Sprache als Muttersprache in Deutschland, Österreich, der Schweiz und Liechtenstein. Des Weiteren ist Deutsch Erst- oder Zweitsprache von etwa 40 Millionen Menschen, z. B. in Frankreich (Elsass), Italien (Südtirol), Dänemark, Belgien, Rumänien, Ungarn u. a.

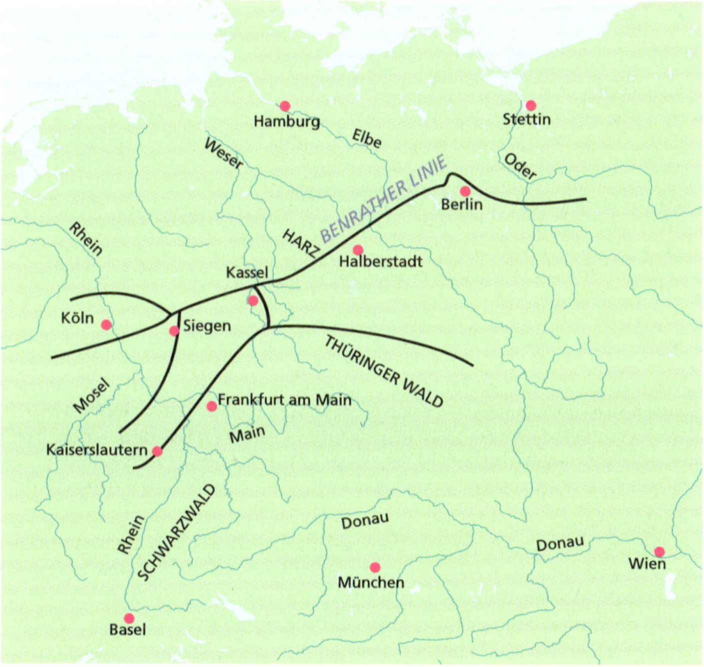

Kartenausschnitt mit **Benrather Linie**

Die zweite Lautverschiebung betrifft vor allem

1. die *stimmlosen* **Verschlusslaute** im Anlaut und in der **Verdoppelung**

Germanische Sprachen	p t k	perd	settian	wekkian
Althoch-deutsch	pf, f (t)s, ch	Pferd	setzen	wechan (wecken)

2. die **stimmlosen Verschlusslaute** nach einem *Vokal*

Germanische Sprachen	p t k	opan	etan	makon
Althoch-deutsch	ff/f ss (c)h	offen	essen	machen

3. die **stimmhaften Verschlusslaute** b, d, g

Germanische Sprachen	b d g	bairan	daughter	giban
Althoch-deutsch	p t k	peran (tragen)	Tochter	kepan (geben)

1.2 Entwicklung der Schrift

Schrift; lat. scriptum = Aufsatz, Schrift, schriftliche Verordnung, scribere = mit dem Griffel eintragen, einzeichnen

Schrift stellt ein grafisches **Zeichensystem** dar, wobei Informationen mithilfe der Zeichen auf möglichst dauerhafte Beschreibstoffe (z. B. Stein, Holz, Pergament, Papier) durch Zeichnen, Malen, Einkerben usw. fixiert werden.
Sie dient der menschlichen **Kommunikation.**
Im Gegensatz zur gesprochenen **Sprache** entfällt die temporale und lokale Kongruenz (Übereinstimmung) von Sender und Empfänger.
Je nach Art des Zeichensystems unterscheidet man Wort-, Silben- und Lautschriften.

Bevor sich die *Schrift* als komplexes Zeichensystem vor etwa 5 000 Jahren entwickelte, gab es verschiedene Vorformen, die aus dem Bestreben resultierten, Sachverhalte, wie Ernteerträge, Einnahmen und Ausgaben, über einen längeren Zeitraum zuverlässig festzuhalten.
Überlieferte Beispiele sind die **Kerbhölzer** und die **Knotenschnüre** der Inka (Quipu).
Die Redewendung „etwas auf dem Kerbholz haben" bezieht sich offensichtlich auf die Verwendung der Kerbhölzer als „Schuldenanzeiger". Die Anzahl der Kerben verdeutlichte die Höhe der Schulden. Das Holz wurde gespalten, und jeweils eine Hälfte ging an den Gläubiger und an den Schuldner. Da beide genau zusammenpassten, konnte die Schuld bis zur Abgleichung nicht geleugnet werden.

Der **Quipu** war ein Holzstab oder eine Hauptschnur, an der verschiedenfarbige Fäden hingen.
Jedem Knoten auf diesen Fäden wurde eine bestimmte Menge zugeordnet, und die unterschiedlichen Farben und Abstände gaben zusätzliche Informationen.
Obwohl mit diesen Systemen eine Reihe von Kombinationen möglich war, blieben sie doch, was die inhaltlichen Ausdrucksmöglichkeiten betrifft, stark beschränkt. Die Art der Informationen ging wahrscheinlich nicht über reine **Mengenangaben** hinaus.

Ein wesentlicher Schritt, der zur Entwicklung der Schrift führte, war das Zuordnen von kleinen **Zeichnungen** (Piktogrammen) zu den reinen Mengenangaben. Damit konnte nicht nur eine bestimmte Zahl, sondern auch die Art des gezählten Gegenstandes festgehalten werden.
Im Laufe der Zeit benötigte man für komplexere Sachverhalte immer mehr Zeichen.

Mit der **Staatsentwicklung** und der Herausbildung von **Städten** entwickelten sich so Schrift und Zahlen. Gab es z. B. um 3 500 v. Chr. in Ägypten noch weitgehend unabhängige Bauerndörfer, so wurden um 3000 v. Chr. diese Dörfer von König NARMER vereinigt. Innerhalb weniger Jahrhunderte bildete sich ein Zahlen- und Schriftsystem heraus, das die Verwaltung ermöglichte. Diese Schriften waren **Bilderschriften,** die einzelne Gegenstände darstellten.

1.2.1 Bilderschrift

Piktografie/Ideografie (ca. 10 000 – 3 500 v. Chr.)

Die **Bilderschrift,** bestehend aus vereinfachten Abbildungen, verdeutlichte nur den direkt dargestellten Gegenstand. Der Unterschied zur rein künstlerischen Abbildung besteht darin, dass die **Piktogramme** ausschließlich dem Zweck der **Informationsweitergabe** dienten.

Eine weitere Entwicklungsstufe innerhalb der Bilderschriften war die **Ideografie.** Das verwendete Bild stand nicht mehr nur für sich selbst, sondern wurde zum Informationsträger für allgemeinere, weiterführende Zusammenhänge. So steht das Zeichen „Sonne" außerdem für Wärme, Sommer, Licht usw. Damit wird es zum **Ideogramm.**

Ein **Ideogramm** ist ein Schriftzeichen, das einen *ganzen Begriff* bildhaft darstellt. Es ist in der Hieroglyphen- und Keilschrift zu finden. Die Schrift, die aus Ideogrammen gebildet wird, ist eine *Begriffsschrift* (Ideografie).

Hieroglyphen (ca. 3 000 v. Chr.)

Das Zeichensystem der **Hieroglyphen** trägt sowohl piktografische, ideografische als auch phonetische Merkmale.

Hieroglyphen		
piktografisch	**ideografisch**	**phonetisch**
Zeichen steht für einen konkreten Gegenstand.	Zeichen steht für einen Gegenstand und eine abstraktere Idee.	Zeichen steht für den phonetischen Klang des abgebildeten Gegenstandes.

Ein **Piktogramm** ist eine stilisierte Darstellung eines Begriffes, einer Information. Es ist ein eindeutiges, *einfaches Bildzeichen*, das noch heute zur Informationsvermittlung dient (z. B. auf Flughäfen, Bahnhöfen, in öffentlichen Gebäuden).

KLEOPATRA

PTOLEMAIOS

Zu den bekanntesten *Bilderschriften* gehören die **ägyptischen Hieroglyphen.** Obwohl sie schon feststehende Symbole verwendeten, bildeten sie noch kein einheitliches System.

Die Entschlüsselung der Hieroglyphen im Jahre 1822 geht auf den französischen Ägyptologen Jean-François Champollion (1790–1832) zurück. Nach langer Zeit der Versuche gelang ihm mithilfe des **„Steins von Rosetta"**, auf welchem sich ein Text in Hieroglyphen, in demotischer Schrift (eine Weiterentwicklung der Hieroglyphen) und in griechischer Schrift befand, die Entzifferung der ägyptischen Zeichen. Anhand der Namenskartuschen (Kartuschen = im alten Ägypten Umrahmungen von Königsnamen) des Ptolemaios und des Namens der Königin Kleopatra konnte Champollion die ersten Schriftzeichen deuten und so die Entzifferung der Hieroglyphen vorantreiben. Die Schriftrichtung der Bilder war unterschiedlich – sie unterlag lediglich ästhetischen Regeln.

Sogar in seinem unvollständigen Zustand hat der **„Stein von Rosetta"** enorme Ausmaße: 1,14 m hoch, 72 cm breit und etwa 28 cm stark. Sein Gewicht beträgt 762 kg.

Dieser bedeutende Stein wurde Mitte Juli des Jahres 1799 von dem französischen Offizier Pierre François Xavier Bouchard gefunden und nach seinem Fundort Rosette benannt.
Der historische Wert des **„Steins von Rosetta"** wurde sofort erkannt. Deshalb wurde der Stein den Gelehrten für Forschungen zur Verfügung gestellt. Nach der Kapitulation der Franzosen in Alexandria gelangte der Stein 1802 nach London in das Britische Museum.

1.2.2 Phonetisierung

Sumerische Keilschrift (ca. 5500–1900 v. Chr.)

Das Verfahren, die **Zeichen** nicht mehr nur auf den abgebildeten Gegenstand zu beziehen, sondern auf dessen phonetischen **Klang,** wird als **Phonetisierung** bezeichnet.

Da mit einem stärker werdenden Bedürfnis nach *dauerhafter Fixierung* von Verträgen, Abkommen usw. der Schriftverkehr stark anstieg, entwickelten die **Sumerer** (altorientalischer Volksstamm, siedelte etwa seit dem 4. Jahrtausend v. Chr. im mittleren und südlichen Babylonien) ein System von Zeichen, welches nicht von der Geschicklichkeit des Schreibers abhängig war und schneller benutzt werden konnte.

Die Sumerer nutzten den **phonetischen Klang** eines Zeichens und kombinierten daraus neue **Wörter.** So wurde zum Beispiel das Zeichen für alle Wörter, die das Phonem „Ei" beinhalten, verwendet (Flüsterei, Verweichlichung, Eimer usw.). Dadurch konnten die piktografischen/ideografischen Zeichen so weit zusammengefasst werden, dass bereits 600 Zeichen genügten, den erforderlichen Wortschatz auszudrücken.
Mithilfe eines Stichels oder dreikantigen Metallstabs wurden die Zeichen in feuchte **Tontafeln** gedrückt und damit haltbar und transportierbar gemacht. Das Schreiben auf Tontafeln wurde von vielen anderen Völkern übernommen. Lange nach dem Untergang der sumerischen Kultur wurden noch heilige Texte zusätzlich in sumerischer Keilschrift verfasst (ähn-

lich unserem Brauch, auf Grabstätten lateinische Inschriften zu verwenden). Dieses System war bereits so weit abstrahiert, dass es auch von anderen Kulturkreisen genutzt werden konnte. Die Perser vervollkommneten die **Keilschrift,** sodass sie mit nur **41 Zeichen** in der Lage waren zu schreiben.

Zeichen	sumerische Lautung	sumerische Bedeutung
	A	Wasser
	Uru	Stadt
	AN; DINGIR	Himmel; Gott
	E(DÈ.A)	Mensch
	ZA	Mensch

1.2.3 Alphabet

Unter **Alphabet** versteht man eine festgelegte Reihenfolge der *Schriftzeichen* einer Sprache.

Das Silbenalphabet der Phönizier (ca. 1200 v. Chr.)

Das *Silbenalphabet* der Phönizier gilt als das erste **phonetische Alphabet** in der Geschichte der Schriftentwicklung. Da die Phönizier als ein Handelsvolk mit allen Kulturen rund um das Mittelmeer in Verbindung standen, konnten sie sowohl gesellschaftlich als auch kulturell deren fortschrittliche Vorstellungen übernehmen und in ihre eigene Kultur integrieren. Deshalb könnte sowohl die ägyptische als auch die sumerische Schrift als Vorlage für ihr *Alphabet* gedient haben. Bis heute ist der genaue Ursprung nicht geklärt.

Der Prozess der Schaffung einer **Buchstabenschrift,** wie der der Phönizier, war ein komplizierter Prozess mit vielen Entwicklungsstufen und unterschiedlichen Varianten. Wichtigstes Merkmal bleibt, dass erstmalig in einem Schriftsystem der piktografische und der ideografische Aspekt vernachlässigt wurden und nur noch die **Lautung** der abgebildeten Wörter von Bedeutung war.

𐤀𐤁𐤂𐤃𐤄𐤅𐤆𐤇𐤈𐤉𐤊𐤋𐤌𐤍𐤎𐤏𐤐𐤑𐤒𐤓𐤔𐤕 Das **phönizische Alphabet** bezeichnet man als *Silbenalphabet*, da die 22 Zeichen ausschließlich Konsonanten darstellten, während die Vokale nur gesprochen wurden. Da die Sprache der semitischen Völker *vokalarm* war, stellte dies kein größeres Problem dar. Die geringe Anzahl der Zeichen machte es möglich, sie leichter zu erlernen, und damit wurde auch der Prozess der *Wissensaneignung*, der unmittelbar mit dem Schreiben zusammenhängt, für eine breitere Schicht möglich.

Die Schaffung des klassischen **griechischen Alphabets** (403 v. Chr.) geht auf die wahrscheinlich erste Schreibreform Europas, veranlasst durch den Politiker ACHINOS, zurück. Auf seinen Vorschlag hin wurde eine Schriftvariante mit 24 Buchstaben als Amts- und Schulschrift eingeführt.

Das griechische Alphabet und die Ausbreitung der griechischen Sprache

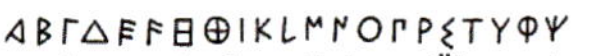

Das erste **griechische Alphabet** lässt sich aufgrund deutlicher Übereinstimmungen bzw. Ähnlichkeiten auf das *phönizische Alphabet* zurückführen. Zu den Gemeinsamkeiten zählen die äußeren Gestaltmerkmale der Buchstaben, die vorläufige Schreibung von rechts nach links und die Abtrennung der einzelnen Wörter mit einem senkrechten Strich (bei frühen griechischen Schriften, z. B. Kretisch). Die Bedeutung des ersten griechischen Alphabets lag insbesondere darin, dass mit dem Einfügen von Buchstaben für Vokale das *erste vollständige Alphabet* entstand.
Die unterschiedlichen sprachlichen Voraussetzungen im Phönizischen und im Griechischen machten es möglich, dass *freie* (im Griechischen nicht existente) *Lautzeichen* neu besetzt werden konnten. So wurden die Zeichen für die phönizischen **Halbkonsonanten** in Zeichen für griechische Vokale umgewandelt (z.B. semitisch Aleph wird griechisch Alpha). Die Konsonanten b, g, d, z, k, l, m, n, p, r und t wurden aus dem Phönizischen übernommen. Andere sich äußerlich ähnelnde Zeichen wurden ohne Beziehung zum ursprünglichen Laut in das Griechische übertragen. Das *klassische griechische Alphabet* entwickelte sich etwa im 4. Jh. v. Chr., aber die bestehenden regionalen Varianten existierten auch über das 3. Jh. hinaus.

Man unterscheidet *vier Stufen* bei der Entwicklung der griechischen Sprache: Altgriechisch (bis 300 v. Chr.), Koine (300 v. Chr. bis 1), Mittelgriechisch (300 bis 1453) und Neugriechisch (1453 bis heute). **Neugriechisch** wird heute von etwa 10 Millionen Menschen in Griechenland sowie von Minderheiten in Bulgarien, den ehemaligen Sowjetrepubliken, Italien und Rumänien gesprochen.

Ausbreitung der griechischen Sprache

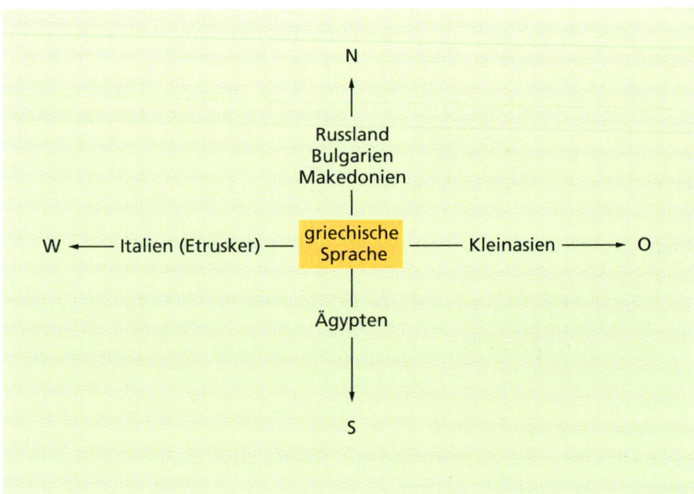

Der Prozess der Verbreitung des Griechischen erstreckte sich über viele Jahrhunderte. Eine besondere Bedeutung hatte das Griechische bei der Herausbildung des **kyrillischen** und des **lateinischen Alphabets.** *Griechisch ist die älteste Sprache* Europas. Die ältesten **Sprachdenkmäler** sind auf Kreta und auf dem Peloponnes gefundene Tontafeln. Diese Tafeln lassen sich in die Zeit 1400–1200 v. Chr. datieren. Die älteste griechische – und somit europäische – Literatur besteht aus der **Ilias** und der **Odyssee,** zwei um 700 v. Chr. entstandenen Epen, die **Homer** zugeschrieben werden (vgl. Basiswissen Literatur).

Das lateinische Alphabet

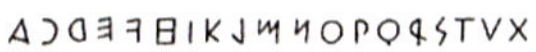

Die *westgriechische Variante* des griechischen Alphabets erzeugte das **lateinische Alphabet** durch den Kontakt griechischer Kolonisten mit Etruskern und Römern in Süditalien. Durch die Verbreitung des **Christentums** kam das lateinische Alphabet allmählich auch nach Mittel- und Nordeuropa. Osteuropa dagegen wurde von dem griechischsprachigen Byzantinischen Reich aus christianisiert, und deshalb wurde um 800 n. Chr. das sogenannte kyrillische Alphabet geschaffen, eine den slawischen Sprachen angepasste Schrift, die viele Ähnlichkeiten mit dem griechischen Alphabet aufweist und in der ehemaligen Sowjetunion, in Bulgarien und in einigen Balkanländern verwendet wird.
Die Entstehung des *lateinischen Alphabets* geht möglicherweise auf die um Rom siedelnden Latiner zurück. Außer der griechischen wird auch die etruskische Schrift als Grundlage gedient haben. Die **Schrifttafel von Marciliana** (1. Hälfte des 8. Jh. v. Chr.) beweist, dass die **Etrusker** schon lange vor ihrer Ansiedlung in Italien die griechischen Schriftzeichen kannten. Die etruskische Schrift wird heute aus vergleichenden Forschungen heraus als eine Weiterentwicklung der westgriechischen Schrift angesehen. Beide Sprachen weisen starke Ähnlichkeiten auf und wurden vielleicht ans Lateinische angepasst.
Im 3. Jahrhundert v. Chr. existierte nachweislich ein lateinisches Alphabet mit 19 Buchstaben (römisches Alphabet), welches aber noch mehrfache Veränderungen erfuhr.
So wurde der Buchstabe G durch das Hinzufügen eines Striches aus dem C geschaffen und ersetzte das nicht verwendete griechische Z. Weiterhin änderte sich auch die lautliche Nutzung der Buchstaben U und Y.

A B C D E F G H I K L M N O P Q R S T U X Y Z

Das *lateinische Alphabet* der klassischen Zeit besteht aus 23 Buchstaben, die beiden letzten (Y und Z) wurden erst in späterer Zeit aus dem griechischen Alphabet übernommen und am Ende angefügt. Das lateinische Alphabet hat fünf **Zeichen für Vokale** (A E I O U), die entweder kurz oder lang gesprochen werden. **Diphthonge** (AE AU EU OE) sind immer lang.

Diphthong = Doppellaut oder Zwielaut (↗ S. 29, 31, 43)

Die Ausdehnung des römischen Imperiums führte zu einer starken Verbreitung des Lateinischen.
Bis heute wird die lateinische Schrift fast überall in Europa in nur wenig geänderter Form genutzt.

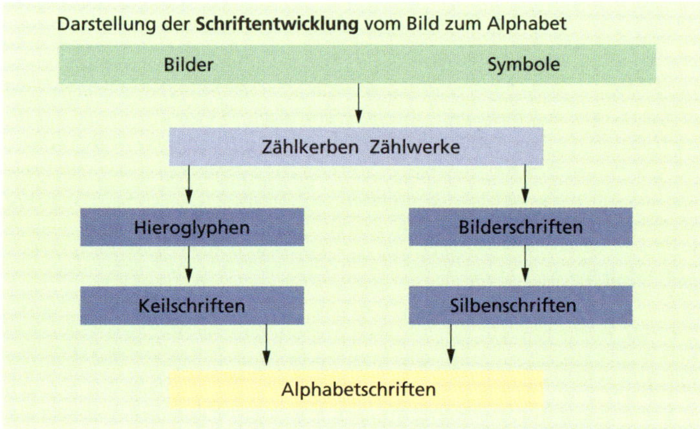

Eine Ausnahme bilden neben Griechenland heute vor allem die slawischen osteuropäischen Länder. In Anlehnung an das griechische Alphabet entwickelten 860 KYRILL und METHODIOS die kyrillischen Schriftzeichen.

А Б Д Є Г Л

Das *glagolitische Alphabet* geht auf die griechische Minuskel zurück. Mithilfe dieses altslawischen Alphabets wurden kirchenslawische Texte geschrieben.

Diese Schriftzeichen wurden vor allem aus den *Großbuchstaben* des griechischen Alphabets entwickelt. Das noch ältere **glagolitische Alphabet** (altslawisch; glagolati = sprechen) wurde für einige Dialekte aus den Kleinbuchstaben des griechischen Alphabets entwickelt. Diese Zeichen werden heute noch von den dalmatinischen Katholiken für ihre liturgischen Bücher verwendet.
Die französischen Könige wurden in Reims mit einem dem heiligen HIERONYMUS zugeschriebenen Evangelium aus glagolitischen Zeichen gekrönt.
Nach entsprechenden Veränderungen, Zusätzen oder Reformen wird das **kyrillische Alphabet** heute von den Russen, Bulgaren, Weißrussen, Ukrainern, Serben und Mazedoniern verwendet. (Dagegen übernahmen die Polen, Tschechen, Slowaken, Slowenen und Kroaten mit dem römisch-katholischen Glauben das lateinische Alphabet.)

Besonders Wörter einer Sprache mit nicht lateinischer Schrift werden mit lautlich ungefähr entsprechenden Zeichen des lateinischen Alphabets wiedergegeben (Lautschrift). Diesen Vorgang nennt man **Transkription.**
Die buchstabengetreue Umsetzung eines Textes in eine andere Schrift mit zusätzlichen Zeichen heißt **Transliteration.** Das gilt vor allem für nicht lateinische Schriften.

Stolz sind die Bulgaren bis heute auf KYRILL und METHODIOS, die zwei in Saloniki (dem heutigen Thessaloniki) geborenen Brüder, die das kyrillische Alphabet erfanden und damit zur Einigung der slawischen Völker beitrugen.

1.3 Deutsche Schriftsprache

Zwischen dem 8. und 10. Jahrhundert kam das Wort „deutsch“ auf. KARL DER GROSSE nannte die Sprachen des germanischen Frankenstammes und der anderen Germanenstämme „Lingua theudisca“. Das war ein künstlich gebildetes Wort, abgeleitet aus dem germanischen theuda = das Volk. Um 1000 taucht die Bezeichnung „in diutscun“ = „auf Deutsch“ auf. Durch die **zweite Lautverschiebung,** die etwa im 6. Jh. einsetzte, trat eine *Spaltung des* **Hochdeutschen** in Ober- und Mitteldeutsch ein. Das **Niederdeutsche** blieb beim alten Lautstand der Konsonanten, wie ihn die anderen germanischen Sprachen aufweisen, und wurde erst nach 1500 durch das Hochdeutsche verdrängt. Es lebt in der Gegenwart, in verschiedene Mundarten gegliedert, als **Plattdeutsch** fort.
In zeitlicher Reihenfolge unterscheiden wir:

1. Althochdeutsch (ahd.), die Sprache vom Einsetzen der schriftlichen Überlieferung (etwa 750) bis 1050,
2. Mittelhochdeutsch (mhd.), die Sprache von 1050 bis 1350,
3. Frühneuhochdeutsch (frnhd.), die Sprache von 1350 bis 1650, und
4. Neuhochdeutsch (nhd.), die Sprache seit 1650.

Althochdeutsch: *alt* steht für die zeitliche Einordnung, *hoch* für den Sprachraum (im Gegensatz zu Niederdeutsch) und *deutsch* für die Sprache.

1.3.1 Althochdeutsch

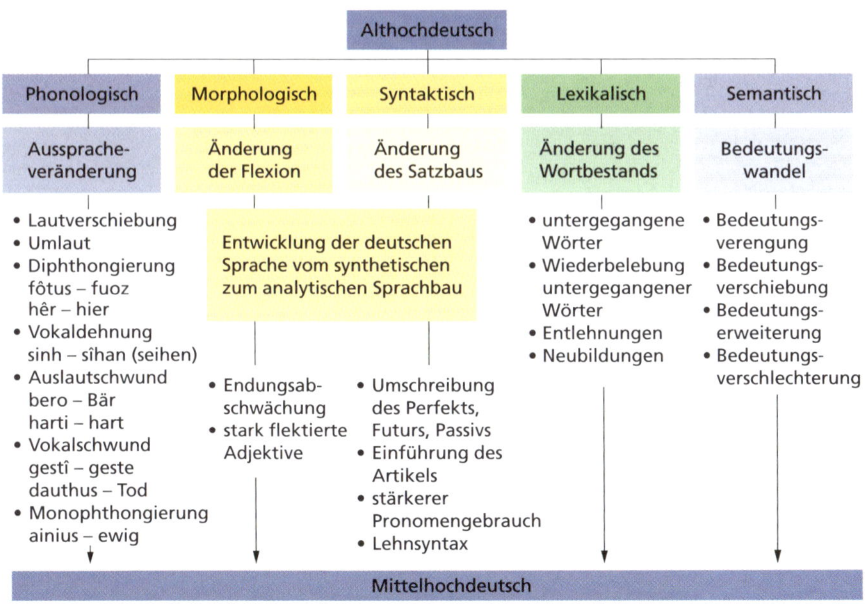

Althochdeutsch war von etwa 750 (zweite Lautverschiebung) bis etwa 1050 die Schreibsprache im hochdeutschen Raum.

Runen: aus einem norditalisch-etruskischen Alphabet entlehnt, wahrscheinlich im Markomannenreich des MARBOD (1. Jahrhundert n. Chr.) entstanden, dienten vor allem kultischen Zwecken (das althochdeutsch-gotische „runa" bedeutet „Geheimnis"; vgl. neuhochdeutsch = raunen).

Bis zur Mitte des 1. Jahrtausends n. Chr. las und schrieb im deutschen Sprachraum fast niemand. Als Schriftzeichen benutzten die germanischen Stämme **Runen.** Nach den ersten Buchstaben wird dieses Alphabet auch Futhark genannt. Bereits um 400 ist der älteste germanische Stabreimvers belegt.

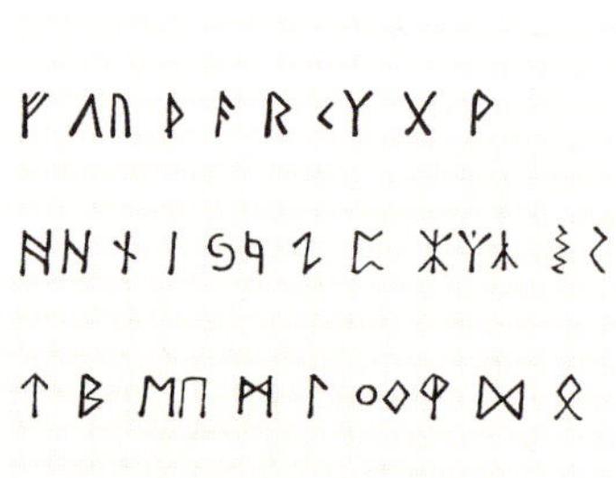

Die **Runeninschrift** auf dem **Goldenen Horn** von Gallehus lautet:
Ek Hléwagastiz Hóltijaz / horna tawido.
Übersetzung: Ich Liegast der Holte das Horn verfertigte.

Das *Althochdeutsche* ist die älteste schriftlich überlieferte Sprachform der Völker, die sich als deutsch bezeichnen. Die Sprachentwicklung hängt auch von der sprachlichen Kommunikation ab und wird weitgehend von gesellschaftlichen Umständen bestimmt. Vor diesem Hintergrund wird die Periode des Althochdeutschen auch mit der Gründung des Reiches der *Merowinger* (482–714) eingeleitet, also um 500 n. Chr.

Um 500 begann die **Christianisierung** der Franken unter CHLODWIG und ab 700 sind erste Schriften mit *lateinischen Lettern* meist religiösen Inhalts überliefert:
- Glossen und Übersetzungen,
- Stabreimdichtung,
- Endreimdichtung,
- Gebrauchsliteratur.

Althochdeutsch ist noch relativ klang- und silbenreich gegenüber späteren Hochsprachen des Deutschen. Die Komposita werden bis zum Neuhochdeutschen bis zur Unkenntlichkeit des Wortursprungs zusammengezogen (Kontraktionsgesetz):

Althochdeutsch	ursprüngliche Bedeutung	Neuhochdeutsch
menn-isco	Mann + Ableitungssilbe	Mensch
wer-alti	Mann (vgl. Werwolf) + alt	Welt
eli-lenti	Land + ali (= anders), eigentl. Bedeutung: Ausland, Fremde	Elend

Der **Abrogans** von 764/772 ist das älteste bekannte Schriftwerk in deutscher Sprache.

Erstmals wird in althochdeutscher Zeit auch das Deutsche geschrieben. Zuvor war ausschließlich Latein Schriftsprache. Neben kirchlichen entstehen auch literarische Texte. So erreicht der Anteil des Deutschen im Vergleich zu lateinischen Texten etwa 5 Prozent.

Zuordnung altdeutscher Dialekte (althochdeutsch)

Das *Altdeutsche* ist keine Einheitssprache. **Dialekte** werden von den Lebensbedingungen und Lebensformen geprägt. In althochdeutscher und altniederdeutscher Zeit waren die Dialekte ähnlich verteilt wie heute.

Der Fundort schriftlicher Quellen muss zudem nicht Schreibort gewesen sein. Althochdeutsche Texte wurden durch Abschreiben in Klosterschulen verbreitet. Im **Hildebrandslied** finden sich langobardische Reste neben bairischen, fränkischen und altsächsischen Formen.

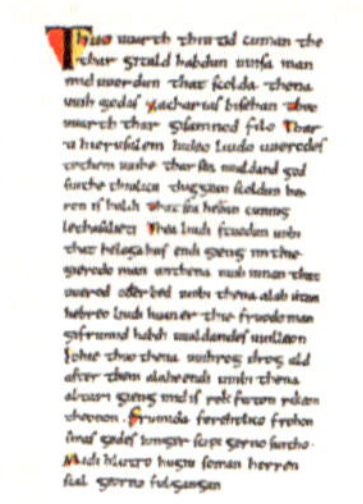

Seite aus dem Heliand

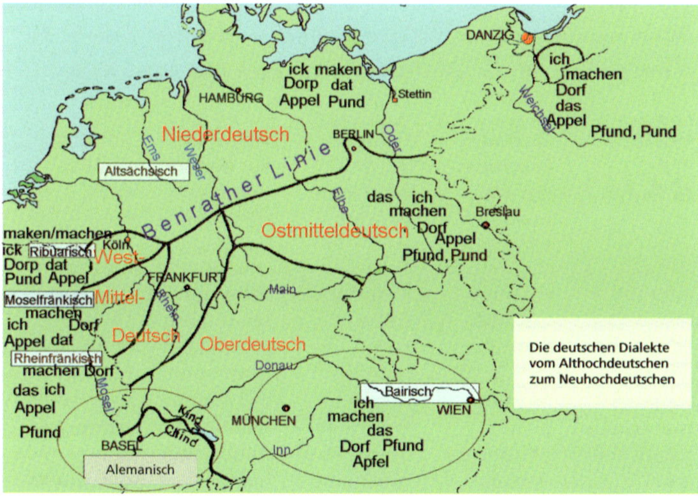

Die deutschen Dialekte vom Althochdeutschen zum Neuhochdeutschen

KARL DER GROSSE ließ bereits eine erste Grammatik der deutschen Sprache anfertigen (nach EINHARD).

Das **Wessobrunner Gebet,** auch als Wessobrunner Schöpfungsgedicht bekannt, ist ein frühes althochdeutsches Sprachdenkmal. Das Gedicht besteht aus neun Stabreimversen über die Weltschöpfung, gefolgt von einem Bittgebet in Prosa.

Wessobrunner Gebet in Altbairisch, im Kloster Wessobrunn bei Weilheim 814 aufgezeichnet (Ausschnitt):

Das erfuhr ich bei den Menschen als der Wunder größtes: Dass Erde nicht war noch oben Himmel, noch irgendein Baum noch Berg nicht war, noch irgendein (Stern) noch Sonne nicht schien, noch Mond nicht leuchtete, noch das herrliche Meer ...	Dat gafregin ich mit firahim firiuuizzo meista, Dat ero ni uuas noh ufhimil no paum noh pereg ni uuas, ni sterro nohheinig noh sunna ni scein, no mano ni liuhta, no der mar_o seo.

Die Klosterschulen wirkten als Kulturträger. So sind vor allem Zaubersprüche wie die **Merseburger Zaubersprüche,** Segen, Rätsel, Gelöbnisse, Götter- und Heldensagen als Überlieferungen schreibender Mönche bekannt. Später kamen naturwissenschaftliche und weltliche Themen hinzu.

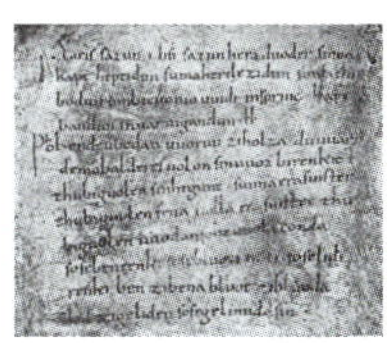

Merseburger Zaubersprüche

Das Vaterunser im Vergleich

Uater unſir. du in himile biſt. din namo werde giheiliget. din riche chome. din wille giſkehe in erda fon menniſgen. alſo in himile fon den engilen. Unſir tagelich prot gib unſ hiuto. unde unſere ſculde belazh unſ. alſo ouh uuir firlazhen unſeren ſculdenaren; unde in dia chorunga neleitiſt du unſih. ſuntir irloſe unſih fona demo ubile.

Wulfila, 4. Jh., Gotisch	St. Galler Paternoster, Alemannisch, Ende 8. Jh.	Heliand, um 840, Altniederdeutsch	Vaterunser aus dem Tatian, Ostfränkisch, um 825	Vaterunser, Bairisch, 9. Jh.
Atta unsar thu in himinam, weihnai namo thein. qimai thiudinassus theins. wairthai wilja theins.	Fater unseer, thû pist in himile, uuîhi namun dînan, qhueme rîhhi dîn, uuerde uuillo diin, sô in himile sôsa in erdu.	Fadar is ûsa firiho barno, the is an them hôhon himila rîkea. Geuuîhid si thîn namo uuordo gehuuilico.	Fater unser, thû bist in himile, sî giheilagôt thîn namo, queme thîn rîhhi, sî thîn uuillo, sô her in himile ist.	Fater unsêr, der ist in himilom, kæuuîhit uuerde dîn namo, piqueme rîhi dîn, uuesse uuillo dîn, sama ist in himile.

Bereits Tacitus (55–117 n. Chr.) wusste von drei großen germanischen Stammesgruppen zu berichten: den **Ingwäonen**, den **Istwäonen** und den **Herminonen.** Danach werden die drei wesentlichen Mundarten benannt.

Zuordnung der Mundarten

ingwäonische Mundarten	istwäonische Mundarten	herminonische Mundarten
Friesen Angeln, Jüten Sachsen Dänen Schweden Norweger	Salier Hessen Rheinfranken: • Ripuarisch • Ripuarisch-Salisch • Mittelfränkisch • Oberfränkisch	Thüringer Mainfranken Bayern Schwaben Alemannen Langobarden Goten Burgunder Vandalen Gepiden

Althochdeutsche Sprachperiode

Sprachliche Aspekte	
Lautliche Entwicklung • Konsonantenverdoppelung • Hochdeutsche Lautverschiebung • Monophthongierung (z. B. wird aus ai der Vokal e) • Diphthongierung (z. B. wird aus o der Doppellaut uo) • i-Umlaut a > e (ä) (gast – gesti) a: > æ (ahd. mâri, mhd. mære – Erzählung) u > ü (ahd. kussen, mhd. küssen) u: > iu [y:] (ahd. hlûten, mhd. liuten „läuten") o: > œ [œ:] (ahd. skôni, mhd. schœne) ou > öu (ahd. loufit, mhd. löufet) uo > üe (ahd. guoti, mhd. güete) • Endsilbenabschwächung (z.B. ginoman = genommen, warun = sie waren, zungam = den Zungen) • Analytische Sprachbildung (als Folge der Endsilbenabschwächung) • Entwicklung des Artikels • Herausbildung der Umschreibung des Perfekts, Futurs und des Passivs	**Übergang zur Schriftlichkeit Lehnübersetzung** • writan: ritzen, heute noch im Englischen als to write im Gebrauch, wird zu ahd. sriban von lateinisch scribere = schreiben • Ablösung des Stabreims durch den Endreim (ahd.: Hildebrandslied, Tatian, mhd.: Der arme Heinrich) • Lehnbildung (Aneignung fremder Vorstellungen, vor allem aus dem Latein, z.B. Pforte, später Portal aus porta, Ziegel, später Tiegel aus tegula, Katze aus catta, und aus dem Griechischen: Chiricha [Kirche] aus dem griechischen kyriakon, Priester aus Presbyter usw.) • Silbenschwund Beispiel: Straßburger Eide

Schriftsprache ist nicht gleich Lautsprache! (↗ S. 45)

Die Straßburger Eide wurden in Altfranzösisch (lingua romana) und Althochdeutsch (lingua theudisca) verfasst.

Die **Straßburger Eide** zählen zu den frühen althochdeutschen Schriften:

> „In godes minna ind in thes christânes folches ind unsêr bêdhero gehaltnissî" heißt heute:
> „Aus Liebe zu Gott und zu des christlichen Volkes und unser beider Heil ..."

Sie wurden von LUDWIG DEM DEUTSCHEN und KARL DEM KAHLEN am 14. Februar 841 als Treueeid geleistet.

1.3.2 Mittelhochdeutsch

Mit „Meier Helmbrecht" von WERNHER DER GARTENAERE entsteht die erste Dorfgeschichte.

KAISER HEINRICH VI. (1165–1197), Sohn des Kaisers FRIEDRICH I. (BARBAROSSA), von ihm sind einige Minnelieder überliefert.

Ab etwa 1050 sprechen wir von der **mittelhochdeutschen Sprachstufe.** Diese Periode wird unterteilt in Frühmittelhochdeutsch (1050–1170), klassisches Mittelhochdeutsch (1170–1250) und Spätmittelhochdeutsch (1250–1350).

Durch die **Ostexpansion** wurde die hochdeutsch-niederdeutsche Sprachscheide um die Punkte Wittenberg–Lübben–Frankfurt/Oder nach Osten hin verlängert. Allerdings kamen die Kolonisten aus verschiedenen Regionen Deutschlands, sodass eine *Vermischung der* **Dialekte** stattfand.

Genauso wenig, wie es ein einheitliches Althochdeutsch gab, gab es ein Mittelhochdeutsch als überregionale Schriftsprache. Auch blieben die Inhalte sprachlicher Überlieferungen nicht mehr nur auf das Religiöse beschränkt. Die **mittelalterliche Klassik** war geprägt durch höfische Literatur (Heldenlieder, Minnelieder) ebenso wie Gebrauchstexte (Stadtchroniken, Kochbücher, Geschichtsbücher), religiöse Texte (MEISTER ECKHART, Wiener Genesis) und Geschäftstexte (Urkunden, Rechtstexte).

Die sprachlichen Veränderungen ab 1050 müssen als ein Prozess gedacht werden, der sich regional sehr unterschiedlich durchsetzte. Der **Endsilbenschwund** beginnt z. B. im Fränkischen, während er sich im Alemannischen noch im 16. Jh. nicht vollzogen hatte (vgl. HULDRYCH ZWINGLI: Lieby statt Liebe, entledigot statt entledigt).

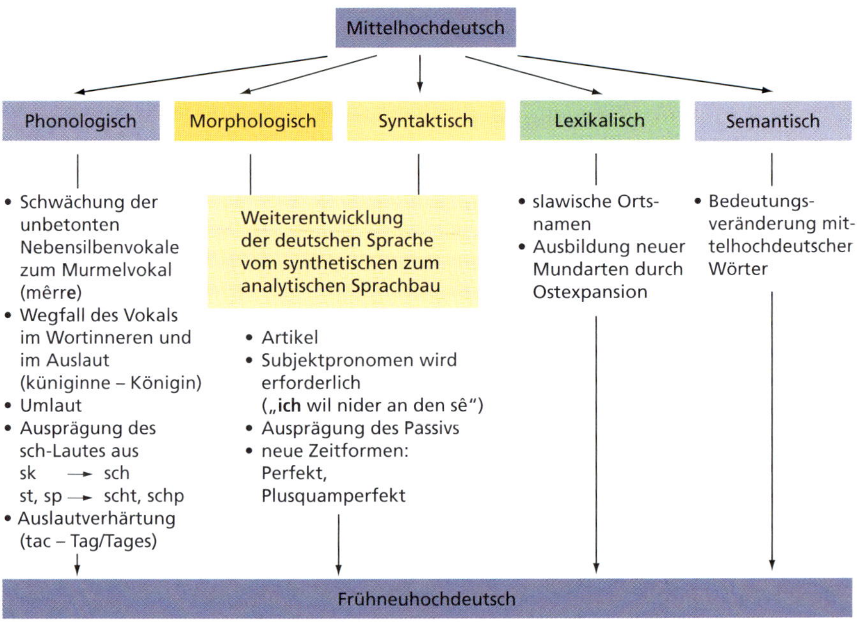

Formen der sprachlichen Veränderungen

- **Neue Wortbildungsmittel** wurden notwendig: Im Althochdeutschen konnte ein Adjektiv durch î substantiviert werden. Seit dem Mittelhochdeutschen ist dazu eine Nachsilbe notwendig, wie etwa -igkeit, -heit, -keit, -ung.
- Im Plural wurde der **Umlaut** zu einem wichtigen sprachlichen Merkmal.

bruoder – brüeder

- **Abschwächung** unbetonter Nebensilben: Zusammenfall der Vorsilben

bi	→	be
ga, gi	→	ge
za, zi	→	ze
ur, ir	→	er
fur, fir	→	ver

- Der **Artikel** wird ein wichtiges grammatisches Mittel.

Ahd. zungun, zunguono, zungom, zungun wird zu mhd. die zungen, der zungen, den zungen, die zungen.

- Zusammenfall der verschiedenen **Flexionsendungen**

zala wird zu diu zal (*die* Zahl).

- Unbetonte **Mittelsilben** werden weggelassen.

kiricha > Kirche, himeles > himels

- Die **Diphthongierung** breitete sich von Kärnten über Österreich und Bayern aus und wanderte langsam nordwärts. In ihrem Ergebnis brachte sie der deutschen Sprache eine Zerdehnung des langen i, u, ü zu ei, au, eu (äu).

wip > weib

Die erste Strophe des **Nibelungenliedes** (die Doppelstriche in der Mitte verdeutlichen eine Zäsur):

Uns ist in alten mæren || wunders vil geseit
Von helden lobebæren || von grôzer arebeit,
von fröuden, hôchgezîten, || von weinen und von klagen,
von küener recken strîten || muget ir nu wunder hœren sagen.

Die Übersetzung:

In alten Geschichten wird uns viel Wunderbares
von ruhmreichen Helden, von hartem Streit, berichtet:

Auf der Grundlage älterer germanischer Überlieferung entstand dieses „unhöfische", archaisch wirkende **Heldenepos** um 1200 im Donauraum. Die mehr als *30* **Handschriften** – davon 10 vollständig – lassen verschiedene Entstehungsphasen und mehrere Bearbeiter vermuten. Eine Endfassung des Nibelungenliedes entstand wohl 1190/1200, vielleicht unter dem Passauer Bischof WOLFGER.

von glücklichen Tagen und Festen, von Schmerz und Klage,
vom Kampf tapferer Recken: Davon könnt auch ihr jetzt
Wunderbares berichten hören.

Der **konsonantische Wechsel** von **s** zu **sch** in Verbindung mit sl, sw, sm, sn ist am augenfälligsten im Übergang vom Mittelhochdeutschen zum Neuhochdeutschen.

slange > schlange, sniden > schneiden, smiden > schmieden

Nur in einigen Regionen Norddeutschlands (Hamburg) spricht man bis heute ßt und ßp.

Auch in Verbindung mit st und sp wird vielfach scht und schp gesprochen. Allerdings wurde hier die ursprüngliche Schreibweise beibehalten.

- Es tritt ein **Bedeutungswandel** mittelhochdeutscher Wörter ein:

hôchgezîten = Fest, wird zu *Hochzeit,*
maget = Mädchen, lebt in *Magd* weiter,
arebeit = Mühsal, Anstrengung, bekommt als *Arbeit* eine neue Bedeutung,
mild = freigebig, gibt es im heutigen Wortschatz noch in *mildtätig,*
hôher muot = edle Gesinnung, hohes Selbstgefühl, wird *Hochmut.*

- Im Zuge der Ostexpansion werden alte **slawische Ortsnamen** übernommen. Erkennbar ist das an den Endungen -ow, -ig, -itz.

Pankow, Koserow, Sassnitz, Görlitz, Danzig, Leipzig

1.3.3 Frühneuhochdeutsch

Von etwa 1350 bis 1650 sprechen wir von der **frühneuhochdeutschen Sprachstufe.**

LUTHERS Bibelübersetzung 1522/1534 war bahnbrechend für die Herausbildung der neuhochdeutschen Sprache.

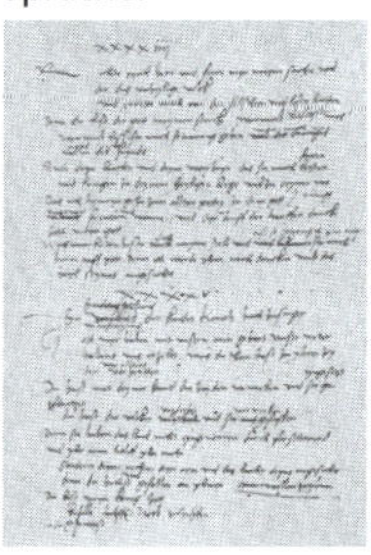

Das *Frühneuhochdeutsche* ist vor allem durch die Sprache des in den *Städten* aufkommenden Bürgertums geprägt. Der Einfluss der großen Kanzleien (Schreibstuben), die Ausweitung des Handels und die Erfindung des **Buchdrucks** waren die wichtigsten Faktoren für eine sich ausprägende Standardschriftsprache auf ostmitteldeutscher Basis. Kanzleien und Drucker hatten das gemeinsame Interesse, die Sprache so zu gestalten, dass sie überall verstanden wurde. Das führte zur Aufnahme auch möglichst vieler überregionaler, nicht dialektgebundener Sprachformen.
Mit LUTHERS **Bibelübersetzung** auf der Grundlage der ostmitteldeutschen Kanzleisprache beginnt sich das Hochdeutsche auch als Volkssprache zu etablieren. LUTHER ist der Schöpfer neuer Wörter, wie
gastfrei, Herzenslust, übertünchen, wetterwendisch;
neuer Inhalte: *Gnade, Glaube, fromm;*
zudem hat er *Lippe* und *schüchtern* in die deutsche Hochsprache überführt.

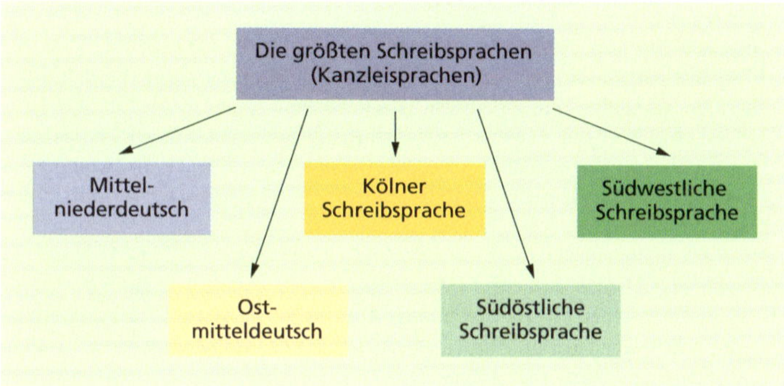

Vergleich einer Passage der Luther-Bibel mit der älteren Koburger-Bibel:

Koburger-Bibel (1483)	Luther-Bibel (1524)
Der herr regieret mich vnnd mir gebrist nichts. Vnd an der stat d' weyde de satzt er mich. Er hat mich gefueret auff dem wasser der widerbringung. Er bekeret mein sed. Er füret mich auß auff die steyg der gerechtigkeit. Vmb seinen namen. Wann ob ich gee in mitt der schatten des todes. Ich fuercht nit die vbeln ding wann du bist bey mir. Dein rut vnd dein stab. Die selb haben mich getroestet.	Der herr ist meyn hirrte, myr wirt nichts mangeln. Er lesst mich weyden da viel gras steht vnd furet mich zum wasser das mich erkulet. Er erqeickt meyne seele er furet mich auff rechter strasse vmb seyns namens willen. Vnd ob ich schon wandert ym finstern tal, furcht ich keyn vngluck denn du bist bey myr Deyn stecken vnd stab trosten mich.

Koberger, Anton (auch Koburger, Anthoni genannt) war Buchdrucker, Buchhändler und Verleger und lebte von ca. 1440 bis 1513 in Nürnberg. 1483 druckte er die zweibändige deutsche Bibel.

Koberger setzte entscheidende Maßstäbe für eine Buchkonzeption, die von einer künstlerischen Einheit von Illustration und Textgestaltung ausging. Als Illustrationsvorlagen verwendete er für den Druck die niederdeutsche Bibel, die 1478 bei Heinrich Quentell in Köln gedruckt wurde.

Formen der sprachlichen Veränderungen

- **Diphthongierung** der drei langen geschlossenen Vokale

  mîn niuwez hus > mein neues Haus

- **Monophthongierung** kurzer Vokale in offener Silbe

  lieben guoten brüeder > liebe gute Brüder

- **Dehnung** kurzer Vokale

  faren > fahren, vogel > Vogel

Das Lateinische war bis ins 17. Jh. die offizielle Wissenschaftssprache. Die **Humanisten** sprachen häufig ein Gemisch aus Latein und Deutsch.

– Mit neuen Erfindungen, der Verwaltung, humanistischer Forschung, regerem Handel verlangte die deutsche Sprache nach einer höheren **Abstraktionsstufe.** Bestand der mittelhochdeutsche Satz noch hauptsächlich aus gleichgeordneten **Hauptsätzen,** wird nun für die Umschreibung komplizierterer Sachverhalte der **Nebensatz** und damit der Gebrauch von Konjunktionen (dass, indem usw.) immer dringender. **Partizipial-** und **Infinitivkonstruktionen** werden aus dem Lateinischen übernommen.

Hat also Strabo vrsache / den Eratosthenes lügen zue heissen / welcher / wie viele unwissende leute heutiges tages auch thun / gemeinet / es begehre kein Poete durch vnterrichtung / sondern alle bloß durch ergetzung sich angeneme zue machen (OPITZ: Buch von der deutschen Poeterey).

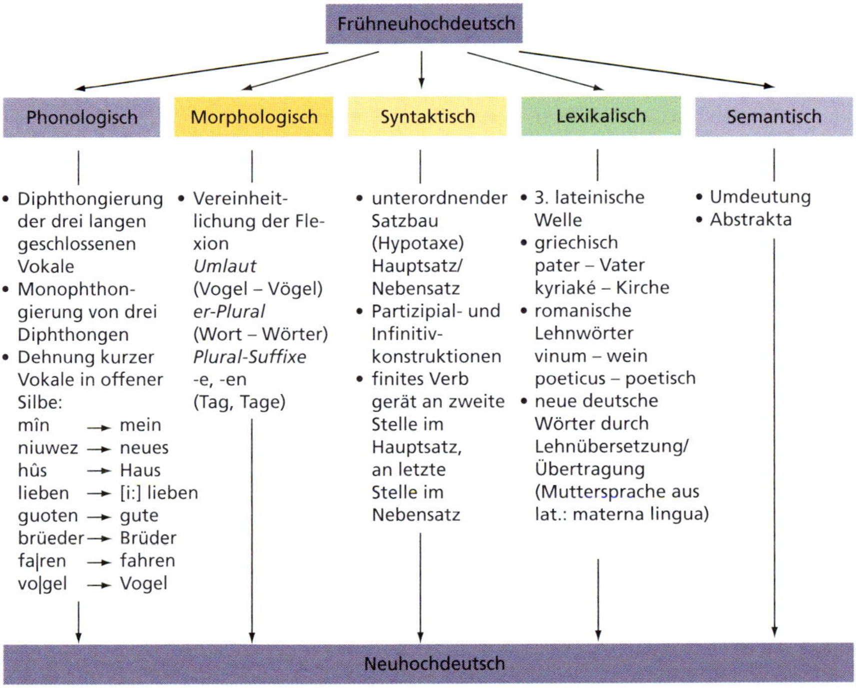

1.3.4 Neuhochdeutsch

Die **Strukturveränderungen** des **Neuhochdeutschen** gegenüber dem Frühneuhochdeutschen betrafen vor allem die **Flexionsformen,** während die **Laute** zunächst nahezu unverändert blieben. Bei den Substantiven stand im Vordergrund die Unterscheidung zwischen Singular und Plural durch Artikel, Endungen und Umlaut sowie der Ersatz des Genitivs und

Dativs durch die Akkusativ- und Präpositionalgefüge. Für das **Verb** ist das Vordringen *schwacher Formen* typisch. Die Verwendung des **Konjunktivs** ist rückläufig.
Versuche einer theoretischen Beschreibung der deutschen Sprache führten zu Normierungsansätzen in Form **deutscher Grammatiken.** Die ersten waren die „Teutsche Sprachkunst" 1641 und die „Ausführliche Arbeit von der Teutschen Haubt Sprache" 1663 von J. G. SCHOTTEL.
Die **Grammatiker** des 18. Jahrhunderts setzten diese Arbeiten fort. Nach Vereinheitlichungen der Wortformen und der **Rechtschreibung** durch Lexikografen sowie der Ausbildung der Sprache durch Dichterpersönlichkeiten wie KLOPSTOCK, GOETHE und SCHILLER fand erst im 19. Jahrhundert durch die Brüder **GRIMM** die eigentliche philologische Auseinandersetzung mit der deutschen Sprache statt.

Die Brüder GRIMM erarbeiteten 1819 bis 1837 eine vierbändige Ausgabe der „Deutschen Grammatik" und ab 1838 das „Deutsche Wörterbuch".

Bahnbrechend für die einheitliche Regelung der *Rechtschreibung* der deutschen Sprache wirkte **KONRAD DUDEN** mit seinem 1880 erschienenen Wörterbuch.

KONRAD DUDEN

Die Rechtschreibreform wurde 1996 mit der in Wien von den Vertretern der deutschsprachigen Staaten und von Ländern mit deutschsprachiger Minderheit unterzeichneten Absichtserklärung eingeleitet. Mit dem Beschluss der Ministerpräsidentenkonferenz am 30. März 2006 wurde die Reform in Deutschland rechtskräftig und an allen Schulen ab 1. August 2006 eingeführt.

Die deutsche Sprache wurde und wird auch durch andere Sprachen beeinflusst. In der Frühzeit geschah das vor allem durch das Lateinische. Das zeigen Wörter wie Fenster (lat. fenestra), Mauer (lat. murus) und Wein (lat. vinum). Später wurden viele Wörter aus dem Französischen ins Deutsche übernommen (z.B. Mode, Möbel, Adresse).
Im 20. Jahrhundert beginnt der starke Einfluss des amerikanischen Englisch, der bis heute anhält. Besonders aus den Bereichen Wirtschaft, Popkultur und Mode werden viele Wörter in das Deutsche übernommen. Beispiele für englische Wörter in der deutschen Sprache sind Joint Venture, Manager, Marketing, Holding, Ticket, Business, Musical usw. Neben den vielen (meist englischen Wörtern) aus dem Modebereich (Sweatshirt, Moonboots etc.) werden mehr und mehr Wörter aus der Computersprache übernommen (chatten, downloaden, crunchen).

Die *Änderungen* betreffen

- die Laut-Buchstaben-Zuordnung (einschl. Fremdwortschreibung),
- die Getrennt- und Zusammenschreibung,
- die Schreibung mit Bindestrich,
- die Groß- und Kleinschreibung,
- die Zeichensetzung und
- die Worttrennung am Zeilenende.

1.4 Grundfragen der Kommunikation

Kommunikation; lat. communicatio = Unterredung, Mitteilung.
Kommunikation bezeichnet den Prozess des Informationsaustausches zwischen zwei oder mehreren Personen.

Allgemein versteht man unter **Kommunikation** den Prozess der Übertragung von Nachrichten in Form von Zeichen zwischen einem **Sender** und einem oder mehreren **Empfängern.**

Im sozialen Sinne versteht man unter Kommunikation die Verständigung zwischen verschiedenen Personen mithilfe von Sprache und Zeichen. Die kommunizierenden Personen werden meist **Kommunikator** (Sprecher, Schreiber) und **Rezipient** (Hörer, Leser) genannt. Die zwischen beiden vermittelte Nachricht wird als **Mitteilung** oder allgemein **Zeichen** bezeichnet. Die Analyse von Kommunikations- und Zeichenprozessen erfolgt durch die **Semiotik.**

Semiotik; griech. sêma = Zeichen; Lehre von den Zeichen. Semiotik wird gegliedert in Syntaktik (Beziehung der Zeichen untereinander), Semantik (Beziehung zwischen Bezeichnetem und Zeichen) und Pragmatik (Beziehung zwischen Bezeichnetem, Zeichen und Benutzer; ↗ S. 8).

1.4.1 Sprache ist das wichtigste Kommunikationsmittel

Sprache ist ein Medium, ein Mittel der Kommunikation. Sie ist das wichtigste und älteste **Kommunikationsmittel** der Menschen. Mit ihr gelingt es, Begriffe und Definitionen, Erlebnisse und Emotionen und Gedanken zu formulieren sowie Normen und Regeln auszubilden.
Sprache kann in verschiedene *Kategorien* eingeteilt werden:

Lautsprache	überträgt akustische Signale
Schriftsprache	dient der schriftlichen Kommunikation mit grafischen Zeichen

Nach dem **Verwendungszweck** kann Sprache unterteilt werden in:

Humansprache	natürliche Sprache, mit der Menschen untereinander kommunizieren
Fachsprache	baut auf natürlicher Sprache auf unter Verwendung künstlicher Zeichen/Wörter zum Zwecke der Eindeutigkeit für eine effektive fachliche Kommunikation
Programmiersprache	dient der Übermittlung von Anweisungen an eine EDV-Anlage
Maschinensprache	dient dem direkten Ansprechen der technischen Grundoperationen einer EDV-Anlage

Im alltäglichen Umgang mit der **Kommunikation** sind Sprache und Schrift in hohem Maße standardisiert (grammatisch, lexikalisch, in der Form ihrer Anwendung). So werden je nach Gattungen und Genres Spra-

che und Schrift spezifisch bei der Gestaltung von Texten gebraucht, z. B. in der Nachricht, in der Reportage, im Bericht, im Aufsatz, in einer Anweisung oder im Feuilleton.
Sprache ist nicht nur einfache Wortwahrnehmung. Die mit Sprache beabsichtigte Information oder Mitteilung muss auch richtig aufgenommen, verstanden werden. Sonst findet keine Kommunikation statt. Verstehen ist dabei ein Vorgang, der die aufgenommenen Lautzeichen ordnet, denn Sprache kann mehrdeutig sein.

Grundsätzlich werden zwei Formen der Kommunikation unterschieden: mündliche und schriftliche. Eine Kommunikation findet erst statt, wenn der Empfänger auf die Nachricht reagiert. Dieser Prozess heißt Kommunikationsprozess.

Fritz ist einsilbig.
Das kann heißen: Fritz spricht nicht viel, oder der Name ist gemeint, da er nur aus einer Silbe besteht.

Wie der Kommunikationsprozess funktioniert, zeigt das **Kommunikationsmodell**

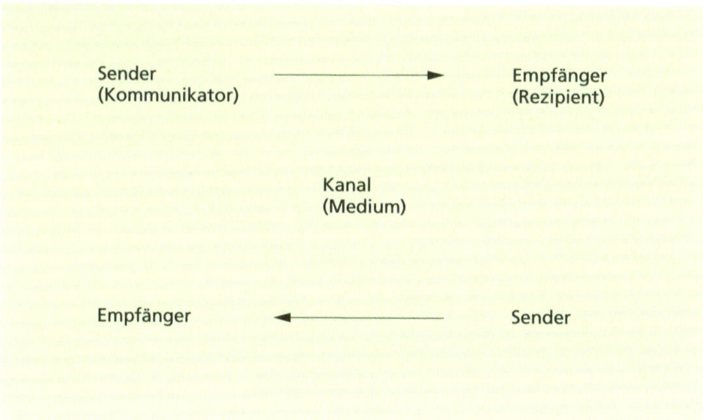

Mit **Sender** ist der Sprecher oder Schreiber gemeint, mit **Empfänger** der Zuhörer oder Leser. Der **Kanal** ist der Übertragungsweg (Schallwellen, Tonträger, Papier u. a.), während das Medium das eigentliche Verständigungsmittel (Sprache, Zeichen) ist. Wesentlich für eine funktionierende Kommunikation sind:

1. das Vorhandensein eines Senders und eines Empfängers. (Wenn der Empfänger zurückmeldet, wie er die Nachricht entschlüsselt hat, wie sie bei ihm angekommen ist und was sie bei ihm ausgelöst hat, kann der Sender überprüfen, ob seine Sendeabsicht mit dem Empfangsresultat übereinstimmt. Eine solche Rückmeldung heißt auch **Feedback.**)

2. Für mündliche Kommunikation müssen Sender und Empfänger (Sprecher und Zuhörer) zur selben Zeit am selben Ort sein. Erst die

Feedback; engl. feedback = Rückkopplung. Wird als ein Prinzip in dem Sinn verstanden, dass eine Rückmeldung über den tatsächlichen Zustand bzw. das Ergebnis eines beabsichtigten Vorgangs gegeben wird.

Technik erschließt die Möglichkeit, auch *zeitversetzt* zu kommunizieren: was heute auf Papier geschrieben oder auf Band gesprochen wird, kann später gelesen oder gehört werden.

3. Kommunikation kann *einseitig* sein, wenn einer spricht und andere zuhören (Radio, Erzählung), oder *gegenseitig,* wenn der Zuhörer antwortet.
   Typische Beispiele hierfür sind Vorlesungen, Unterrichtslektionen, aber auch Fernsehen oder Konzertbesuche. Eine einseitige Kommunikation kann natürlich auch von einer Gruppe ausgehen, wie es das Beispiel Konzert oder auch der Auftritt eines Chores, ein Theaterstück (Schauspieler – Publikum) zeigen.

4. Das Verständigungsmittel bzw. Zeichensystem muss identisch sein, d.h. Sender und Empfänger akzeptieren jeweils die Sprache des anderen, um sich verständigen zu können.
   Nicht immer erfolgt dies freiwillig. In Geschichte und Gegenwart wurden und werden Völker oftmals gezwungen, die jeweilige **Nationalsprache** anderer Völker zu sprechen. Typisch hierfür waren die afrikanischen Kolonien, in denen die Sprache der Kolonialherren, meist Französisch, Niederländisch, Spanisch oder Englisch, gesprochen werden musste.
   In den meisten Fällen ist aber die Anpassung freiwillig.

Es werden folgende *Grundfunktionen des* **Kommunikationsprozesses** unterschieden:

Darstellungsfunktion	bezogen auf Objekte oder Sachverhalte	z. B. Gebrauchsanweisung, Bericht über ein Ereignis, Versuchsprotokoll (↗ S. 222, 227)
Ausdrucksfunktion	bezogen auf Eigenschaften oder Wahrnehmungen zu einer Sache	z. B. Roman, Gedicht, Artikel (↗ S. 243)
Appellfunktion	bezogen auf Reaktionen des Rezipienten, beinhaltet eine Aufforderung an ihn	z. B. Aufruf, Appell, Mahnung

Jede Mitteilung hat einen **sozialen Aspekt.** Sie erklärt und regelt die sozialen Beziehungen zwischen Sender und Empfänger.
Zum Wesen der **Mitteilung** gehört, dass sie *sinnlich* erfahrbar ist.

- Sie kann über *akustische/auditive* oder *optische/visuelle Signale* abgegeben bzw. aufgenommen werden, also durch Sprache, Musik, Tonsignale (z. B. Martinshorn, Sirenen), aber auch durch Bilder, Symbole, Mimik.
- Mitteilungsinhalte können *sprachlich (verbal)*, also durch Sprache oder Schrift, und *außersprachlich (nonverbal)*, also durch Bilder, Musik, Körpersprache, Gestik übermittelt werden. Auch wenn Gestik und Körperhaltung das Sprechen begleiten, sind **verbale** und **nonverbale Kommunikation** nicht unbedingt kongruent. So können Aussagen verstärkt oder abgeschwächt werden durch nonverbale Kommunikation; der verbalen Aussage kann sogar widersprochen werden, z. B. durch ein Augenzwinkern.
- Jeder Informationsaustausch ist *situationsabhängig*. Wird z. B. nicht der „richtige Ton" getroffen, können manchmal aus kleinen Störungen folgenreiche Schwierigkeiten entstehen. Bei einem Vorstellungsgespräch oder in einem Bewerbungsschreiben spricht bzw. schreibt man anders als in einem Gespräch mit Freunden oder in einem Brief an die Eltern (↗ S. 251).

Ohren zuhalten = eine nonverbale Geste

Werden visuelle oder auditive Signale kombiniert, wird auch von audiovisueller Kommunikation gesprochen.

Sprache und **Kommunikation** existieren nicht nur in Form von Wörtern, Text- und Gesprächsstrukturen; sie sind eng mit Verhaltensweisen und Konventionen des Lebens verbunden.

Nonverbale Äußerung – Staunen

1.4.2 Sprache ist mehr als ein Kommunikationsmittel

Die **Sprache** ist grundsätzlich an *Realität* gebunden, d. h., es kann nichts beschrieben werden, was aufgrund der Realität und der Vorstellung von ihr nicht begreifbar ist.
Daraus folgt, dass der Mensch auch nichts denken kann, was nicht in irgendeiner Form existiert. (Alle Science-Fiction-Filme und -Erzählungen setzen Bekanntes zu Neuem zusammen, vgl. Außerirdische in „Star Trek", Laserschwert und Roboter mit menschlichen Eigenschaften in „Star Wars".)
Für die sprachliche Erfassung einer neuen „Realität" gibt es verschiedene Möglichkeiten:
- Analogie: Verwenden von etwas Ähnlichem.
- Opposition: Verwenden des Gegenteils.
- Wortbildung: Bilden neuer Wörter aus bekannten Silben und Wortstämmen.
- Ummünzen: Belegen eines Wortes mit einer neuen Bedeutung/einem neuen Inhalt („Ausländer", „konservativ", „Elite").
- Wortneuschöpfung: Verwenden von Laut- und Buchstabenkombinationen, die entweder wesentliche Bestandteile bestehender Begriffe sind („nussig", ein Problem „aussitzen"), die eingedeutscht werden („vermarkten") oder die mit Bestandteilen von Fremdwörtern gebidet werden („Crunchies" → to crunch).

  Neuschöpfungen beruhen meistens auf bereits vorhandenem Sprachmaterial – entweder der eigenen Sprache oder der Übernahme aus anderen Sprachen – oder ahmen klanglich (→ Onomatopoesie) das sprachlich zu erfassende Objekt oder den Vorgang nach (vgl. Basiswissen Literatur).

Damit ist Sprache neben **Kommunikation** eine Widerspiegelung des Verständnisses und der Auffassung der die Menschen umgebenden Realität. Gleichzeitig wird mit der Sprache wiederum Realität geschaffen.

Alle **Hochkulturen** besitzen eine **Schriftsprache** als Kommunikationsmittel. Mit der Erfindung der Schrift ging eine völlig neue Vergangenheitsdarstellung einher. Die Kommunikation mittels Schrift wurde unpersönlicher. Die Erfindung des **Buchdrucks** im 15. Jahrhundert führte zu einer enormen Vermehrung der Bücher und damit zu einer Explosion des Wissens. Gedruckte Schriften waren auf jeden Fall preisgünstiger als die Abschriften und waren in kürzerer Zeit für die Öffentlichkeit verfügbar. Der bis dahin eingeschränkte Zugang zur Schrift wurde nun auch breiteren Schichten möglich. Es entstanden völlig neue Kommunikationsbedingungen. Buchdruck und Zeitungen förderten die Ausprägung einer einheitlichen Schriftsprache. So ist das „Hochdeutsch" im deutschen Sprachraum ein wesentliches Verdienst der Schriftsprache. Mit der Schriftsprache entstand zudem eine literarische Öffentlichkeit.

1.4.3 Wachsende Bedeutung der Kommunikation

Kommunikationsprozesse werden vor allem in den Sozialwissenschaften und in der Psychologie untersucht. Dabei werden drei Formen der Kommunikation unterschieden, die nicht nur vom Inhalt abhängig sind:

1. Intrapersonale Kommunikation

Sie bezeichnet den *internen Vorgang*, d. h., wie der Einzelne sich mit Informationen der Umwelt auseinandersetzt. Dieser Prozess interessiert vor allem die Psychologen. Er ist natürlich wesentlich für den Einzelnen selbst. Diesem Prozess kommt z. B. große Bedeutung zu für die persönliche *Gestaltung des* **Lernprozesses,** für die Ausprägung von Emotionen, Verhaltensmustern durch bestimmte Medien, die die Einzelperson „konsumiert".

2. Interpersonale Kommunikation

Unter interpersonaler Kommunikation versteht man den *Informationsaustausch* zwischen mindestens zwei oder mehreren Einzelpersonen. Die bei der Kommunikation benutzten Zeichensysteme müssen dazu den Beteiligten bekannt sein. Während bei der ersten Form *keine* **Zeitgleichheit** von Sendung und Empfang besteht, können bei dieser Form sowohl *Zeitgleichheit* als auch zeitliche Unterschiede im Austausch der Informationen bestehen. Für Gespräche, Diskussionen wird immer Zeitgleichheit bestehen, für Problemdiskussionen, die schriftlich geführt werden, schließt sich Zeitgleichheit aus (Briefwechsel).

Das Problem der *Zeitgleichheit, -ungleichheit* kann durch neue Techniken (Internet, Intranet, E-Mail u. a.) hinsichtlich der interpersonalen Kommunikation fast vernachlässigt werden.

3. Mediengebundene Kommunikation
Hier findet weniger ein Austausch statt, sondern vor allem das Aufnehmen von **Mitteilungen** und **Informationen,** die den Medienkonsumenten von den Journalisten, Funk- und Fernsehproduzenten angeboten werden. Medienkommunikation wird auch als **Massenkommunikation** bezeichnet. Die Aussagen, Mitteilungen, Informationen erfolgen öffentlich, d.h., sie sind allgemein zugänglich, z.B. in Form von Zeitungen, Zeitschriften, Flugblättern, Plakaten, Hörfunk, Fernsehen u.a.

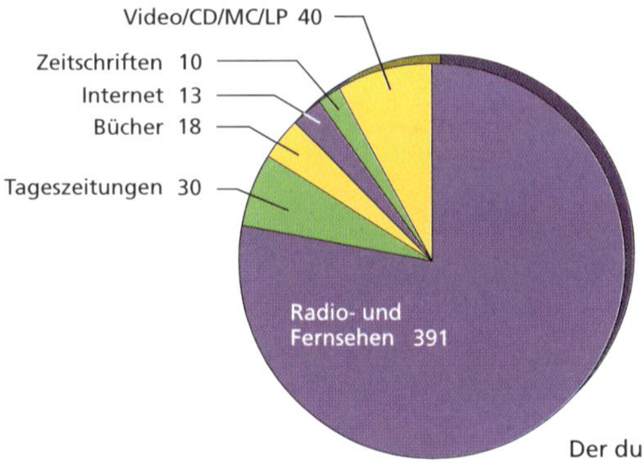

Der durchschnittliche tägliche Medienkonsum der Bundesbürger ab 14 Jahre beträgt 502 Minuten.

Für die Mehrzahl der Menschen ist die **Medienkommunikation** Hauptquelle politischer und gesellschaftlicher Informationen und stellt die Grundlage für die **Meinungsbildung** dar. Aus diesem Grunde haben die Massenmedien eine hohe und zunehmende Bedeutung für die politische Kultur eines Landes.
Die sogenannten **neuen Medien** schaffen neuartige Kommunikationsverhältnisse und Textformen. Das zeigt sich besonders in Folgendem:

- Es werden *neue Wörter* und Wendungen hervorgebracht. Viele englische Begriffe und Abkürzungen wie Fax, CD, ISDN, Onlinekonferenz oder chatten gehören heute bereits zum allgemeinen Sprachgebrauch.
- Neben dem Briefwechsel und dem fernmündlichen Gespräch werden **elektronische Konferenzen** immer stärker genutzt. Der simultane Austausch schriftlicher Botschaften vollzieht sich hier bereits in der Geschwindigkeit mündlicher Gespräche.
- In den Chatrooms haben sich in den letzten Jahren ein gemeinsamer Slang und eine gewisse **Netzwerkethik** herausgebildet. Sie geben der Kommunikation in den virtuellen Räumen einen eigenen Rahmen. Obwohl geschrieben wird, erscheint dem Nutzer die Kommunikation mündlich.
- Nonverbale Elemente werden verschriftlicht, z. B. **Emoticons** oder **Smileys** 
- Zum Zwecke der *Sprachökonomie* wird mitunter auf die Großschreibung der Wörter verzichtet, Satzteile werden ausgelassen und Wörter abgekürzt.

Wichtig für die Massenmedien ist die Form der Sprache. „Wer die Sprache nicht dem jeweiligen Durchschnittspublikum anpassen kann, muss dies lernen. Straßengängig reden heißt: die Sprachebene der normalen, alltäglichen Umgangssprache wählen, einfach, konkret und verständlich (wie auf einer Party). In der Praxis zeigt sich tagtäglich: Das Einfache ist deshalb für viele nicht einfach, weil zu kompliziert und mitunter mit zu vielen Substantiven gesprochen wird. Obschon bekannt ist: Verben, Verben, Verben benutzen." (Dieser Beitrag ist in der Zeitschrift „Achtung Sendung", Nr. 8/2000 erschienen.)

Entwicklung der Medien

5000 v. Chr.	erste schriftliche Aufzeichnungen
4000 v. Chr.	Bilderschrift
3000 v. Chr.	Hieroglyphen
2000 v. Chr.	
	Silbenalphabet
1000 v. Chr.	
403 v. Chr.	klassisches griechisches Alphabet
300 v. Chr.	lateinisches Alphabet
0 (Christi Geburt)	
800	kyrillisches Alphabet
1000	
15. Jh.	Erfindung des Buchdrucks
19. Jh.	Telefon
2000	neue Medien – Radio – Fernsehen – Telefax – Computer

GRAMMATIK UND RECHTSCHREIBUNG | 2

2.1 Grundlagen und Voraussetzungen

2.1.1 Buchstabe

Das **deutsche Alphabet** beruht auf dem lateinischen Alphabet und umfasst **26 Buchstaben.** Der Buchstabe ist die kleinste Einheit der **Schriftsprache.**

Die Buchstaben, die ohne Hilfe eines anderen Lautes gesprochen werden, bezeichnet man als **Vokale** (Selbstlaute).

Aa Ee Ii Oo Uu

Buchstaben, die mithilfe von Vokalen gesprochen werden, heißen **Konsonanten** (Mitlaute).

Bb	Cc	Dd	Ff	Gg	Hh	Jj	Kk	Ll
bee	zee	dee	eff	gee	ha	jott	ka	ell
Mm	Nn	Pp	Qq	Rr	Ss	Tt	Vv	Ww
em	en	pee	ku	er	es	tee	fau	wee
Xx	Yy	Zz						
iks	üpsi-lon	zett						

Außerdem beinhaltet das deutsche Alphabet die **Umlaute**

Ää Öö Üü

und das **Sonderzeichen**

ß

Codex = Vorläufer der heutigen Buchform, der im 4./5. Jh. die Papyrusrolle ablöste.

Alle Buchstaben, außer „ß", gibt es als Klein- und Großbuchstaben.
Die Herkunft und Grundbedeutung der Bezeichnung Buchstabe ist umstritten. Meist werden die Runen (Stab mit Runenzeichen) und der Codex als Ursprünge angesehen.

2.1.2 Laut

Die kleinste Einheit der **gesprochenen Sprache** ist der **Laut**.

Neben den einzelnen Lauten gibt es in der deutschen Sprache die **Diphthonge** (Doppellaute) ai, au, äu, ei, eu und die **Buchstabenkombinationen** ck, sch und ch. Für einen Laut kann es verschiedene Zeichen (Grapheme) geben, wie Laut: ai; Graphem ai oder ei = Mai, Leim.

Lautarten		
Bestimmung	**Bezeichnung**	**Beispiele**
der Wortstellung	**Anlaute** **Auslaute** **Inlaute**	Bein Beine Beine, Biene
der gesprochenen Länge bzw. Kürze	**Kurzlaute** **Langlaute**	offen, miss, Gasse Ofen, mies, Gase
der Beanspruchung der Stimmbänder	**stimmhafte Laute** **stimmlose Laute**	alle Vokale und b, d, g, f, h, p, sch, ss
der Aussprache	**Explosivlaute** (Verschlusslaute) **Frikativlaute** (Reibelaute, Engelaute) **Liquidlaute** (Gleitlaute) **Nasallaute**	b, d, g, k, p, t f, sch l, r m, n, ng
des Bildungsortes	**Dentallaute** (mit den Zähnen gebildet) **Labiallaute** (mit den Lippen gebildet) **Nasallaute** (mit der Nase gebildet) **Palatallaute** (am vorderen Gaumen gebildet) **Velarlaute** (am hinteren Gaumen gebildet)	d, s, sch, t b, m, p m, n, ng ç, j g, k

Phonetik (Lautlehre) ist ein Teilgebiet der *Sprachwissenschaft*, welches die gesprochene Sprache in ihrer kommunikativen Funktion untersucht. Sie geht davon aus, dass *gesprochene Sprache* durch messbare Signale, die physiologisch und artikulatorisch erzeugt werden, als *Schall* (akustisch) übermittelt und vom Hörer aufgenommen werden.

2.1.3 Phonem

Die kleinste *bedeutungsunterscheidende* Einheit des gesprochenen Wortes ist das **Phonem.** Das bedeutet, dass sich durch Austausch eines Phonems durch ein anderes Phonem die Bedeutung des Wortes verändert.

Das kleinste bedeutungsunterscheidende **grafische Symbol,** das ein oder mehrere Phoneme wiedergibt, ist ein **Graphem.**
Laut: ai;
Graphem: Eis, Hai
Laut: au;
Graphem: Auge, Kakao

Mode – Made	Phonemaustausch im Inlaut
Ratte – Matte	Phonemaustausch im Anlaut
Ruhe – Ruhm	Phonemaustausch im Auslaut

Diese Beispiele zeigen, dass ein Phonem keine bedeutungstragende Einheit darstellt, sondern nur Bedeutungsunterschiede.

2.1.4 Silbe

Die **Silbe** ist eine rhythmische Grundeinheit der Sprache, die auch als *kleinste* **Lautgruppe** bezeichnet wird. In der deutschen Sprache werden **Sprechsilben** (phonologische Silben) und **Sprachsilben** (morphologische Silben) unterschieden.

Sprechsilben	
Den Silbenkern der **Sprechsilben** bildet immer ein Vokal oder ein Diphthong.	Huhn, Maus
Werden **zwei Silbenkerne** durch einen Konsonanten getrennt, wird er der nachfolgenden Silbe zugeordnet.	ru-fen, ha-ben
Aufeinanderfolgende **Vokale** werden getrennt.	be-ach-ten, ge-eig-net
Trennen die *Silbenkerne* jedoch *mehrere* **Konsonanten,** gehört nur der letzte zur nachfolgenden Silbe.	kämpf-ten
Bei Zusammensetzungen erfolgt die Trennung in der **Wortfuge.**	Ver-gnügen

Sprachsilben (Morpheme)

In der deutschen Sprache gibt es etwa 3000 lexikalische Morpheme, 16 unterschiedliche grammatische Morpheme und 100 Wortbildungsmorpheme (↗ S. 100, 109).

Das **Morphem** ist die kleinste lautliche Einheit, welche in unterschiedlichen sprachlichen Zusammenhängen die gleiche Bedeutung trägt. Man unterscheidet **freie** – auch als selbstständige Wörter vorkommende – und **gebundene Morpheme,** die nur innerhalb von Wörtern auftreten können.

Freie Morpheme:	Tisch, Wand, Witz
Gebundene Morpheme:	Fisch-lein Stamm + Verkleinerung
	Kind-er Stamm + Pluralendung

Klassifizierung	
Lexikalisches Morphem Stamm-Morphem	Freund, freund-lich, be-freund-en, Freund-lichkeit, Freund-e, Freund-schaft, an-freund-en
ausschlaggebend für die inhaltliche Bestimmung	Bau, bau-en, an-bau-en, Bau-ten, be-bau-en, ver-bau-en, ge-bau-t, Be-bau-ung
Grammatisches Morphem Konjugationsendungen	geh-st, sieh-st, lern-st, schreib-st, hör-st
Deklinationsendungen, Singular- und Pluralendungen usw.	des Mann-es, des Kind-es, die Männ-er, den Kind-ern, klein-er, klein-ere, klein-eren, klein-sten
Wortbildungsmorpheme Präfixe (Vorsilben, z. B. be-, ent-, ge-, ver- usw.)	be-leben, be-tonen, ent-fernen, ge-rinnen, ver-gessen, ver-laufen
Suffixe (Nachsilben, z. B. -keit, -lich, -ig, -heit, -ung usw.)	Sauber-keit, Kind-heit, gier-ig, ärger-lich, höf-lich, Bild-ung, Deut-ung
Fugenelemente z. B. Fugen-s (↗ S. 119)	Haltung-**s**-noten, Hemd-**s**-ärmel, richtung-**s**-weisend, Handlung-**s**-bedarf

Der Inhalt des *Befragungsbogens* war schwer zu verstehen.

Be	frag	ung	s	bogen	s
Wortbildungsmorphem	lexikalisches Morphem	Wortbildungsmorphem	Fugenelement	lexikalisches Morphem	grammatisches Morphem

2.1.5 Warum wir nicht so schreiben, wie wir sprechen

Obwohl die **Lautsprache** gegenüber der **Schriftsprache** vorherrscht, steht die geschriebene Form doch in erheblich mehr gesellschaftlich-kulturellen Zwängen als ihre mündliche Schwester (Regeln der deutschen Rechtschreibung, Regelungen bestimmter Formmerkmale bei Gebrauchstexten usw.).

Das ist auch folgerichtig, da die Schriftsprache zur **Speicherung** dauerhafterer Kommunikation dient und damit verbindlichen Charakter trägt. Die **gesprochene Sprache** dagegen funktioniert viel spontaner und unter Zuhilfenahme der **Mimik, Gestik, Tonmodulation** (Heben und Senken der Stimme) und verschiedenster emotionaler Füllwörter („ähm"). Sie ist auch flexibler, was die Aufnahme neuer Lehn- und Fremdwörter in das Sprachgut betrifft, und damit in einer ständigen Entwicklung. In der Regel ist sie weniger verbindlich als die Schriftsprache.
Eine weitere Hürde, um ein Eins-zu-eins-Verhältnis zwischen Sprache und Schrift zu realisieren, stellt die **Codierung** der Sprache an sich dar. Durch den hohen Grad der **Abstraktion** (nur 26 Zeichen) kommt es vor, dass mehrere Laute durch nur einen Buchstaben oder eine feststehende Buchstabenkombination ausgedrückt werden.
Zum Beispiel „weggehen" (kurzer Vokal e im Inlaut), aber „der Weg" (langer Vokal im Inlaut). Leider funktioniert es auch andersherum, gleich gesprochene Laute werden unterschiedlich geschrieben. Vergleiche „Folklore" und „Volk"!
Auch die sprachlich überlieferten **Mundarten** finden in der Schriftsprache nur selten Berücksichtigung, können sie aber sehr stark bereichern.

Mönsch gugge! Schaun mer mal! Kiek mal! Kiekn wer mol!

Eine Glosse auf „Jugenddeutsch"
aus: Berliner Morgenpost, 24.09.2001

Das Weekend rückt heran, und wieder mal steht ein Großelternvisit auf dem Plan. Abends angekommen, gibts erst mal wieder was Leckeres für die Knabberleiste. Wir haben Knast, like always. Danach gehts ans Stylen für die Disco. Die Pickel sind upgecovert mit Make-up, die Augen verziert mit Kajal und Mascara. Unsere Münder werden verschönert durch Lipgloss, vergrößert durch Lipliner. Unsere Piercings sind poliert, die Hairstyles sind auftoupiert und mit Haarspray und Gel fixiert. Die Tattoos sind touched-up. Kein Anzug – aber sieht krass aus. Zwischen den Augen sitzen bunte Bindis. Die Flip-Flops passen noch – geil ey!!
Mit unserer frisch gebügelten Functionwear wollen wir die Fliege machen. Doch da ertönt von der Großmutter: „Das Bad! Boy, ist das messy! Außerdem: Mit diesen Gears wollt ihr euch sehen lassen? Das sieht doch aus wie Grunge. Sandra, mit den Baggy Pants gehst du nicht. Und Wienke, mit solchen High Heels wirst du dir den Fuß brechen. Sarah, ist das etwa die neue Clubwear? Das sieht viel zu camp aus!!" „Hey, das ist jetzt voll in!", sagen wir, „diese Fashion-Items sind der Hit." Großmutter erwidert: „Aber nicht, dass ihr auf diese Hustler reinfallt! Diese Hobbyangler haben doch nichts von einem Hunk. Alles, was die interessiert, sind knapp verpackte Hupen und Hipsters." „Mensch, Großmutter", sagen wir, „wir sind doch smart und lassen uns nicht eintüten. Wir wollen nur etwas Fun und abdancen."
Großvater verteidigt uns: „Ja, genau. Föhn doch die Chicks nicht so zu! Lass doch die Youngsters machen, was sie wollen. Hauptsache, der Zipper bleibt zu! ..."

2.2 Wortarten

Das **Wort** gehört zu den Grundbausteinen der Sprache. Jedes Wort hat eine Form- und Inhaltsseite. Das gesprochene Wort ist eine Folge von Lauten, das geschriebene eine Folge von Buchstaben (bei Alphabetschrift). Die **Grammatik** beschreibt die Form und Bedeutung der Wörter sowie ihre Funktion im Satz nach einem Regelwerk.

Wörter mit gleichen Merkmalen in der Bedeutung **(Adjektive** – sie bezeichnen Eigenschaften) oder in der äußeren Form (**Substantive** – sie werden großgeschrieben) werden als **Wortarten** bezeichnet. Ein wichtiges Merkmal einer Wortart ist, ob und wie sich die Wörter in ihrer Form verändern können. Diese **Formveränderung** nennt man **Flexion.**

Flexionsmöglichkeiten

In der deutschen Sprache gibt es *drei verschiedene* **Flexionsmöglichkeiten:**

1. **Deklination:** Beugung des Substantivs, seiner Stellvertreter (z. B. Pronomen), Begleiter und des Adjektivs in einem bestimmten Kasus (Fall)

Das Deutsche unterscheidet vier Fälle: Nominativ, Genitiv, Dativ und Akkusativ (↗ S. 53 ff.).

2. **Konjugation:** Beugung des Verbs. Mithilfe der Konjugation kann Folgendes ausgedrückt werden:

Person und **Zahl**	ich fange wir fangen	**1. Person Singular** (Einzahl) **1. Person Plural** (Mehrzahl)
Zeit (Tempus)	ich fange ich fing	**Präsens** (Gegenwart) **Präteritum** (Vergangenheit)
Aussageweise (Modus)	ich fange ich hätte gefangen	**Indikativ** (Wirklichkeitsform) **Konjunktiv** (Wunsch-, Möglichkeitsform)
Handlungsrichtung (Genus)	ich fange ich wurde gefangen	**Aktiv** (Tatform) **Passiv** (Leideform)

3. **Komparation:** Steigerung des Adjektivs in drei Stufen – Grundstufe, Vergleichsstufe, Höchststufe: hoch, höher, am höchsten

Grundstufe = *Positiv*
Vergleichsstufe = *Komparativ*
Höchststufe = *Superlativ* (↗ S. 75 ff.)

Wörter, die sich in ihrer Form verändern können, werden als *flektierbare* Wörter bezeichnet, unveränderliche Wörter als *nicht flektierbare*.
Innerhalb der indoeuropäischen Sprachen stellt die Sprachwissenschaft eine Tendenz zum *Abbau der Flexion* fest.

Übersicht über die wichtigsten Wortarten und ihre Möglichkeiten zur Formveränderung

Das **Adverb** ist prinzipiell nicht flektierbar. Es gibt jedoch einige wenige flektierbare Ausnahmen (↗ S. 99).

Wortarten			
flektierbar			**nicht flektierbar**
deklinierbar	*konjugierbar*	*komparierbar*	
Substantiv	Verb	Adjektiv	Präposition
Pronomen		z. T. Adverb	Konjunktion
Adjektiv			Interjektion
Artikel			Adverb
Numerale			

2.2.1 Substantive

Substantive werden auch *Nomen* genannt.

Substantive bezeichnen Lebewesen und Gegenstände **(Konkreta)**, welche mit den Sinnen wahrgenommen werden (Blume, Hund), oder etwas, was ausgedacht wurde und wie wirklich existierend betrachtet wird (Riese, Märchenfee).
Substantive können außerdem Nichtgegenständliches und Begriffe (Ruhe, Liebe) bezeichnen **(Abstrakta)**. (↗ S. 117 f., 169)

Die Übernahme aus fremden Sprachen wird **Entlehnung** genannt (vgl. Lehnwörter; ↗ S. 186).

Das **Genus** (das Geschlecht) des Substantivs wird durch seinen **Artikel** bestimmt (der Hund – Maskulinum, die Blume – Femininum, das Haus – Neutrum). Substantive können im Satz mit einem bestimmten Artikel (der, die, das), mit einem unbestimmten Artikel (ein, eine, eines) oder ohne Artikel verwendet werden.
Substantive können außerdem durch **Deklination** verschiedene Numerus- und Kasusformen bilden.
(Numerus: der Hund – Singular, die Hunde – Plural; Kasus: des Hundes – Genitiv, dem Hund – Dativ).

Im Satz kann das Substantiv verschiedene Funktionen haben:

1. Subjekt — *Die Frau* wohnt hier.
2. Objekt — Er gibt mir *Mut*.
3. Adverbiale Bestimmung — *Dienstag* gehen wir ins Kino.
4. Attribut — Der Ball *meines Freundes* ist besser.

Etwa die Hälfte des deutschen Wortschatzes besteht aus Substantiven. Sie sind ständigen Veränderungen unterworfen, da neue Wörter auftreten und andere veralten. So hat heute fast jede Sprache vielfältigen Kontakt mit anderen Sprachen, die sich auch gegenseitig beeinflussen.

Bedeutungsgruppen des Substantivs

Konkreta		**Abstrakta**	
Eigennamen für bestimmte Lebewesen oder Dinge	Simone, Berlin, Irland, Elbe, Matterhorn	*Vorstellungen*	Seele, Bewusstsein
Gattungsnamen für Lebewesen oder Dinge mit gleichen Merkmalen	Mensch, Tier, Spielzeug, Frau, Berg, Haus, Auto	*Vorgänge*	Zubereitung, Klärung
• *Sammelnamen* als zusammenfassender Begriff für eine Anzahl von Lebewesen oder Dingen	Schmuck, Herde, Gewässer, Gebirge, Staaten, Besteck, Wetter	*Eigenschaften*	Klugheit, Härte
• *Stoffnamen* für Stoffe/Massen, die sich aus mehreren Bestandteilen zusammensetzen, und Materialbezeichnungen	Saft, Luft, Wasser, Teig, Papier, Porzellan, Ölfarbe, Leder, Ton, Salz	*Zustände*	Jugend, Leid, Freude
		Beziehungen	Freundschaft, Partner
		Maße und Zeiteinheiten	Meter, Liter, Stunde, Jahr
		Wissenschaften/Künste	Mathematik, Musik

Genus des Substantivs (Geschlecht)

In der deutschen Sprache gibt es für die Substantive drei **Geschlechterzuordnungen.** Als Kennzeichen des Geschlechts tritt vor das Substantiv der bestimmte Artikel.

Im Niederdeutschen gibt es nur zwei Artikel:
de Mann
de Fru
dat Kind
de Kinners

1. weibliches Geschlecht (Femininum) –
   die Frau, *die* Kanne, *die* Blume, *die* Schreibmaschine
2. männliches Geschlecht (Maskulinum) –
   der Mann, *der* Hof, *der* Mond
3. sächliches Geschlecht (Neutrum) –
   das Kind, *das* Haus, *das* Wetter

Bei einigen Substantiven, meist Personenbezeichnungen, stimmt das natürliche mit dem grammatischen Geschlecht überein (der Mann, die Frau). Dinge, die weder als männlich noch als weiblich eingestuft werden konnten, wurden im Deutschen meist sächlich (das Bett, das Haus). Viele Substantive verdanken ihre Genuszuordnung der Gleichsetzung oder Symbolisierung mit dem Weiblichen oder Männlichen. Der Kampf, der Krieg usw. wurden eher mit männlichen Merkmalen besetzt und daher grammatikalisch männlich. Die Blume, die Liebe usw. sah man als typisch weiblich an.

Gekennzeichnet wird das **Genus** durch den zum Substantiv gehörenden **Artikel** (der, die, das). Eine feste Regelung, welcher Artikel einem bestimmten Substantiv zugeordnet wird, gibt es in der deutschen Sprache nicht.

Die Zuordnung der einzelnen Geschlechter ist heute meist nicht mehr nachvollziehbar. Jedoch ist es möglich, das Genus des Substantivs mithilfe einiger *Endungen* zu bestimmen.

Typische Endungen

Maskulinum		Femininum		Neutrum	
-ant	der Spekulant der Musikant	-in	die Schülerin die Hündin	-chen	das Hündchen das Wäldchen
-iker	der Physiker der Komiker	-ung	die Hoffnung die Meinung	-lein	das Männlein das Fräulein
-ismus	der Egoismus der Nationalismus	-heit	die Freiheit die Kindheit	-icht	das Dickicht das Gesicht
-(i)ent	der Student der Patient	-keit	die Dankbarkeit die Bitterkeit	-tum	das Brauchtum das Heldentum
-s	der Klops der Dachs	-schaft	die Freundschaft die Bürgschaft	-(i)um	das Album das Herbarium
-ig	der Honig der König	-ion	die Nation die Flexion	-ment	das Dokument das Experiment
-ling	der Zwilling der Häftling	-ur	die Natur die Klausur	-nis	das Zeugnis das Vermächtnis

Genus bei zusammengesetzten Substantiven

Zusammengesetzte Substantive bilden sich aus **Grund**- und **Bestimmungswort.**
Ausschlaggebend für das Genus ist dabei das Geschlecht des *Grundwortes.*

Zusammengesetzte Substantive nennt man auch Sing.: Kompositum, Plur.: Komposita (↗ S. 112, 117 ff.).

Artikel	Bestimmungswort (nähere Bezeichnung des Grundwortes)	Grundwort	Genus
der	Haus- (Neutr.)	bau (Mask.)	Maskulinum
die	Schüler- (Mask.)	zeichnung (Femin.)	Femininum
das	Wind- (Mask.)	licht (Neutr.)	Neutrum

Schwankendes Genus

In vielen Sprachräumen haben sich ältere Genusbezeichnungen für Wörter mit gleicher Bedeutung erhalten und existieren, ihrer **Mundart** entsprechend, neben der üblicherweise gebräuchlichen Form.

der Bast – *das* Bast,
der Bonbon – *das* Bonbon
das Knaul – *der* Knaul
der Looping – *das* Looping

Bei gleichem Wortlaut können unterschiedliche Artikel die unterschiedliche Bedeutung kennzeichnen.

der Bauer – der in der Landwirtschaft Tätige
das Bauer – der Vogelkäfig

der Kunde – der Käufer
die Kunde – die Nachricht

Substantive mit gleichem Wortlaut und gleichem Artikel können trotzdem unterschiedliche Bedeutung tragen.

Gleichlautende Substantive mit unterschiedlicher Bedeutung werden als **Homonyme** bezeichnet (↗ S.183).

der Ball – das Spielzeug
der Ball – das festliche Ereignis

die Presse – das Zeitungswesen
die Presse – Maschine zum Pressen

Numerus des Substantivs

Durch den **Numerus** wird angegeben, ob es das Bezeichnete nur einmal oder mehrfach gibt. Stellt das Substantiv etwas dar, was nur einmal vorhanden ist, steht es im **Singular** (Einzahl). Ist etwas mehrfach vorhanden, wird der **Plural** (Mehrzahl) des Substantivs benutzt.

Kennzeichnung des Plurals

1. Durch den Artikel:	der Mann	–	die Männer
	die Frau	–	die Frauen
	das Kind	–	die Kinder

2. Durch die *Pluralendungen* (im Nominativ)

-e und -er	Hund	–	Hunde
	Blatt	–	Blätter
-n und -en	Taube	–	Tauben
	Frau	–	Frauen
-s, -a, -i, -en, -ien (bei Fremdwörtern)	Kino	–	Kinos
	Lexikon	–	Lexika
	Tempo	–	Tempi
	Atlas	–	Atlanten (Atlasse)
	Adverb	–	Adverbien

Besonderheiten des Numerus

1. Es gibt Substantive, die in der Regel nur einmal vorkommen und deshalb in der deutschen Sprache im Allgemeinen *nur im Singular* verwendet werden (Singularetantum).

   Dazu gehören:

– Eigennamen	Friedrich Schiller, Düsseldorf, Spree, Zeus (etwas Einmaliges wird bezeichnet),
– Sammelbezeichnungen	Herde (als Sammelbegriff für viele Tiere), das Spielzeug,
– Stoffbezeichnungen	Glas, Papier, Ton, Milch, Fett, Sand, Pappe, Gips,
– Abstrakta	das Wetter, der Hass, die Eitelkeit, der Glaube,
– Maß- und Mengenbezeichnungen	10 *Kilometer*, 20 *Paar* Strümpfe, 90 *Gramm* Mehl

2. Es gibt Substantive, die meist oder *nur im Plural* verwendet werden (Pluraletantum).

   die Ferien, die Leute,
   die Kosten, die Gebrüder

3. Bei manchen Substantiven, die im **Singular** und im **Plural** verwendet werden, gibt es keine Unterschiede in der Form. Der Numerus wird nur durch die Ankopplung des Artikels, andere zugeordnete Wörter oder durch den Satzzusammenhang deutlich.

der Deckel	–	*die* Deckel
der Kalender	–	*die* Kalender
das Kissen	–	*die* Kissen
		bestickte Kissen
		Auf dem Sofa *liegen* Kissen.

4. **Gleichlautende Substantive** mit unterschiedlicher Bedeutung können sich auch in der **Pluralbildung** unterscheiden.

die Bank (die Sitzgelegenheit)	–	*die Bänke*
die Bank (das Geldinstitut)	–	*die Banken*
der Strauß (der Vogel)	–	*die Strauße*
der Strauß (der Blumenstrauß)	–	*die Sträuße*

Es sind aber auch gleiche Pluralbildungen bei unterschiedlicher Bedeutung des Substantivs möglich – der Ball (das Spielzeug, das festliche Ereignis), die Bälle.

Kasus (der Fall) und Deklination des Substantivs

Die *Beugung* des Substantivs in einen bestimmten **Kasus** richtet sich nach seiner Funktion im Satz (Subjekt, Objekt, adverbiale Bestimmung) und wird durch festgelegte *Formveränderungen* gekennzeichnet (z. B. Anhängen von Endungen an den Singular Nominativ, der Mann – des Mann**es**).

In der deutschen Sprache gibt es *vier Fälle*:
- Nominativ,
- Genitiv,
- Dativ,
- Akkusativ,

welche die unterschiedlichen Beziehungen des Substantivs zu den anderen Satzgliedern ausdrücken.
In welchem Fall das Substantiv im Satz verwendet wird, richtet sich oft nach dem Wort (Verb, Adjektiv, Präposition), von dem es abhängig ist. Dieses Wort verlangt einen bestimmten Fall, dem das Substantiv folgt.

Ich begegne den Freunden.
Das Verb *begegnen* verlangt den *Dativ*. Daraus folgt: *den Freunden* muss im *Dativ* stehen.

Ich verreise ohne den Freund.
Die Präposition *ohne* verlangt den *Akkusativ*. Daraus folgt: *den Freund* muss im *Akkusativ* stehen.

Übersicht über die wichtigsten Deklinationen

Kasus	Fragewort	Beispiel
1. Fall (Nominativ)	Wer?/Was?	Das Kind geht zur Schule. Wer geht zur Schule? – das Kind Der Ball fliegt in das Fenster. Was fliegt in das Fenster? – der Ball
2. Fall (Genitiv)	Wessen?	Er wird des Betruges angeklagt. Wessen wird er angeklagt? – des Betruges
3. Fall (Dativ)	Wem?/Wo?	Ich helfe dem Freund. Wem helfe ich? – dem Freund Sie ist in der Schule. Wo ist sie? – in der Schule
4. Fall (Akkusativ)	Wen?/Was?/ Wohin?	Ich sehe das Kind. Wen sehe ich? – das Kind Ich nehme das Buch. Was nehme ich? – das Buch Ich fahre in die Berge. Wohin fahre ich? – in die Berge

Je nach Art der Formveränderung in den einzelnen Fällen unterscheidet man in der deutschen Sprache *starke, schwache und gemischte* **Deklinationen.**

Bei den Maskulina kommen alle drei Deklinationsarten vor.
Besonderheit: Einige Maskulina gehörten früher der schwachen Deklination an und sind erst im Laufe der Sprachentwicklung zur starken Deklination übergetreten. Daraus ergeben sich Schwankungen.

Schwan – Schwäne

Maskulinum

Deklinationstyp	Merkmale	Beispiele		
		Kasus	Singular	Plural
starke Deklination	Endung im Genitiv Singular -s oder -es Endung im Nominativ Plural -e, -er oder endungslos Endung im Dativ Plural -(e)n	Nominativ Genitiv Dativ Akkusativ	der Baum des Baumes dem Baum(e) den Baum	die Bäume der Bäume den Bäumen die Bäume

Deklinationstyp	Merkmale	Beispiele		
		Kasus	Singular	Plural
schwache Deklination	Endungen -en oder -n in allen Formen außer Nominativ Singular	Nominativ Genitiv Dativ Akkusativ	der Student des Studenten dem Studenten den Studenten	die Studenten der Studenten den Studenten die Studenten
gemischte Deklination	Deklination im Singular stark und im Plural schwach	Nominativ Genitiv Dativ Akkusativ	der Garten des Gartens dem Garten den Garten	die Gärten der Gärten den Gärten die Gärten

Femininum

Deklinationstyp	Merkmale	Beispiele		
		Kasus	Singular	Plural
starke Deklination	endungslos im Singular, im Plural Endung -e im Nominativ, Genitiv und Akkusativ; im Dativ Endung -(e)n	Nominativ Genitiv Dativ Akkusativ	die Macht der Macht der Macht die Macht	die Mächte der Mächte den Mächten die Mächte
schwache Deklination	endungslos im Singular; Endung im Plural -en	Nominativ Genitiv Dativ Akkusativ	die Spur der Spur der Spur die Spur	die Spuren der Spuren den Spuren die Spuren

Es gibt keine *gemischte Deklination* bei den femininen Substantiven.

Neutrum

Deklinationstyp	Merkmale	Beispiele		
		Kasus	Singular	Plural
starke Deklination	gleiche Merkmale wie starke maskuline Deklination; alle Neutra im Singular stark dekliniert	Nominativ Genitiv Dativ Akkusativ	das Haus des Hauses dem Haus das Haus	die Häuser der Häuser den Häusern die Häuser
gemischte Deklination	im Plural Endung -en	Nominativ Genitiv Dativ Akkusativ	das Auge des Auges dem Auge das Auge	die Augen der Augen den Augen die Augen

Es gibt keine *schwache Deklination* bei den Neutra.

Besonderheiten bei der Deklination

Deklination von Eigennamen

1. Stehen Personen-, Vor- und Familiennamen ohne Artikel im Genitiv Singular, so erhält der letzte Bestandteil des Namens ein Genitiv-s.

   Frau Liselotte Müllers Laden
   Johann Wolfgang Goethes Dramen

2. Werden die Eigennamen ohne Artikel verwendet, bleiben sie in der Regel endungslos.

   Ich treffe mich mit Peter Groß.

3. Sind Personennamen mit einem Titel verbunden, wird nur der Name dekliniert.

   mit dem Sieg König Philipps von Makedonien
   durch den Tod Kaiser Maximilians

Alle Zusammensetzungen mit -bach, -berg, -gebirge, -fluss, -strom, -wald werden immer gebeugt (↗ S. 112 f., 174).

Deklination von geografischen Namen

1. Länder und Ortsnamen, welche ohne Artikel gebraucht werden, haben im Genitiv die Endung -s, sonst sind sie endungslos.

   die Außenpolitik Deutschlands, innerhalb Europas,
   die Geschichte Berlins

2. Das Genitiv-s gibt es auch bei maskulinen und neutralen geografischen Angaben, die mit dem Artikel verwendet werden. Es wird jedoch bei ungeläufigen Namen oft weggelassen. Bei geografischen Namen auf s, ß, z oder x steht in der Regel kein Genitiv-s.

   die Ausmaße des Grand Canyon
   die Gebirge der Schweiz

Deklination von Fremdwörtern

Die meisten **Fremdwörter** werden wie die deutschen Wörter dekliniert.

starke Deklination	Fremdwörter auf -ar, -al, -eur	Honorar (Entgelt), Regal, Malheur (Unglück)
schwache Deklination	weibliche Fremdwörter, Wörter auf -oge, -arch, -ik, -tät	Geologe, Monarch, Musik, Fakultät
gemischte Deklination	Fremdwörter auf -or, -um (ohne Dativ)	Diktator, Datum, Organisator, Signum

Die grammatischen Leistungen des Substantivs im Satz

Welche Funktion das Substantiv im Satz übernimmt, wird oft durch den Kasus des Substantivs angezeigt.

Kasus des Substantivs	Funktion des Substantivs	Beispiel
Nominativ	**Subjekt** • Träger einer Handlung oder eines Zustandes.	Der *Motor* läuft. Der *Motor* wird gestartet.
Genitiv	**Attribut,** *selten Objekt* • bezeichnet etwas, was mit dem Träger des Geschehens unmittelbar verbunden ist.	*Peters* Schule ist weit weg. Der Vortrag des *Schülers* war gut.
Dativ	**Objekt,** *adverbiale Bestimmung* • bezeichnet die Person, an die sich der Träger des Geschehens wendet, • bezeichnet den Ort des Geschehens.	Ich helfe *dem Kind* beim Lernen. Ich gehe *im Park* spazieren.
Akkusativ	**Objekt,** *adverbiale Bestimmung* • bezeichnet das Ziel einer Handlung oder den Gegenstand, mit dem etwas geschieht, • bezeichnet den Zielort.	Ich nehme mir *das Buch.* Du siehst *den Freund.* Ich fahre *nach Stuttgart.*

2.2.2 Verben (Zeit- oder Tätigkeitswörter)

Das **Verb** ist die Wortart, welche eine *Tätigkeit*, einen *Vorgang* oder einen *Zustand* ausdrücken kann. Das Verb gehört zu den *flektierbaren* Wortarten, das heißt, es ist veränderbar. Die Formveränderung des Verbs ist die **Konjugation.**

Das Verb kommt in der deutschen Sprache in seinen ungebeugten Formen (infinit) und in seinen gebeugten Formen (finit) vor. Verben, die nur mithilfe eines Substantivs und eines Pronomens einen vollständigen Satz bilden können, nennt man **Vollverben.** (Ich *male* ein Bild.) **Hilfsverben** benötigen für die vollständige Satzaussage ein anderes Verb oder eine andere Ergänzung. (Ich *werde* das Bild malen.) Verben werden in der Regel (nicht am Satzanfang) kleingeschrieben (↗ S. 121 ff.).

Einteilung der Verben

– nach Bedeutungsgruppen

Tätigkeitsverben

hören, schreiben, malen, helfen, arbeiten, lernen, kämmen,
waschen, essen, gießen, tragen, lesen, reden,
sehen, spielen, lachen, schreien,
kaufen, schenken, heben,
fangen, besuchen,
werfen

VERBEN

rennen	sorgen
abheben	bevorzugen
fliegen, wechseln	frieren, denken
abstürzen, weggehen	schlafen, träumen, leben
aufstehen, beginnen, beenden	erstarren, genießen, vergessen
rasen, kommen, fahren, losgehen	bleiben, liegen, lieben, glauben
Verlaufsverben	Zustandsverben

Modifizierende Verben sind Vollverben, die, ähnlich den Modalverben, die Art und Weise eines Geschehens genauer bestimmen können. (Nach dem Essen pflegte er zu schlafen.) Modifizierende Verben sind immer mit einem „Infinitiv mit zu" verbunden.

– nach ihrer Selbstständigkeit

Vollverben	**Hilfsverben haben, sein, werden**	**Modalverben**
• tragen alle eine Bedeutung und können ohne Zusatz das Prädikat bilden	• weitestgehend unselbstständig • mit einer infiniten Verbform bilden sie die zusammengesetzten Zeitformen, einige Passivformen und ein mehrteiliges Prädikat • können aber auch als Vollverb gebraucht werden	*dürfen, können, mögen, müssen, sollen, wollen* • erklären genauer, in welcher Weise eine Person tätig ist • bezeichnen ein anderes Verb näher (modifizieren)
Ich **lese** das Buch. Ich **nehme** das Buch. Ich **gehe** nach Hause.	Ich *habe* das Buch gelesen. Ich *werde* das Buch nehmen. Ich *bin* nach Hause gegangen. Ich *bin*.	Ich *muss* das Buch lesen. (der Wille eines anderen) Ich *möchte* das Buch lesen. (der eigene Entschluss) Ich *darf* nach Hause gehen. (sowohl der Wille eines anderen als auch der eigene Entschluss)

– **nach der Verbindung mit anderen Wortarten (Valenz der Verben)**

transitive Verben	**intransitive Verben**	**reflexive Verben**
• werden mit Akkusativobjekt verbunden	• Verben ohne Ergänzung	• Verben, die sich mit einem Reflexivpronomen verbinden
Ich *nehme* das Buch. Ich *suche* den Stift.	Ich *esse.* Ich *lerne.*	Ich *erhole mich.* Du *erkältest dich.*

Verben, die eine oder mehrere Ergänzungen benötigen, nennt man *relative Verben*.

Einige Verben können, je nach Satzaussage, *transitiv* oder *intransitiv* sein.
(Ich lese den Roman. Ich lese.)

Formen des Verbs

Stammformen des Verbs

Der **Infinitiv,** das **Präteritum** und das **Partizip II** bilden sogenannte **Stammformen.** Von diesen lassen sich alle anderen Konjugationsformen ableiten.

Verb	**Infinitiv**	**1. Person Singular Präteritum**	**Partizip II**
stark	gehen laufen lesen	ging lief las	gegangen gelaufen gelesen
schwach	sagen legen merken	sagte legte merkte	gesagt gelegt gemerkt

Infinite und finite Verbformen (ungebeugte und gebeugte Formen)

Verben ohne Personal- und Tempusendungen bezeichnet man als *infinite Verbformen*, die Verben mit Endungen (geht, werdet, lest) heißen *finite Verbformen.*

Infinite Verbformen – Infinitiv und Partizip

Infinit nennt man die Verbformen, die *unabhängig* vom Subjekt sind, also in ihrer Form nicht verändert werden.
Fast alle Infinitive enden auf -en, z. B. trennen, fliegen, helfen.
Ausnahmen sind: tun und sein.
Wenige enden auf -eln, z. B. zischeln, hecheln, hoppeln,
oder auf -ern, z. B. ballern, hungern.
Der **Infinitiv** wird auch als Grundform oder Nennform bezeichnet.

Es werden **drei infinite Verbformen** unterschieden:

Infinitiv (Nennform)	**Partizip I (Mittelwort der Gegenwart)**	**Partizip II (Mittelwort der Vergangenheit)**
Er wird das Bild *malen.*		Er hat das Bild *gemalt.*
Wir wollen *schwimmen.*		Wir sind *geschwommen.*
Infinite Verbformen werden nicht nur als Prädikatsteile gebraucht, sondern häufig wie Adjektive und Substantive.		
	der *malende* Künstler	das *gemalte* Bild
das *Malen* des Bildes	die *Malenden*	das *Gemalte* ansehen

Finite Verbformen – Person und Numerus

Die Verbform, die in **Person** und **Numerus** bestimmt ist, heißt Personalform, finite (bestimmte) Verbform oder Finitum. Die Veränderung (Beugung) beim Verb nennt man *Konjugation.* Die Wahl dieser Verbform richtet sich in Person und Numerus immer nach dem *Subjekt.*

Konjugation

Verben können *stark* oder *schwach* konjugiert werden. Von einigen Verben gibt es nebeneinander starke und schwache **Konjugationsformen.** Im deutschen Sprachgebrauch setzte sich immer mehr die *schwache Konjugation* durch (backen – buk = stark konjugiert und backte = schwach konjugiert).

	starke Konjugation	**schwache Konjugation**
Merkmale	• Wechsel des Stammvokals im Präteritum (Ablaut) • Partizip II Endung -en	• gleicher Stammvokal • Endung -(e)te im Präteritum • Partizip II Endung -(e)t

Verben werden nach Person, Numerus, Tempus, Modus abgewandelt, d.h. gebeugt. Der Begriff Konjugation wurde als grammatischer Terminus im 16. Jh. aus lat. coniugare = verbinden entlehnt.

Schwache Konjugation (Aktiv) *legen*

	1. Pers. Sing.	2. Pers. Sing.	3. Pers. Sing.	1. Pers. Plural	2. Pers. Plural	3. Pers. Plural
	ich	**du**	**er, sie, es**	**wir**	**ihr**	**sie**
Präsens	lege	legst	legt	legen	legt	legen
Präteritum	legte	legtest	legte	legten	legtet	legten
Perfekt	habe gelegt	hast gelegt	hat gelegt	haben gelegt	habt gelegt	haben gelegt
Plusquamperfekt	hatte gelegt	hattest gelegt	hatte gelegt	hatten gelegt	hattet gelegt	hatten gelegt
Futur I	werde legen	wirst legen	wird legen	werden legen	werdet legen	werden legen
Futur II	werde gelegt haben	wirst gelegt haben	wird gelegt haben	werden gelegt haben	werdet gelegt haben	werden gelegt haben
Partizip I	legend					
Partizip II	gelegt					

Starke Konjugation (Aktiv) *laufen*

	1. Pers. Sing.	2. Pers. Sing.	3. Pers. Sing.	1. Pers. Plural	2. Pers. Plural	3. Pers. Plural
	ich	**du**	**er, sie, es**	**wir**	**ihr**	**sie**
Präsens	laufe	läufst	läuft	laufen	lauft	laufen
Präteritum	lief	liefst	lief	liefen	lieft	liefen
Perfekt	bin gelaufen	bist gelaufen	ist gelaufen	sind gelaufen	seid gelaufen	sind gelaufen
Plusquamperfekt	war gelaufen	warst gelaufen	war gelaufen	waren gelaufen	wart gelaufen	waren gelaufen
Futur I	werde laufen	wirst laufen	wird laufen	werden laufen	werdet laufen	werden laufen

	1. Pers. Sing.	2. Pers. Sing.	3. Pers. Sing.	1. Pers. Plural	2. Pers. Plural	3. Pers. Plural
	ich	**du**	**er, sie, es**	**wir**	**ihr**	**sie**
Futur II	werde gelaufen sein	wirst gelaufen sein	wird gelaufen sein	werden gelaufen sein	werdet gelaufen sein	werden gelaufen sein
Partizip I	laufend					
Partizip II	gelaufen					

Bildung der Verben

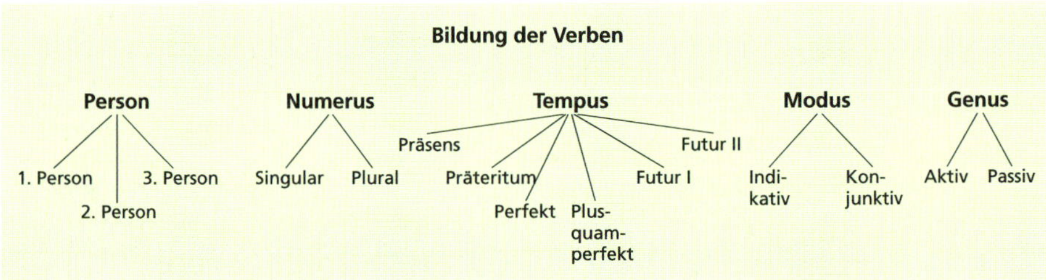

Person und Numerus (Zahl)

Das „es" der 3. Person des Singulars wird sowohl persönlich als auch unpersönlich gebraucht:

Es sieht (das Kind).
Es sieht nicht gut aus (das Bild).

Die Konjugation der Verben kennt zwei Numeri (Singular und Plural) und jeweils drei Personen.

Person	Numerus	
	Singular	**Plural**
1. Person („sprechende" Person)	ich sehe	wir sehen
2. Person („angesprochene" Person)	du siehst	ihr seht
3. Person („besprochene" Person/Sache)	er, sie, es sieht	sie sehen

Tempus (Zeitform)

In der deutschen Sprache gibt es *sechs Tempora*, welche die **Gegenwart,** die **Vergangenheit** und die **Zukunft** ausdrücken können. Das gewählte Tempus richtet sich nicht nach einer kalendarischen Einteilung, sondern hängt immer mit dem *Zeitpunkt*, an dem die Aussage getroffen wurde, mit dem Stil des Textes oder mit der angestrebten Aussageabsicht des **Sprechers** oder **Schreibers** zusammen.

Das **Präsens** bezieht sich z. B. in erster Linie auf die Gegenwart. Es kann aber auch Zukünftiges ausdrücken. (Übermorgen habe ich Geburtstag.)

Das Präsens

Das **Präsens** wird verwendet, wenn ein gerade ablaufendes Geschehen, eine feststehende Regel, eine Lebensweisheit, ein Sinnspruch oder Ähnliches ausgedrückt werden sollen.

Ich *fahre* gerade nach Hause.
Noch *behalten* die Verteidiger die Oberhand.
(S. ZWEIG)
Die Würde des Menschen *ist* unantastbar.
Der frühe Vogel *fängt* den Wurm.

Das Präsens kann auch auf ein zukünftiges und auf ein bereits vergangenes Geschehen hinweisen.

Nächstes Jahr *fahre* ich nach England.
Am 5. Februar 1459 *bringt* ein geheimer Bote ...
(S. ZWEIG) – episches Präsens.

Boulevardzeitungen verwenden häufig für schon vergangene Ereignisse das Präsens, um die *Aktualität* ihres Berichtes zu betonen. Zum Beispiel: Taschendieb schlägt wieder zu. Wer ist das nächste Opfer?

Das Präteritum

Das **Präteritum** wird verwendet, wenn ein Geschehen bereits als abgeschlossen betrachtet wird.

Gestern *lief* ein guter Film im Kino. (Das Abspielen des Filmes ist beendet.)
Was er *suchte, war* das Fremdartige und Bezuglose.
(TH. MANN)

Das Perfekt

In erster Linie wird das **Perfekt** gebraucht, um ein zum Zeitpunkt der Äußerung abgeschlossenes Geschehen (Handlung, Tatsache, Zustand) auszudrücken; es ist damit ein **Tempus der Vergangenheit.** Es wird gebildet mit einer **finiten Form** der Verben **haben** oder **sein** im Präsens und dem Partizip II.

Voriges Jahr *habe* ich die Schule *gewechselt.*
Vorsichtig *sind* wir in das Haus *gegangen.*

Das Perfekt kann auch eine Allgemeingültigkeit ausdrücken oder auf Zukünftiges weisen.

Eine gute Tat *ist* schnell *getan.*
Wenn ich morgen komme, *ist* die Aufgabe *erledigt.*

Das Plusquamperfekt

Das **Plusquamperfekt** dient ausschließlich der Bezeichnung in der **Vergangenheit** abgeschlossener Vorgänge, Tatsachen oder Zustände. Es wird häufig in Verbindung mit anderen Vergangenheitstempora gebraucht, um *Vorzeitigkeit* auszudrücken. Es wird gebildet mit einer finiten Form von **haben** oder **sein** im Präteritum und dem **Partizip II.**

Der Junge bedauerte, als er wegging, dass er das Huhn nicht *mitgenommen hatte.*
(B. BRECHT)
Uns *war* plötzlich *eingefallen,* dass wir nicht genügend Geld hatten.

Futur I

Das **Futur I** beschreibt Vorgänge in ihrem Verlauf, welche zum Zeitpunkt der Äußerung noch nicht stattgefunden haben. Es wird auch verwendet, um eine *Vermutung oder eine Ankündigung* auszudrücken.
Es wird gebildet mit der finiten Form des Verbs **werden** im Präsens und einem Infinitiv.

Unser Aufenthalt in Rom *wird* wunderbar *sein.*
Du *wirst* dich *erkälten.*

Das Futur I bezieht sich auch auf **Gegenwärtiges,** wenn die Aussage für den Ablauf des Geschehens (Präsens) von Bedeutung ist.

Es *wird* doch möglich *sein,* die Aufgabe jetzt zu besprechen.
Ihr *werdet* doch *wissen,* dass ich jetzt nicht kommen kann.

Futur II

Das **Futur II** bezieht sich auf Vorgänge, die in der Zukunft bereits abgeschlossen sind. Sie können auch eine Vermutung über das spätere Geschehen ausdrücken. Es wird gebildet mit einer **finiten Form** des Verbs *werden* im Präsens, einem *Partizip II* und einer **infiniten Form** der Verben *haben* oder *sein.*

Wenn der Trubel losgeht, *werde* ich gerade auf dem Bahnhof *angekommen sein.*
Vielleicht *werde* ich in einem Jahr mein Ziel *erreicht haben.*
Die Rechnung *wird gestimmt haben.*
Er *wird* nicht *aufgepasst haben.*

Das Futur II wird meist nur noch gebraucht, um eine Vermutung auszudrücken, die sich auf eine abgeschlossene Handlung bezieht.

Übersicht über die Tempora

Früher unterschied das Deutsche nur zwei Tempora – Gegenwart und Vergangenheit. Erst mithilfe der Hilfsverben haben, sein und werden wurden weitere Zeitformen gebildet. Durch Teilung des Präteritums (= Bezeichnung für alle Vergangenheitsformen) und des Futurs ergaben sich die heutigen sechs Zeitformen.

	Präsens		**Präteritum**	
Bildung	**finite Verbform**		**finite Verbform**	
	stark	**schwach**	**stark**	**schwach**
Singular ich du er, sie, es	 gehe gehst geht	 höre hörst hört	 ging gingst ging	 hörte hörtest hörte
Plural wir ihr sie	 gehen geht gehen	 hören hört hören	 gingen gingt gingen	 hörten hörtet hörten

	Perfekt		**Plusquamperfekt**	
Bildung	**finite Verbform haben oder sein (Präs.) + Partizip II**		**finite Verbform haben oder sein (Prät.) + Partizip II**	
	stark	**schwach**	**stark**	**schwach**
Singular ich du er, sie, es	 bin gegangen bist gegangen ist gegangen	 habe gehört hast gehört hat gehört	 war gegangen warst gegangen war gegangen	 hatte gehört hattest gehört hatte gehört
Plural wir ihr sie	 sind gegangen seid gegangen sind gegangen	 haben gehört habt gehört haben gehört	 waren gegangen wart gegangen waren gegangen	 hatten gehört hattet gehört hatten gehört

Das *Präsens* drückt das gegenwärtige Geschehen aus, kann aber auch zukünftiges Geschehen bezeichnen, vor allem in Verbindung mit Zeitangaben.

Wer rastet, der rostet.
Kommt er (am Montag)? Ja, er kommt.

Präteritum, *Perfekt* und *Plusquamperfekt* sind die Vergangenheitsformen. Das Perfekt kann den Abschluss auch in die Zukunft verlegen. Das Plusquamperfekt stellt stets den Abschluss in der Vergangenheit fest.

Der Junge *bedauerte*, dass er das Huhn nicht *mitgenommen hatte*. (Plusquamperfekt)
Bis morgen Abend ist das Auto repariert. (Perfekt)
(↗ S. 68)

	Futur I		**Futur II**	
Bildung	**finite Verbform werden + Infinitiv**		**finite Verbform werden + Partizip II + Infinitiv haben oder sein**	
	stark	**schwach**	**stark**	**schwach**
Singular ich du er, sie, es	 werde gehen wirst gehen wird gehen	 werde hören wirst hören wird hören	 werde gegangen sein wirst gegangen sein wird gegangen sein	 werde gehört haben wirst gehört haben wird gehört haben
Plural wir ihr sie	 werden gehen werdet gehen werden gehen	 werden hören werdet hören werden hören	 werden gegangen sein werdet gegangen sein werden gegangen sein	 werden gehört haben werdet gehört haben werden gehört haben

Modus (Aussageweise)

Verben können in ihrer *Form* so verändert werden, dass sie ausdrücken, ob es sich um eine reale Tatsache, einen Wunsch oder eine Aufforderung handelt.

Indikativ (Modus der Wirklichkeit)

Der **Indikativ** wird verwendet, um *tatsächliche* Begebenheiten darzustellen, kann aber auch Ausgedachtes, Mögliches und Allgemeingültiges ausdrücken.

Der Kühlschrank ist bis auf ein paar Reste leer. (wirklicher Zustand)
Die Fee *hob* ihren Zauberstab. (Ausgedachtes)
Wenn ich gut *lerne, bekomme* ich eine Eins. (Mögliches)
Reden *ist* Silber, Schweigen *ist* Gold. (Allgemeingültiges)

Konjunktiv (Modus des Wunsches, der Möglichkeit)

Es gibt zwei Formen, um den Konjunktiv auszudrücken: den **Konjunktiv I** und den **Konjunktiv II.** Der *Konjunktiv I* kann den Wunsch, die Möglichkeit oder eine Aufforderung ausdrücken, wird häufig in der indirekten Rede verwendet, aber findet sich auch in Anleitungen und Anweisungen (z. B. Kochrezepten). Der *Konjunktiv II* wird verwendet, um eine gedankliche Vorstellung auszudrücken. Beide Modi können sich auf die Gegenwart, Vergangenheit oder Zukunft beziehen.

für **Konjunktiv I:** Man nehme ein halbes Pfund Mehl und zwei Eier.
Er sagt, dass er wahrscheinlich schon morgen komme.

für **Konjunktiv II:** Ich dachte, er bekäme das Buch.
Ich dachte, er hätte das Buch bereits gestern bekommen.

Bildung des Konjunktivs I

Präsens (aktiv)

	haben	sein	nehmen (stark)	Bildungsmuster
ich	habe	sei	nehme	e
du	habest	seiest	nehmest	st
er, sie, es	habe	sei	nehme	Präsensstamm (e)
wir	haben	seien	nehmen	n
ihr	habet	seiet	nehmet	t
sie	haben	seien	nehmen	n

Perfekt (aktiv)

	haben	sein	nehmen (stark)	Bildungsmuster
ich	habe gehabt	sei gewesen	habe genommen	finite Verbform des Konjunktivs Präsens von haben oder sein + Partizip II
du	habest gehabt	seiest gewesen	habest genommen	
er, sie, es	habe gehabt	sei gewesen	habe genommen	
wir	haben gehabt	seien gewesen	haben genommen	
ihr	habet gehabt	seiet gewesen	habet genommen	
sie	haben gehabt	seien gewesen	haben genommen	

Zukünftiges kann auch im Perfekt ausgedrückt werden. (Bis morgen ist das Auto repariert.)

Futur I (aktiv)

	haben	sein	nehmen (stark)	Bildungsmuster
ich	werde haben	werde sein	werde nehmen	finite Verbform des Konjunktivs Präsens von werden + Infinitiv
du	werdest haben	werdest sein	werdest nehmen	
er, sie, es	werde haben	werde sein	werde nehmen	
wir	werden haben	werden sein	werden nehmen	
ihr	werdet haben	werdet sein	werdet nehmen	
sie	werden haben	werden sein	werden nehmen	

Futur II

	haben	sein	nehmen (stark)	Bildungsmuster
ich	werde gehabt haben	werde geworden sein	werde genommen haben	finite Verbform des Konjunktivs Präsens von werden + Partizip II + Infinitiv von haben oder sein
du	werdest gehabt haben	werdest geworden sein	werdest genommen haben	
er, sie, es	werde gehabt haben	werde geworden sein	werde genommen haben	
wir	werden gehabt haben	werden geworden sein	werden genommen haben	
ihr	werdet gehabt haben	werdet geworden sein	werdet genommen haben	
sie	werden gehabt haben	werden geworden sein	werden genommen haben	

Bildung des Konjunktivs II

Präteritum (aktiv)

	haben	sein	nehmen (stark)	Bildungsmuster
ich	hätte	wäre	nähme	e
du	hättest	wärest	nähmest	st
er, sie, es	hätte	wäre	nähme	Präsensstamm (e)
wir	hätten	wären	nähmen	n
ihr	hättet	wäret	nähmet	t
sie	hätten	wären	nähmen	n
				(wenn möglich, mit Umlaut)

Plusquamperfekt (aktiv)

	haben	sein	nehmen (stark)	Bildungsmuster
ich	hätte gehabt	wäre gewesen	hätte genommen	finite Verbform des Konjunktivs Präteritum von werden oder haben + Partizip II
du	hättest gehabt	wärest gewesen	hättest genommen	
er, sie, es	hätte gehabt	wäre gewesen	hätte genommen	
wir	hätten gehabt	wären gewesen	hätten genommen	
ihr	hättet gehabt	wäret gewesen	hättet genommen	
sie	hätten gehabt	wären gewesen	hätten genommen	

Bei unregelmäßigen (starken) Verben ist die Umlautbildung zwingend. Altertümlich bzw. gestelzt klingende Konjunktiv-II-Formen sollten im alltäglichen Sprachgebrauch gemieden werden, wie hülfe, stürbe.

Vor allem wenn sich die Formen des Konjunktivs nicht von denen des Indikativs unterscheiden, wird der deutlichere Konjunktiv des Präteritums oder des Plusquamperfekts gebraucht.

Sie dachte, alle anderen *hätten* (statt haben) schon gegessen.

Flexionstabelle für die Konjunktivbildung eines schwachen Verbs – Beispiel: lernen (aktiv)

	Indikativ	**Konjunktiv I**			
	Präsens	**Präsens**	**Perfekt**	**Futur I**	**Futur II**
ich	*lerne*	lerne	habe gelernt	werde lernen	werde gelernt haben
du	*lernst*	lernest	habest gelernt	werdest lernen	werdest gelernt haben
er, sie, es	*lernt*	lerne	habe gelernt	werde lernen	werde gelernt haben
wir	*lernen*	lernen	haben gelernt	werden lernen	werden gelernt haben
ihr	*lernt*	lernet	habet gelernt	werdet lernen	werdet gelernt haben
sie	*lernen*	lernen	haben gelernt	werden lernen	werden gelernt haben

	Konjunktiv II	
	Präteritum	**Plusquamperfekt**
ich	lernte	hätte gelernt
du	lerntest	hättest gelernt
er, sie, es	lernte	hätte gelernt
wir	lernten	hätten gelernt
ihr	lerntet	hättet gelernt
sie	lernten	hätten gelernt

Imperativ (Modus des Befehls oder der Aufforderung)

Der **Imperativ** kann eine Bitte, eine Aufforderung oder einen Befehl direkt an eine oder mehrere Personen ausdrücken.

Der Imperativ wendet sich mit seiner Aufforderung im Singular und im Plural an die zweite (= angesprochene) Person.

Die Formen des Imperativs werden aus dem *Präsensstamm* gebildet. Im Imperativsatz, der meist nur aus einer Verbform besteht (Komm!/Kommt!), ist das Subjekt in der Verbalform des Prädikats enthalten.

Während in der 2. Person Singular und in der 2. Person Plural das Personalpronomen üblicherweise weggelassen wird, behält man es in der 3. Person Plural bei.

Geh endlich! Sehen wir uns das einmal an! Geht endlich!
aber: Gehen Sie endlich!
(Aufforderung wendet sich an eine oder mehrere Personen)

Genus (Handlungs- und Verhaltensrichtung)

Das **Genus** des Verbs kann anzeigen, ob das Geschehen vom Handlungsträger (Subjekt) ausgeht – **Aktiv,** oder ob etwas mit ihm geschieht – **Passiv.**

Aktiv (Tätigkeitsform)	Ich gieße die Blumen.
Passiv („Leideform")	Die Blumen werden (von mir) gegossen.

Nicht alle **Verben** können ein *sinnvolles Passiv* bilden.

– Verben in Verbindung mit einem Körperteil:
Ich hebe die Hand.
aber nie: Die Hand wird von mir gehoben.

– Verben in Verbindung mit einer Mengenangabe:
Die Tüte enthält vier Bonbons.
aber nie: Vier Bonbons werden von der Tüte enthalten.

– Das Verb haben + Akkusativobjekt:
Ich habe ein Kind.
aber nie: Das Kind wird von mir gehabt.

– Unpersönliche, allgemeine Angaben:
In der Wüste gibt es wenig Wasser.
aber nie: Wenig Wasser wird in der Wüste gegeben.

Bestimmung der Verbformen eines Prädikats in allen Kategorien

(Person, Zahl, Tempus, Modus, Genus)

Tina *ist* gestern von ihren Eltern vom Bahnhof *abgeholt worden*.

ist abgeholt worden

Person:	3. Person
Zahl:	Singular
Tempus:	Perfekt
Modus:	Indikativ
Genus:	Passiv

2.2.3 Adjektive (Eigenschaftswörter)

Adjektive bezeichnen *Eigenschaften, Merkmale* oder *Besonderheiten* von Personen, Sachverhalten, Zuständen oder Vorgängen. Außerdem kann mit Adjektiven eine *Bewertung* oder ein *Vergleich* ausgedrückt werden.

Das Adjektiv verwendet man, um zu unterscheiden und zu bewerten sowie um zu verdeutlichen und zu beschreiben. (↗ S. 126 ff.)
Die **Flexionen** des Adjektivs sind die **Deklination** und die **Komparation** (Steigerung). Adjektive können im Satz *attributiv* gebraucht werden (nähere Bestimmung des Substantivs) und sind dann in der Regel dekliniert. Werden die Adjektive *prädikativ* gebraucht (nähere Bestimmung des Prädikats), werden sie nicht dekliniert.

Bedeutungsgruppen des Adjektivs

Eigenschaften			
sensorisch (mit den Sinnen aufnehmbar)	**qualifizierend** (bewertend)	**relational** (eine Zugehörigkeit ausdrückend)	**klassifizierend** (eine Klasse/einen Typ bezeichnend)
Farben: blau, dunkel	*Ästhetik:* schön, elegant	*Geographie:* europäisch, regional	*Bereich:* schulisch, organisch
Form: rund, quadratisch	*Moral:* listig, ehrlich	*Volk/Sprache:* deutsch, französisch	*Beruf:* ärztlich, polizeilich
Geschmack/Geruch: sauber, aromatisch	*Intellekt:* gewissenhaft, klug	*Religion:* evangelisch, moslemisch	*Epoche:* mittelalterlich, gotisch
Laut/Ton: leise, schrill	*Physis:* sportlich, dick		
Tastsinn: rau, glatt	*Dimension:* hoch, breit		
Anzahl: viel, wenig			

Einige Adjektive können *gegensätzliche* **Wortpaare** bilden, wobei die bezeichnete Eigenschaft (kurz – lang) keine festgelegte Größe ausdrückt – sie ist relativ. Die Bezeichnungen „ein *langer* Mensch, ein *langer* Faden" ergeben sich aus dem zu vergleichenden Zusammenhang (z. B. die durchschnittliche Größe der Menschen). Diese Adjektive bezeichnet man als **relative Adjektive** im Gegensatz zu den **absoluten** (schwanger, gelb), deren Bedeutung nicht von einem Vergleich abhängt.

Deklination des Adjektivs

Die **Deklination** des Adjektivs ist abhängig vom **Numerus, Genus** und **Kasus** des dazugehörigen **Substantivs.** Ein Adjektiv kann entweder stark oder schwach dekliniert werden, je nachdem, ob es mit oder ohne bestimmten Artikel oder hinter „kein" (Maskulinum und Neutrum), „keine" (Femininum) steht.

der schwache Mensch
ein schwacher Mensch
kein schwacher Mensch

Starke Deklination bei Adjektiven ohne bestimmten Artikel

Adjektive als Attribute vor Substantiven werden *stark* dekliniert, wenn kein bestimmter Artikel, Pronomen oder Numerale verwendet wird.

	Maskulinum	**Femininum**	**Neutrum**
Singular:			
Nominativ	kleiner Hund	kleine Tür	kleines Haus
Genitiv	kleinen Hundes	kleiner Tür	kleinen Hauses
Dativ	kleinem Hund(e)	kleiner Tür	kleinem Haus(e)
Akkusativ	kleinen Hund	kleine Tür	kleines Haus
Plural:			
Nominativ	kleine Hunde	kleine Türen	kleine Häuser
Genitiv	kleiner Hunde	kleiner Türen	kleiner Häuser
Dativ	kleinen Hunden	kleinen Türen	kleinen Häusern
Akkusativ	kleine Hunde	kleine Türen	kleine Häuser

Schwache Deklination bei Adjektiven mit bestimmtem Artikel (nominale/attribuierende Deklination)

Adjektive als Attribut vor Substantiven werden **schwach** dekliniert, wenn sie nach einem bestimmten Artikel, Pronomen oder Numerale stehen.

	Maskulinum	**Femininum**	**Neutrum**
Singular:			
Nominativ	der kleine Hund	die kleine Tür	das kleine Haus
Genitiv	des kleinen Hundes	der kleinen Tür	des kleinen Hauses
Dativ	dem kleinen Hund(e)	der kleinen Tür	dem kleinen Haus(e)
Akkusativ	den kleinen Hunden	die kleine Tür	das kleine Haus
Plural:			
Nominativ	die kleinen Hunde	die kleinen Türen	die kleinen Häuser
Genitiv	der kleinen Hunde	der kleinen Türen	der kleinen Häuser
Dativ	den kleinen Hunden	den kleinen Türen	den kleinen Häusern
Akkusativ	die kleinen Hunde	die kleinen Türen	die kleinen Häuser

Gleicher Deklinationstyp (schwach) auch nach: derselbe, derjenige, diese, -r, -s, jeder, -e, -s, jeglicher, -e, -s, jener, -e, -s.

Besonderheiten

Gemischte Deklination bei Adjektiven nach kein, keine u. a.

	Maskulinum	**Femininum**	**Neutrum**
Singular:			
Nominativ	kein kleiner Hund	keine kleine Tür	kein kleines Haus
Genitiv	keines kleinen Hundes	keiner kleinen Tür	keines kleinen Hauses
Dativ	keinem kleinen Hund(e)	keiner kleinen Tür	keinem kleinen Haus(e)
Akkusativ	keinen kleinen Hund	keine kleine Tür	kein kleines Haus
Plural:			
Nominativ	keine kleinen Hunde	keine kleinen Türen	keine kleinen Häuser
Genitiv	keiner kleinen Hunde	keiner kleinen Türen	keiner kleinen Häuser
Dativ	keinen kleinen Hunden	keinen kleinen Türen	keinen kleinen Häusern
Akkusativ	keine kleinen Hunde	keine kleinen Türen	keine kleinen Häuser

Das Adjektiv kann auch in nicht deklinierter Form auftreten, z. B. bei
- Redewendungen: auf gut Glück
- Vornamen: Jung Siegfried
- Farben aus fremden Sprachen: ein lila Kleid

• **Tilgung** des unbetonten e in der Endsilbe bei Adjektiven auf -abel, -el, -ibel	nicht: eine dunkele Farbe sondern: dunkle Farbe nicht: ein passabeles Angebot sondern: ein passables Angebot nicht: ein kompatibeles System sondern: ein kompatibles System
• **starke Deklination** nach Personalpronomen ohne „als"	Das passiert mir unglücklichem Kind. Ich lasse mir von dir unerfahrenem Kind nichts vormachen. Ich schulde dir unvergessenem Freund viel.
• **schwache Deklination** besonders nach „nur" und bei dem Adjektiv „arm"	Nur keinen Neid. Helft dem armen Hund.

• *schwache Deklination im Genitiv* (Mask., Neutr.) statt starker	nicht: gutes Mutes sondern: guten Mutes nicht: besseres Wissens sondern: besseren Wissens
• *mehrere Adjektive* hintereinander werden in der Regel *stark oder schwach* dekliniert	Er half dem kleinen blonden Mädchen. (*schwach*) Mich interessieren vergessene alte Märchen. (*stark*)

Vergleichsformen (Steigerungsformen) des Adjektivs (Komparation)

Die Komparation ist eine bestimmte Form des Adjektivs.
Mithilfe der **Vergleichsformen** können verschiedene Grade/Stufen einer Eigenschaft im Vergleich ausgedrückt werden. Während der lateinische Ausdruck Komparation = Vergleichung das Vergleichen der Eigenschaft betont, deutet das deutsche Wort „Steigerung" darauf hin, dass der Grad der Eigenschaft verschieden hoch sein kann.

Positiv (Grundstufe – gleicher Grad)	Das Haus ist *hoch.* Das Haus ist genauso *hoch* wie das Haus daneben.
Komparativ (Steigerungsstufe – ungleicher Grad)	Das Haus ist *höher.* Das Haus ist *höher* als das Haus dahinter.
Superlativ (Höchststufe – höchster Grad)	Das Haus ist das *höchste* von allen in der Straße.

Als vierte Steigerungsstufe bezeichnet man den **Elativ,** der einen **absoluten Superlativ** ausdrückt, sich aber in der Form nicht von diesem unterscheidet (z. B. *modernste* Technik). Dazu gehören auch viele Höflichkeitsformen wie: freundlichst, ergebenst, baldigst usw.

Bildung der Komparationsstufen		
Positiv	**Komparativ**	**Superlativ**
Wortstamm + Deklinationsendung der schwachen, starken oder gemischten Deklination	*Wortstamm* + -er + Deklinationsendung der schwachen, starken oder gemischten Deklination	*Wortstamm* + -e(st) + Deklinationsendung der schwachen, starken oder gemischten Deklination
• *klein* + es Haus • am *klein* + en Haus • *klein* + e Häuser	• *klein* + er + es Haus • am *klein* + er + en Haus • *klein* + er + e Häuser	• *klein* + st + es Haus • am *klein* + st + en Haus • *klein* + st + e Häuser

Besonderheiten

	Positiv	**Komparativ**	**Superlativ**
• **Tilgung** des e in Adjektiven auf -el im Komparativ	edel übel eitel dunkel heikel	edler übler eitler dunkler heikler	edelsten übelsten eitelsten dunkelsten heikelsten
• **Tilgung** des -e im Komparativ bei fremdsprachlichen Adjektiven, bei Adjektiven mit Diphthong im Wortstamm	makaber sauer	makabrer saurer	makabersten sauersten
• **Erweiterung** des Superlativs durch e bei Stammendung d, s, sk, ss, ß, t, x, z	wild mutlos gewagt	wilder mutloser gewagter	wildesten mutlosesten gewagtesten
• **Superlativbildung** mit st und est bei Adjektiven mit der Endung -sch oder Diphthongendung	frisch neu	frischer neuer	frischsten u. frischesten neusten u. neuesten
• häufig **Umlautung** der Stammvokale a, o, u in ä, ö, ü im Komparativ und im Superlativ	jung arm hoch	jünger ärmer höher	jüngsten ärmsten höchsten
• Bildung des *Superlativs* mit am			Ich kaufe nur die frischesten Kirschen. *oder:* Ich kaufe nur die Kirschen, die am frischesten sind.
• Bildung des *Superlativs* mit mehr, meist, besonders, außerordentlich			Sie war eine außerordentlich kluge Schülerin. *für:* Sie war die klügste Schülerin.

Einige Adjektive werden mithilfe *anderer Wortstämme* gesteigert.

Unregelmäßige Vergleichsformen		
Positiv	**Komparativ**	**Superlativ**
gut viel wenig aber auch: wenig	besser mehr minder weniger	beste meiste mindeste wenigste

Bei einigen Adjektiven können Positiv und Komparativ fehlen (letzte, erste), oder es fehlt nur der Komparativ (innere – innerste, untere – unterste).

Nicht steigerbare Adjektive	
• Adjektive, die *keinen Vergleich ausdrücken* können	mündlich, ledig, rund, taub ...
• (zusammengesetzte) Adjektive, die schon eine *Steigerung* enthalten	knallhart, todsicher, superschlau ...
• Adjektive, die bereits den höchsten *Steigerungsgrad* ausdrücken	minimal, maximal, absolut, leer, kein ...
• Adjektive, die durch das Präfix *un-* eine Verneinung ausdrücken (mit Ausnahmen)	unverrückbar, unerklärbar, unverkennbar ...
• Adjektive mit dem Suffix *-los* (mit Ausnahmen)	obdachlos, arbeitslos, kinderlos ...
• Adjektive, die Mengen ausdrücken (Zahladjektive)	halb, ganz, dreifach, viertel ...
• Adjektive, die Farben bezeichnen (indeklinable Farbadjektive)	rosa, oliv, umbra, beige ...

Steigerung von Partizipien, als Adjektiv gebraucht

Die als Adjektiv verwendeten Partizip-I-Formen sind in der Regel steigerbar, aber dies erscheint im Satzzusammenhang nur selten sinnvoll. Das Partizip II, als Adjektiv verwendet, wird in der Regel nicht gesteigert. Beide Formen können mitunter durch Umschreibungen (am meisten, mehr ...) gesteigert werden.

Zusammengesetzte Partizipien können im ersten oder zweiten Teil gesteigert werden. Der erste Teil der Zusammensetzung wird gesteigert, wenn jeder Teil seinen Wortsinn bewahrt hat.

die bestversorgten Kinder,
das höchstgelegene Dorf

Der zweite Teil wird gesteigert, wenn die Zusammenschmelzung einen neuen Wortinhalt ergibt oder als Ganzes gesteigert wird.

das naheliegendste Argument

	Positiv	**Superlativ**
Partizip I	das schreiende Kind aber: die schreienden Farben	– die schreiendsten Farben
	das entscheidende Gespräch aber: der entscheidende Schlag	– der entscheidendste Schlag
Partizip II	das getauschte Buch der gekaufte Schmuck die genähte Kleidung aber: der gebildete Mensch	– – – der gebildetste Mensch

Substantivierung des Adjektivs

Adjektive werden zum **Substantiv,** wenn ein **Pronomen** oder ein **Artikel** davorsteht und das dazugehörige Substantiv fehlt. Sie werden dann großgeschrieben. Nach den Pronomen kein, ein, mein usw. werden die substantivierten Adjektive schwach dekliniert, bilden aber einen starken Nominativ.

			Deklination
Nominativ	mein, kein, ein	Guter Kleiner Kluger	stark stark stark
Genitiv	(es bedarf) meines, keines, eines	Guten Kleinen Klugen	schwach schwach schwach
Dativ	(ich helfe) meinem, keinem, einem	Guten Kleinen Klugen	schwach schwach schwach
Akkusativ	(ich sehe) meinen, keinen, einen	Guten Kleinen Klugen	schwach schwach schwach

Werden **substantivierte Adjektive** attributiv gebraucht (nähere Bestimmung des Substantivs besonders im Genitiv), werden sie nach einem stark deklinierbaren Substantiv schwach dekliniert:
- das Buch des Klugen,
- die Kraft des Schwachen,
- das Glück des Verliebten.

Substantivierte Adjektive in **Gegensatzpaaren** werden meist **ohne Deklinationsendungen** gebraucht. Z. B.: Jung und Alt

Die grammatischen Leistungen des Adjektivs im Satz

Adjektiv	
attributiv	**prädikativ**
• einem Substantiv beigefügt • nähere Bestimmung eines Substantivs • Abhängigkeit von Genus, Kasus und Numerus des Substantivs	• einem Verb oder Hilfsverb zugeordnet • selbstständiges Satzglied • unveränderbar
Beispiel: Ich höre die *frohe* Botschaft.	Die Botschaft macht mich *froh*.

2.2.4 Artikel (Geschlechtswörter)

Der **Artikel** ist ein Begleiter des Substantivs und stimmt im Kasus, Genus und Numerus mit ihm überein (grammatische Kongruenz). Die Artikel *der, die, das* werden als bestimmte Artikel bezeichnet. Sie weisen auf ein nachfolgendes Substantiv hin oder zeigen etwas schon Erwähntes an.
Ein und *eine* sind die unbestimmten Artikel, sie bezeichnen Lebewesen oder Gegenstände ohne nähere Kennzeichnung.

Artikel und Substantiv

- Maskulinum (männlich): der/ein Mensch
- Femininum (weiblich): die/eine Frau
- Neutrum (sächlich): das/ein Kind

Der Artikel steht in der Regel *vor* dem Substantiv und bildet mit ihm eine Einheit. Das lässt sich auch durch die **Verschiebeprobe** nachweisen:

Das Haus steht am Waldrand.
oder:
Am Waldrand steht *das Haus*.

Die **Verschiebeprobe** (Permutation) ist die Umstellung einzelner Wörter oder Wortgruppen, ohne dass sich eine Veränderung im Sinn des Satzes ergibt. Sie dient der Analyse von Sätzen und dem Erkennen der einzelnen Satzglieder. Es lassen sich nur vollständige Satzglieder ohne Sinnentstellung verschieben.

Deklination des Artikels

Starke Deklination des Artikels

	Maskulinum	**Femininum**	**Neutrum**
Singular			
Nominativ	der Mensch	die Frau	das Kind
Genitiv	des Menschen	der Frau	des Kindes
Dativ	dem Menschen	der Frau	dem Kind(e)
Akkusativ	den Menschen	die Frau	das Kind
Plural			
Nominativ	die Menschen/Frauen/Kinder		
Genitiv	der Menschen/Frauen/Kinder		
Dativ	den Menschen/Frauen/Kindern		
Akkusativ	die Menschen/Frauen/Kinder		

Da die Artikel im Plural einheitlich sind, ist eine Genusunterscheidung nur durch die Rückführung in den Singular möglich.

Gemischte Deklination des unbestimmten Artikels

	Maskulinum	**Femininum**	**Neutrum**
Singular			
Nominativ	*ein* Mensch	*eine* Frau	*ein* Kind
Genitiv	*eines* Menschen	*einer* Frau	*eines* Kindes
Dativ	*einem* Menschen	*einer* Frau	*einem* Kind(e)
Akkusativ	*einen* Menschen	*eine* Frau	*ein* Kind

Der Plural fehlt in der deutschen Sprache.

Die Verwendung des Artikels im Satz

Je nach der darzustellenden Situation, Begebenheit, Vorstellung usw. muss der Sprecher/Schreiber eine Entscheidung über Gebrauch oder Nichtgebrauch des Artikels treffen.
Hat er die freie Wahl, spricht man vom *freien Gebrauch des Artikels.*

Die Ausstellung war gut besucht, *die* Besucher gingen ein und aus.
oder:
Die Ausstellung war gut besucht, Besucher gingen ein und aus.

Wenn dem Sprecher/Schreiber keine Wahlmöglichkeit bleibt, verwendet er das *Substantiv ohne Artikel.*
Werden bestimmte oder unbestimmte Elemente einer Gattung oder Klasse bezeichnet, wird in der Regel ein Artikel verwendet.

Ich arbeite in *der* Stadt.

Ich arbeite in *einer* Stadt.

Verwendung des Substantivs ohne Artikel

• Eigennamen	Ich musste an *Thomas* denken.
• Stoffbezeichnungen ohne genauere Bestimmung	Das Kind bekommt zum Geburtstag *Spielzeug.*
• Angaben nach Maß- und Mengenbezeichnungen	Er trank ein Glas *Milch.*
• oft bei Verwendung von Substantiven und Präpositionen	*ohne* Mut, *nach* Ablauf, *auf* Druck
• Wortpaare, die mit „und" verbunden sind	wie Feuer *und* Wasser sein Himmel *und* Erde in Bewegung setzen Tag *und* Nacht arbeiten

Verwendung des Substantivs mit bestimmtem und unbestimmtem Artikel

• Geografische Bezeichnungen	*die* Mecklenburger Seenplatte
• Flüsse und Berge	*die* Spree, *der* Mount Everest
• Manche Staatsnamen	*der* Jemen
• Konkrete Bauwerke, Plätze, Straßen	*das* Ulmer Münster *der* Potsdamer Platz *die* Gürtelstraße
• Werke der Literatur und Kunst	*die* Sixtinische Kapelle
• Geschichtliche Epochen, Ereignisse	*die* Neuzeit *die* Novemberrevolution
• Etwas Unbekanntes wird neu eingeführt	Sie bekommt *ein* Baby.
• Es wird nicht nur auf eine Person oder einen Gegenstand bezogen	Die Tanne ist *ein* Nadelbaum.

Besonderheiten

- In manchen *Sinnzusammenhängen* ist es üblich, den Artikel wegzulassen, um einen besonders *knappen Ausdruck* zu erhalten.

  Eintritt erst nach Aufforderung.
  Nur Barzahlung möglich.

- Oft *verschmilzt* der bestimmte **Artikel** mit einer **Präposition:**

  zum (zu dem) Haus gehen,
  im (in dem) Garten arbeiten,
  zur (zu der) Schule gehen,
  am (an dem) Abend ankommen.

- Bei feststehenden Redewendungen ist vorgegeben, ob ein bestimmter, unbestimmter oder kein Artikel verwendet wird.

  den Mund zu voll nehmen,
  ein Auge zudrücken,
  auf Granit beißen.

2.2.5 Pronomen (Fürwörter)

Das **Pronomen** (lat.: pro nomine = für ein Nomen) wird als Stellvertreter des Substantivs (Nomen) oder dessen Begleiter bezeichnet. Die verschiedenen Pronomen werden in der Regel mit kleinem Anfangsbuchstaben geschrieben (Ausnahmen bilden die Anredepronomen Sie, Ihnen usw.) und sind deklinierbar. Pronomen übernehmen im Satz unterschiedliche **Funktionen** und können deshalb in verschiedene **Untergruppen** eingeteilt werden.

Die Pronomen spielen eine wichtige Rolle im Aufbau eines Textes, indem sie *unnötige Wiederholungen* vermeiden können (Pronominalisierung).
Als **Pronominalisierung** bezeichnet man den Ersatz eines Substantivs durch ein **Personalpronomen** bei gleichen inhaltlichen Bezügen.

statt: Thomas sagte, dass Thomas später kommt.
besser: Thomas sagte, dass er später kommt.

Oft ist die Pronominalisierung nicht nur erwünscht, sondern für einen geschlossenen Textaufbau unbedingt erforderlich.
Die hinweisenden Fürwörter „dieser“ und „jener“ werden im Text häufig falsch gebraucht (↗ S. 90).

falsch:	Wir arbeiten mit dem Computer.
	Jener hat eine 20-GB-Festplatte.
richtig:	*Er* hat eine 20-GB-Festplatte.
oder:	*Dieser* hat eine 20-GB-Festplatte.

Funktionen der Pronomen

Funktion	Bedeutung	Beispiel
Rückweisung (anaphorisch)	• Pronomen beziehen sich auf etwas *schon Bezeichnetes.*	*Das Mädchen* war allein. *Es* langweilte sich.
Vorausweisung (kataphorisch)	• Pronomen bezieht sich auf etwas *noch zu Bezeichnendes.*	*Es* war nicht auszuschließen, dass *das Wetter noch schlechter wird.*
hinweisende und zeigende Funktion (deiktisch)	• Pronomen weisen auf *Rollenverteilung* als Sprecher oder Hörer hin. • Pronomen heben *Sachverhalte* besonders aus der Situation heraus.	*Ich* (Sprecher) meine, dass *ihr* (Hörer) *mir* (Sprecher) helfen könnt. In *dieses* Haus würde ich nie einziehen.
Mengenangaben (quantifizierend)	• Pronomen geben *Mengen* (meist) bei Gattungsnamen an.	*Jedes* Kind konnte mitspielen, aber *einige* Mädchen hatten *wenig* Lust.
besitz- oder Zusammenhänge anzeigende Funktion (possessiv)	• Pronomen geben ein *Besitzverhältnis* an. • Pronomen geben eine *Zusammengehörigkeit* an.	*Mein* Hund ist älter als *deiner.* Ich gehe *hinter den Frauen* und muss *deren* Gerede mit anhören.
bestimmende Funktion (determinierend)	• Pronomen *bestimmen* eine *Person,* einen *Gegenstand* oder einen *Sachverhalt,* ohne ihn näher zu bezeichnen.	*Niemand* war schuld, aber *jemand* musste die Verantwortung übernehmen.
verneinende Funktion (negierend)	• Pronomen *verneinen* einen *Sachverhalt* (oft im Zusammenhang mit anderen Funktionen).	*Keiner* hatte *sie* gesehen.

Einteilung der Pronomen

1. Personalpronomen
2. Reflexivpronomen
3. Possessivpronomen
4. Demonstrativpronomen
5. Relativpronomen
6. Interrogativpronomen
7. Indefinitpronomen

anaphorisch (griech.) = rückweisend; deiktisch (giech.) = hinweisend, auf Beispiele gegründet; kataphorisch (griech.) = auf nachfolgende Information verweisend.

Personalpronomen (persönliches Fürwort)
ich, du, er, sie, es, wir, ihr, sie

Personalpronomen stehen als **Stellvertreter** für Personen, Gegenstände, Zustände oder Sachverhalte.
Man unterscheidet jeweils eine 1., 2. und 3. Person im Singular und im Plural. Sie können im Satz anaphorische oder kataphorische Funktion haben. Die 1. und 2. Person haben immer deiktische Funktion, da sie die Sprecher- oder Hörerrolle (angesprochene Person) bestimmen.

	Singular	**Plural**
1. Person (Sprecher)	ich	wir
2. Person (angesprochene Person)	du	ihr
3. Person (Besprochenes)	er, sie, es	sie

Der Schüler geht nach Hause.
Er geht nach Hause. — Stellvertreter für Person

Die Bücher liegen auf dem Tisch.
Sie liegen auf dem Tisch. — Stellvertreter für Gegenstände

Sie war noch da, und **es** ging ihm auf die Nerven. — Stellvertreter für einen Zustand oder Sachverhalt

Deklination

	Nominativ	**Genitiv**	**Dativ**	**Akkusativ**
Singular				
1. Person	ich	meiner	mir	mich
2. Person	du	deiner	dir	dich
3. Person	er sie es	seiner ihrer seiner	ihm ihr ihm	ihn sie es
Plural				
1. Person	wir	unser	uns	uns
2. Person	ihr	euer	euch	euch
3. Person	sie	ihrer	ihnen	sie

Besonderheiten im Gebrauch der Personalpronomen

- Die Personalpronomen *du* und *ihr* werden vor allem für die *persönliche Kommunikation* als Anredepronomen benutzt (Familie, Freunde, Verwandte ...) und in der Beziehung von Erwachsenen zu Kindern.

- Das Personalpronomen *sie* verwendet man auch als höfliche *Anrede* für Fremde, sei es für eine oder für mehrere Personen (großgeschrieben).

- Wenn *wir* als Anredepronomen verwendet wird und nur ausdrücklich *eine Person* angesprochen ist, kann es ein überhebliches Abhängigkeitsverhältnis zum Ausdruck bringen.

  Arzt zum Patient:
  Jetzt wollen *wir* mal schön die Tablette nehmen.

  Mutter zum Kind:
  Wollen *wir* der Tante nicht mal Guten Tag sagen?

- Das Personalpronomen *es* bezeichnet häufig nicht näher zu bestimmende Zusammenhänge oder einen Zustand, der nicht näher bestimmt werden kann.

  Ich bin *es* satt.
  Es regnet.
  Ich glaube *es* nicht.

- Im Genitiv der Personalpronomen in Verbindung mit dem Wort *wegen* wird das -r mit einem -t vertauscht.

statt:	meinerwegen	–	meinetwegen
	ihrerwegen	–	ihretwegen
	seinerwegen	–	seinetwegen
	euerwegen	–	euretwegen

Reflexivpronomen (rückbezügliches Fürwort)
mir, dir, sich, uns, euch, sich

Das **Reflexivpronomen** weist auf den Handlungsträger (Subjekt) zurück (anaphorische Funktion).
Da es keine eigenen Formen außer *sich* bildet, gilt es nicht als selbstständige Wortart. Im Satz stimmt das Reflexivpronomen in Person und Numerus mit dem Subjekt überein und kann entweder im Dativ oder Akkusativ, seltener im Genitiv stehen.

Du	widersprichst	*dir*	selbst.
2. Pers. Singular *Nominativ*		2. Pers. Singular *Dativ*	

Ich	wasche	*mich.*
1. Pers. Singular *Nominativ*		1. Pers. Singular *Akkusativ*

Reflexivpronomen sind Bestandteile reflexiver Verben. Dabei werden echte und unechte reflexive Verben unterschieden.

Echte und unechte reflexive Verben

Nicht alle Verben lassen sich mit einem Reflexivpronomen verbinden. Besonders auffällig ist das bei Verben der Bewegung (laufen, klettern), die sich nicht rückbezüglich verwenden lassen.

echte reflexive Verben	unechte reflexive Verben
Das Reflexivpronomen bildet einen notwendigen Bestandteil des Verbs.	Das Reflexivpronomen bildet eine mögliche Ergänzung, die festlegt, dass sich das Geschehen nicht auf jemand anders bezieht.
Er beeilt *sich* zu springen. Wir ergeben *uns* dem Feind. Ich schäme *mich* dafür.	Ich kaufe das Buch. Ich kaufe *mir* das Buch. Sie retten die Stadt vor dem Untergang. Sie retten *sich* vor dem Untergang.

Deklination

	Nominativ	Genitiv	Dativ	Akkusativ
Singular				
1. Person	–	meiner	mir	mich
2. Person	–	deiner	dir	dich
3. Person	–	seiner ihrer seiner	sich sich sich	sich sich sich
Plural				
1. Person	–	unser	uns	uns
2. Person	–	euer	euch	euch
3. Person	–	ihrer	sich	sich

Besonderheiten im Gebrauch der Reflexivpronomen

- Das *Reflexivpronomen* kann sich auch auf das **Akkusativobjekt** beziehen.

Wir hörten die Musiker sich einstimmen.
Wir hörten die Musiker. Die Musiker stimmten sich ein.

- Das **Reflexivpronomen** wird auch verwendet, wenn die Handlung vom Akkusativobjekt ausgeht und sich auf das Subjekt zurückbezieht. Es wird dann mit einer **Präposition** verbunden.

Er sah die Kinder *auf sich* zurennen.
Wir glaubten, der Redner spräche *für uns.*

- Das *Reflexivpronomen* kann auch *Bestandteil* eines **partizipialen Attributs** sein und sich auf dieses beziehen.

Sie rief *die sich entfernenden Kinder.*
Du beobachtest *den sich schließenden Kreis.*

- Das *Reflexivpronomen* kann *Bestandteil* des **erweiterten Infinitivs** sein.

Er hatte kaum noch Zeit, *sich zu erklären.*
Ich nutzte den Moment, *um mich zu entfernen.*

Possessivpronomen (besitzanzeigendes Fürwort)
mein, dein, sein, ihr, sein, unser, euer, ihr

Mithilfe der **Possessivpronomen** wird die Zugehörigkeit eines Sachverhaltes zu etwas anderem oder ein konkretes *Besitzverhältnis* ausgedrückt.

Jedem *Personalpronomen* kann ein Possessivpronomen zugeordnet werden.
Obwohl sie im Satz auch allein stehen können, haben sie anaphorische Funktion und sind in ihrer Flexion vom jeweiligen Nomen oder Pronomen abhängig. Werden sie attributiv verwendet, werden sie wie die unbestimmten Artikel dekliniert. Im prädikativen Gebrauch können sie entweder dekliniert oder undekliniert verwendet werden.

Zuordnung der Possessivpronomen im Nominativ

Personalpronomen		**Possessivpronomen**
Singular ich du er/sie/es	 habe eine Schwester hast eine Schwester hat eine Schwester	 meine Schwester deine Schwester seine/ihre Schwester
Plural wir ihr sie	 haben eine Schwester habt eine Schwester haben eine Schwester	 unsere Schwester eure Schwester ihre Schwester

Attributiver und prädikativer Gebrauch

attributiv (einem Substantiv zugeordnet)	**prädikativ (einem Verb zugeordnet)**
Das ist *mein Hund.*	Das *ist meiner.* (dekliniert, Nom.) Er *ist mein.* (undekliniert)

Deklination

Starke Deklination (1. Person)
(Possessivpronomen, die mit einem Substantiv verbunden sind)

	Maskulinum	**Femininum**	**Neutrum**
Singular			
Nominativ	mein Hut	meine Hose	mein Haus
Genitiv	meines Hutes	meiner Hose	meines Hauses
Dativ	meinem Hut	meiner Hose	meinem Haus
Akkusativ	meinen Hut	meine Hose	mein Haus
Plural			
Nominativ	meine Hüte	meine Hosen	meine Häuser
Genitiv	meiner Hüte	meiner Hosen	meiner Häuser
Dativ	meinen Hüten	meinen Hosen	meinen Häusern
Akkusativ	meine Hüte	meine Hosen	meine Häuser

Beachte Besonderheiten des Possessivpronomens!

Wird das *Possessivpronomen prädikativ* oder ohne Substantiv verwendet und es ist *kein* Artikel vorangestellt, erhält der Nominativ Singular Maskulinum ein -er und der Nominativ und Akkusativ Singular Neutrum ein -(e)s.

Meiner kann schneller rennen. (Nominativ Singular Maskulinum)
Mein(e)s wird bald fertig. (Nominativ Singular Neutrum)
Ich sehe *dein(e)s.* (Akkusativ Singular Neutrum)

Im Allgemeinen wird aber das prädikativ gebrauchte Possessivpronomen nicht dekliniert. Nur wenn das Subjekt durch ein unpersönliches „es" oder „das" ersetzt wird, wird das Pronomen stark dekliniert.

Hier liegt eine Säge – es ist meine.
Dort hängt ein Rucksack – das ist deiner.
Ich bügle die Hosen – es sind eure.

Schwache Deklination (1. Person)
(Possessivpronomen, die mit einem Artikel verbunden sind)

	Maskulinum	Femininum	Neutrum
Singular			
Nominativ	der meine	die meine	das meine
Genitiv	des meinen	der meinen	des meinen
Dativ	dem meinen	der meinen	dem meinen
Akkusativ	den meinen	die meine	das meine
Plural			
Nominativ	die meinen		
Genitiv	der meinen		
Dativ	den meinen		
Akkusativ	die meinen		

Demonstrativpronomen (hinweisendes Fürwort)
der, die, das, dieser, diese, dieses, jener, jene, jenes, solch, solcher, solche, solches, derselbe, dieselbe, dasselbe, selbst, selber

Demonstrativpronomen dienen der **Hervorhebung** eines Sachverhalts, eines Gegenstandes oder einer Person. Die Hervorhebung kann sich außerdem auf einen vollständigen Satz beziehen. Sie können im Satz als Stellvertreter oder Begleiter des Substantivs gebraucht werden.

Demonstrativ-pronomen	**der, die, das**
Kennzeichen	Besondere Hinweisung auf etwas Vorhergehendes (Personen, Gegenstände ...) oder noch Nachfolgendes
Beispiele	*Das* ist es, das Haus, von dem ich sprach. Er gab mir die Aufgabe. *Die* hatte es aber in sich. Ich habe dir doch von dem Jungen erzählt. *Der* dort drüben war es.
Besonderheiten	• Verstärkung durch Adverbien und Artikel (der dort, das hier, die eben ...) • „das" bei unpersönlichem Gebrauch (Wie sich *das* anhört.) • Ersatz von „derer" und „dessen" durch ein entsprechendes Personalpronomen möglich (Ich spreche mit *deren*/ihren Kindern.)

Deklination

	Maskulinum	**Femininum**	**Neutrum**
Singular			
Nominativ	der	die	das
Genitiv	dessen	deren	dessen
Dativ	dem	der	dem
Akkusativ	den	die	das
Plural			
Nominativ	die		
Genitiv	deren		
Dativ	denen		
Akkusativ	die		

Demonstrativpronomen	**dieser, diese, dieses**	**jener, jene, jenes**
Kennzeichen	• Hinweise auf eine Sache, die dem Sprecher/Schreiber näher ist • Können, in einem Satz verwendet, einen Vergleich ausdrücken	• Hervorhebung eines entfernteren Sachverhaltes
Beispiele	Ich hatte eine große Bildauswahl, *dieses* habe ich genommen. *Dieses* Bild gefällt mir besonders, *jenes* überhaupt nicht.	
Besonderheiten	• Bei Wiederholung von zwei Sachverhalten wird der zuletzt genannte mit *dieser* gekennzeichnet und der zuerst genannte mit **jener.** (Ich musste einen Text übersetzen und einen schreiben. *Jenes* [= das Übersetzen] war nicht so schwer.) • Ersatz des Demonstrativpronomens durch ein entsprechendes Personalpronomen ist durchaus zulässig. • *Dies(es)* und *jenes* steht bei Gleichsetzung auch für mehrere Substantive. (Das linke und das Bild daneben, *dies* sind meine Werke.) • Kennzeichnung von etwas Unbestimmtem mit der Wortkombination *dieses* und *jenes.* (Sie sagte so *dieses* und *jenes.)*	

Deklination

	Maskulinum	**Femininum**	**Neutrum**
Singular			
Nominativ	dieser/jener	diese/jene	dies[es]/jenes
Genitiv	dieses/jenes	dieser/jener	dieses/jenes
Dativ	diesem/jenem	dieser/jener	diesem/jenem
Akkusativ	diesen/jenen	diese/jene	dies[es]/jenes
Plural			
Nominativ	diese/jene		
Genitiv	dieser/jener		
Dativ	diesen/jenen		
Akkusativ	diese/jene		

Demonstrativpronomen	**solch, solcher, solche, solches**
Kennzeichen	• beziehen sich wie die anderen Demonstrativpronomen auch auf schon beschriebene Personen/Sachverhalte u. Ä. • treten als Vertreter oder Begleiter des Substantivs auf und tragen anaphorische Funktion
Beispiele	Er wollte sie mit *Blumen* überraschen, wusste aber nicht, ob sie *solche* mag. Er erzählte ihr eine *fantastische Geschichte. Solchen* Blödsinn hatte sie noch nie gehört.
Besonderheiten	• Sind diese Pronomen mit einem unbestimmten Artikel verbunden, werden sie schwach dekliniert. • Ohne Artikel verwendet, werden sie stark dekliniert. • „Solch" vor einem unbestimmten Artikel bleibt unverändert (solch ein Wetter, solch eine Tat).

Deklination

	Maskulinum	**Femininum**	**Neutrum**
Singular (schwach)			
Nominativ	ein solcher	eine solche	ein solches
Genitiv	eines solchen	einer solchen	eines solchen
Dativ	einem solchen	einer solchen	einem solchen
Akkusativ	einen solchen	eine solche	ein solches

Wird mit „solch" auf die Beschaffenheit oder Intensität einer Sache hingewiesen, trägt es den Charakter eines *demonstrativen Adjektivs,* ähnlich wie „derartig".

Singular (stark)			
Nominativ	solcher	solche	solches
Genitiv	solches	solcher	solches
Dativ	solchem	solcher	solchem
Akkusativ	solchen	solche	solches
Plural			
Nominativ	solche		
Genitiv	solcher		
Dativ	solchen		
Akkusativ	solche		

Demonstrativpronomen	**derselbe, dieselbe, dasselbe**
Kennzeichen	• Zusammengesetzte Pronomen aus dem bestimmten Artikel der, die, das und dem Wortbestandteil -selbe, welcher wie ein Adjektiv nach bestimmtem Artikel dekliniert wird • Gibt eine Übereinstimmung mit einer einzelnen Person/Sache oder einer Gruppe an
Beispiele	Ein Mann kam auf mich zu, *derselbe*, mit dem ich mich gestern unterhalten hatte. Wir treffen uns im Raum, in *demselben* wie letzte Woche. Hatte er gestern *dieselbe* Jacke an?
Besonderheiten	• Die Demonstrativpronomen geben nur die Übereinstimmung einer Person/Sache mit sich selbst an; mit „der gleiche, die gleiche, das gleiche" dagegen wird die Gleichheit einer Gruppe angezeigt. (Die beiden Mädchen tragen *dasselbe* Kleid. Es gehört Marie, aber manchmal borgt sie es ihrer Schwester. Die beiden Mädchen haben das *gleiche* Kleid. Maries ist aber eine Nummer größer als das ihrer Schwester.) • Veraltete Formen: selbig, derselbige, dieselbige, dasselbige

	Maskulinum	**Femininum**	**Neutrum**
Singular			
Nominativ	derselbe	dieselbe	dasselbe
Genitiv	desselben	derselben	desselben
Dativ	demselben	derselben	demselben
Akkusativ	denselben	dieselbe	dasselbe

Plural	**Maskulinum**	**Femininum**	**Neutrum**
Nominativ	dieselben		
Genitiv	derselben		
Dativ	denselben		
Akkusativ	dieselben		

Relativpronomen (bezügliches Fürwort)
der, die, das, wer, was, welcher, welche, welches

Relativpronomen werden als **Stellvertreter** des Substantivs gebraucht. Sie leiten einen Gliedsatz (Relativsatz) ein und verknüpfen ihn mit einem Substantiv (oder Pronomen) aus dem übergeordneten Hauptsatz. Die Relativpronomen stimmen im *Genus* und *Numerus* mit diesem Substantiv überein (↗ S. 138).

Hauptsatz		**Relativsatz**
Ich kaufe mir **das Buch,**	→	**das** du mir empfohlen hast.
	→	**welches** du mir empfohlen hast.
Es war **etwas Gemeines,**	→	**was** er vorhatte.

Deklination (der, die, das)

	Maskulinum	**Femininum**	**Neutrum**
Singular			
Nominativ	der	die	das
Genitiv	dessen	deren	dessen
Dativ	dem	der	dem
Akkusativ	den	die	das
Plural			
Nominativ	die		
Genitiv	deren (derer)		
Dativ	denen		
Akkusativ	die		

Deklination (welcher, welche, welches)

	Maskulinum	Femininum	Neutrum
Singular			
Nominativ	welcher	welche	welches
Genitiv	–	–	–
Dativ	welchem	welcher	welchem
Akkusativ	welchen	welche	welches
Plural			
Nominativ	welche		
Genitiv	–		
Dativ	welchen		
Akkusativ	welche		

Besonderheiten im Gebrauch der Relativpronomen

- Der *fehlende* **Genitiv** von „welcher, welche, welches" kann durch *dessen* und *deren* ersetzt werden, beide Formen sind unveränderlich.
  Die Eltern, deren Kinder in das Ferienlager fahren, treffen sich am Dienstag.

  Der Junge, dessen Schuld es war, musste sich entschuldigen.
  Sabine, deren Katze ich hütete, war verreist.

- *Wer* bezieht sich *nur auf Personen* und trägt kataphorische (vorausweisende) Funktion.

  Wer das gewesen ist, *wissen wir nicht.*
  Wer mir nicht glaubt, *kann ja die anderen fragen.*

- *Was* kann sich entweder auf ein **substantiviertes Adjektiv,** ein **Pronomen** im **Neutrum** oder einen ganzen **Satz** beziehen.

  Das war *das Beste, was* er tun konnte.
  Es gefiel ihm nicht, *was* ich ihm sagte.
  Sie kam viel zu spät, was ihm aber egal war.

- *Das* bezieht sich nur auf **Substantive** oder *substantivierte Adjektive,* die etwas Bestimmtes ausdrücken.

  Das Bild, das ich malte, wollte ich verschenken.
  Das Sicherste, das ich tun konnte, war stillzuhalten.

Interrogativpronomen (fragendes Fürwort)
wer?, was?, welcher?, welche?, welches?, was für ein(er)?, was für eine?, was für ein(es)?

Werden diese Pronomen in einem Fragesatz gebraucht, werden sie als *Interrogativpronomen* bezeichnet. *Wer* fragt nach Personen, *was* nach Sachen. Beide werden wie *was für einer, was für eine, was für eines* allein stehend gebraucht. Dagegen können *was für ein, was für eine, was für ein* auch in Verbindung mit einem Substantiv (attributiv) gebraucht werden. *Welcher, welche, welches* können allein stehend und attributiv gebraucht werden und fragen nach einer bestimmten Person oder Sache unter mehreren.

Wer war das?
Was für eine Farbe brauchst du?
Ich möchte ein Buch verschenken. *Welches* soll ich nehmen?

Deklination (wer?, was?)

	Maskulinum + Femininum	**Neutrum**
Singular		
Nominativ	wer?	was?
Genitiv	wessen?	wessen?
Dativ	wem?	–
Akkusativ	wen?	was?

Deklination (welcher?, welche?, welches?)

	Maskulinum	**Femininum**	**Neutrum**
Singular			
Nominativ	welcher?	welche?	welches?
Genitiv	welches?	welcher?	welches?
Dativ	welchem?	welcher?	welchem?
Akkusativ	welchen?	welche?	welches?
Plural			
Nominativ	welche?		
Genitiv	–		

Plural			
Dativ	welchen?		
Akkusativ	welche?		

Deklination (was für einer?, was für eine?, was für eines? allein stehend)

	Maskulinum	Femininum	Neutrum
Singular			
Nominativ	was für einer?	was für eine?	was für ein(e)s?
Genitiv	was für eines?	was für einer?	was für eines?
Dativ	was für einem?	was für einer?	was für einem?
Akkusativ	was für einen?	was für eine?	was für ein(e)s?
Plural	was für welche?		

Deklination (was für ein?, was für eine?, was für ein? + Substantiv)

	Maskulinum	Femininum	Neutrum
Singular			
Nominativ	was für ein?	was für eine?	was für ein?
Genitiv	was für eines?	was für einer?	was für eines?
Dativ	was für einem?	was für einer?	was für einem?
Akkusativ	was für einen?	was für eine?	was für ein?
Plural	was für?		

Besonderheiten im Gebrauch der Interrogativpronomen

- In Verbindung *mit einem* **Substantiv** hat „welcher", „welche", „welches" *auswählende Bedeutung.*

  Welches Kleid soll ich anziehen? Das rote wäre schön.

- „Was für ein(e)" fragt nach bestimmten Eigenschaften oder Merkmalen.

  Was für ein Mensch ist das?
  Was für ein Boot willst du ausleihen?
  Was für eine Farbe hast du gewählt?

- *Wegfall* von „ein" im *Plural* und mögliche *Trennung* von „was" und „für".

Was für Gedanken sind das? *Was* sind das *für* Gedanken?
Was für Leute kennst du? *Was* du *für* Leute kennst?

Indefinitpronomen (unbestimmtes Fürwort)
man, etwas, nichts, irgendeiner, keiner, niemand, jemand, jedermann, mancher, all(e), andere, beide, einer, einige, ein paar, etliche, mehrere, sämtliche, viel, wenig, welcher, wer

Indefinitpronomen werden dann verwendet, wenn eine *nähere* **Bezeichnung** von Personen oder Sachen *nicht* nötig ist oder eine begrenzte Menge nicht genau bestimmt ist. Sie treten im Satz als **Stellvertreter** des **Substantivs** oder als sein **Begleiter** auf. Die **Deklination** der Indefinitpronomen ist nicht einheitlich und wird auch durch das jeweils herrschende **Sprachgefühl** geregelt.

Ich gebe ein Zeichen, und *alle* fangen an.
Sämtliche Urlauber fuhren sofort ab.
Das Geheimnis wurde nicht bekannt, da *niemand* redete.

Besonderheiten im Gebrauch der Indefinitpronomen

- „Man", „etwas" und „nichts" sind unveränderbar.

Es gibt *etwas,* was ich dir sagen muss.
Etwas musst du wissen.
Es gibt *etwas* Neues, was du wissen musst.

2.2.6 Adverbien (Umstandswörter, Beiwörter)

- **dort, drüben, einst, bald, infolgedessen, trotzdem ...**

Das **Adverb** (lat. adverbium) wird als **Beiwort** zum Verb bezeichnet, kann aber auch als nähere Bestimmung eines Substantivs auftreten. Es gibt die näheren Umstände eines Geschehens an und ist nicht flektierbar.

Da die Adverbien verschiedene Aufgaben im Satz übernehmen können, sind sie manchmal *nicht eindeutig* vom Adjektiv oder von der Präposition *zu unterscheiden.* Werden sie als **adverbiale Bestimmung** (Adverb + Verb) gebraucht, bilden sie ein *selbstständiges* **Satzglied.** Als Attribut sind sie Bestandteil eines Satzgliedes.

Arten des Adverbs

Die einzelnen Arten des Adverbs kennzeichnen, welchen Umstand des Geschehens sie genauer bestimmen. Die wichtigsten Arten sind:

1. **Lokaladverbien** – Adverbien des Ortes
2. **Temporaladverbien** – Adverbien der Zeit
3. **Modaladverbien** – Adverbien der Art und Weise
4. **Kausaladverbien** – Adverbien des Grundes

Lokaladverbien

Fragewort	**Ortsadverbien (Stativa)**	**Richtungsadverbien (Direktiva)**	
	wo?	**woher?**	**wohin?**
Bezeichnung	Ort der Lage	Herkunft	Ziel
Beispiele	da, dort, hier, draußen, oben, unten, überall	her, dorther, irgendwoher	bergauf, dahin, fort, überallhin, weg

Es gibt heute, meist im mündlichen Sprachgebrauch verwendet, viele Kurzformen von zusammengesetzten Lokaladverbien. So wird aus herein – rein, aus herüber – rüber, und aus herauf wird rauf.

Temporaladverbien

Fragewort	**wann?**	**wie lange?**	**wie oft?**
Bezeichnung	Zeitpunkt oder Zeitabschnitt	zeitliche Dauer	Wiederholung
Beispiele	damals, einst, kürzlich, jetzt, gestern, übermorgen	zeitlebens, jahrelang, sekundenschnell	ab und zu, oft, gelegentlich

Modaladverbien

	Adverbien der Qualität	Adverbien der Quantität
Fragewort	**wie?**	
Bezeichnung	Art und Weise	Menge, Ausmaß
Beispiele	anders, genauso, so, schnurstracks, kopflos, nebenbei, rückwärts	haufenweise, scharenweise

Kausaladverbien

Fragewort	**warum? weshalb? weswegen? wieso?**
Bezeichnung	Grund – Folge – Beziehung
Beispiele	daher, deshalb, deswegen, meinetwegen, darum, folglich

Weitere Adverbienarten

Adverbienart	Frage	Beispiele
Adverbien der Einräumung und der Gültigkeit	Trotz welchen Umstandes?	nicht, keineswegs, vielleicht, dennoch, trotzdem
Adverbien der Bedingung	Unter welcher Bedingung?	sonst, notfalls, gegebenenfalls, schlimmstenfalls
Adverbien der Stellungnahme und Bewertung	–	vermutlich, zweifellos, vielleicht, hoffentlich, leider, bedauerlicherweise

Sonderform der Pronominaladverbien

Pronominaladverbien sind Stellvertreter für adverbiale Bestimmungen, Attribute oder Objekte. Sie werden aus den Adverbien *da, hier* und *wo* und einer Präposition gebildet.

da → dabei, dafür, dagegen, dadurch, danach, darum, davor, dazwischen
hier → hieraus, hierfür, hierdurch, hiermit, hiervon, hierzwischen
wo → wobei, wofür, wogegen, womit, wonach, worüber, wovon, wozu

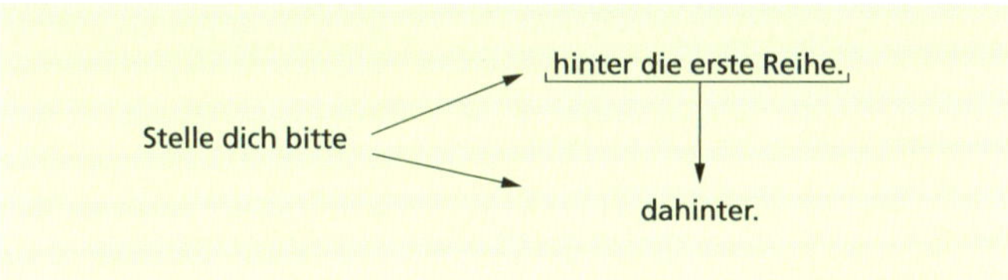

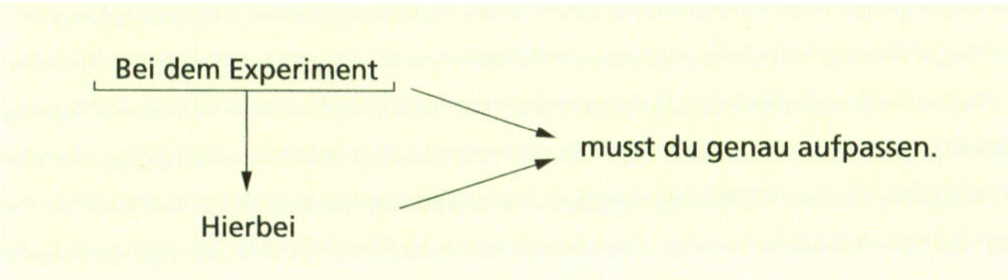

Steigerungsformen und Vergleichsformen

Obwohl die meisten Adverbien in ihrer Form unveränderlich sind, gibt es einige Ausnahmen:

1. oft – öfter – am öftesten (seltener)

2. Genitivform — des Öfteren
3. stammunabhängige Steigerung — gern – lieber – am liebsten
4. Steigerung mithilfe anderer Wörter — viel mehr, sehr viel mehr

Die grammatischen Leistungen des Adverbs im Satz

Adverbiale Bestimmung		**Attribut**	
Du bist *hier.*	– Lokalbestimmung	Der Hund *hier* gehört mir.	– Attribut zu „Hund"
Wir kamen *gestern.*	– Temporalbestimmung	Der Tag *gestern* verging schnell.	– Attribut zu „Tag"

Die Bezeichnung **Beiwort** gibt die Stellung des Adverbs im Satz an, die Bezeichnung **Umstandswort** die inhaltliche Funktion.

i

Morphem: kleinstes bedeutungstragendes Sprachelement (↗ S. 44)
Suffix: Nachsilbe, an ein Wort oder einem Wortstamm angehängte Ableitungssilbe (↗ S. 125 ff.)

Adverb	
Lexikalische Kategorie (Wortart)	**Syntaktische Kategorie** (Funktion im Satz)
• keine einheitliche Form • unflektierbar	• einem Verb zugeordnet • nähere Bestimmung des Verbs oder Substantivs

Formen der Adverbien

Einfache Adverbien	**Ableitungen**	**Zusammensetzungen**
lassen sich nicht in weitere Morpheme zerlegen	**Wortstamm + Suffix**	**Wortart + Wortart**
bald, erst, gern, fort, noch, nun, schon, sonst, weg, oft, wohl, dort, hier	-s: nachmittags, nachts -lings: blindlings, rücklings -weise: teilweise, dummerweise, möglicherweise -maßen: folgendermaßen, dermaßen -lei: allerlei, keinerlei -wärts: aufwärts, vorwärts	**Nomen + Präposition:** tagsüber, bergauf **Pronomen + Substantiv:** mancherorts, jederzeit **Pronomen/Adverb + Präposition:** damit, deswegen, hinab (↗ Pronominaladverb)

2.2.7 Partikeln

Partikeln können eine **Hervorhebung** ausdrücken, den Grad einer Intensität festlegen oder in Gesprächen die innere Einstellung des Sprechers verdeutlichen. Sie sind in ihrer *Form unveränderlich* und haben kaum eine eigene inhaltliche Bedeutung. Partikeln können *keine Satzglieder bilden* und tragen *keine grammatikalische Bedeutung.* Viele den Partikeln zugeordnete Wörter können ebenso anderen unflektierbaren Wortarten zugeordnet werden.

Partikel; lat. particula = Teilchen.
Seit dem 17. Jh. gilt Partikel als Terminus der Grammatik zur zusammenfassenden Bezeichnung aller unveränderlichen Wörter (Umstands-, Verhältnis-, Bindewörter), die nicht einer der Hauptwortarten zuzuordnen sind.

Beispiel:

Modalpartikeln	andere Wortart
Du bist *aber* empfindlich.	Ich habe mich bemüht, *aber* es reichte nicht. (Konjunktion)
Die Musik war *schon* beeindruckend.	Die Musiker kommen *schon.* (Temporaladverb)

Partikeln lassen sich je *nach ihrer Funktion im* **Satz** in verschiedene **Untergruppen** teilen.

Teilklassen der Partikeln

Teilklasse	Merkmale	Beispiel
Gradpartikeln äußerst, durchaus, höchst, irre, recht, sehr, überaus, ungemein, ziemlich, zutiefst	• geben die *Intensität einer Eigenschaft* an • werden meist **Adjektiven,** aber auch **Adverbien** und **Verben** zugeordnet	Ihr Vortrag war *sehr* gut. Ich bin *höchst* erfreut. Der Film war *äußerst* spannend.
Modalpartikeln aber, auch, bloß, denn, doch, eben, eigentlich, etwa, halt, ja, mal, nur, schon, vielleicht, wohl	• eine innere Einstellung, *Erwartung* wird ausgedrückt • die *Aussage* wird im Sinne von Zustimmung, Ablehnung usw. *subjektiv* gefärbt • Gebrauch auch in *Mehrfachkombinationen* möglich	Das ist *doch* die Höhe. Woher soll ich das *denn* wissen? Der ist *vielleicht* naiv! Das könntest du *doch vielleicht mal* für mich in der nächsten Stunde machen.

Teilklasse	Merkmale	Beispiel
Fokuspartikeln allein, besonders, bloß, nur, selbst, sogar, wenigstens	• dienen der *Hervorhebung* einer bestimmten Satzaussage vor anderen	Du hast *wenigstens* mitgemacht. *Selbst* Peter konnte nicht helfen. *Sogar* ich musste lachen.
Gesprächspartikeln also, genau, gut, hallo, ja, nein, nun, richtig, so, tschüss; bitte?, hm?, oder?, was?, wie?; hopp!	• dienen der *Gliederung* eines Gesprächs • können *Bestätigung* oder Vergewisserung ausdrücken • Zurufe, Grüße, Wünsche, Gebote, die für einen ganzen Satz stehen • *Antworten* auf Entscheidungsfragen	Ich hab doch Recht, *oder?* *So,* das wars für heute. Jetzt aber ins Bett, *husch!* Bist du fertig? *Ja* (ich bin fertig).

2.2.8 Präpositionen (Verhältniswörter)

Präposition; lat. praeponere = voranstellen, voransetzen. Der grammatische Terminus Präposition = Verhältniswort wurde im 14./15. Jh. entlehnt.

Präpositionen stellen zwei Sachverhalte in ein bestimmtes Verhältnis zueinander. Diese Sachverhalte werden durch ein Substantiv (oder seinen Stellvertreter) und ein anderes Wort (Verb, Substantiv, Adjektiv, Pronomen, Adverb) ausgedrückt. Das Verhältnis kann lokaler, temporaler, modaler oder kausaler Art sein.
Die Präpositionen selbst sind in ihrer Form unveränderlich, bestimmen aber den Kasus der ihnen folgenden deklinierbaren Wörter. Die Bestimmung des **Kasus** durch eine Präposition nennt man **Rektion.**

In der Regel stehen Präpositionen (lat. das Vorangestellte) vor ihrem Bezugswort.

Lokale Präpositionen
(an, auf, bei, bis, durch, entlang, gegenüber, im, in, nach, neben, oberhalb, über, um, unter, vor, zu, zwischen)

Lokale Präpositionen kennzeichnen ein **räumliches Verhältnis,** die Lage oder die Richtung.

Ich bin *im* Haus.
Der Hund liegt *vor* seiner Hütte.
Sie müssen *nach* rechts gehen.

Temporale Präpositionen
(ab, an, bei, bis, in, mit, nach, seit, um, von, vor, während, zu, zwischen)

Temporale Präpositionen kennzeichnen den *Zeitpunkt* oder die *Dauer.*

Du musst *bis* morgen fertig sein.
Die Freunde trafen sich *in* der Pause.
Wir blieben *während* des Gewitters im Haus.

Modale Präpositionen
(auf, aus, außer, bis auf, für, gegenüber, in, mit, ohne, unter, von, wider, zu)

Modale Präpositionen kennzeichnen die **Art und Weise.**

Der Teller ist *aus* Porzellan.
Der Fremde konnte sich *ohne* Schwierigkeiten verständigen.
Mayke lernte *mit* dem Plan sich in der Stadt zurechtzufinden.

Kausale Präpositionen
(aufgrund, betreffs, dank, durch, infolge, mit, nach, um, unter, von, vor, wegen, zu)

Kausale Präpositionen kennzeichnen den *Grund,* den *Anlass,* den *Zweck* oder die *Einräumung.*

Er wurde *durch* die Nachricht stark beunruhigt.
Sie schützte sich *vor* der Sonne.
Wir konnten *wegen* des Glatteises nicht mit dem Auto fahren.

Die Rektion der Präpositionen

Die **Präpositionen** bestimmen den **Kasus** des *folgenden Wortes,* wenn es deklinierbar ist.

– *für* (Akkusativ): *Für* wen oder was?	für *die Katze* für *den Hund* für *das Kind*
– *mit* (Dativ): *Mit* wem?	mit *der Katze* mit *dem Hund* mit *dem Kind*
– *ungeachtet* (Genitiv): *Ungeachtet* wessen?	ungeachtet *der Katze* ungeachtet *des Hundes* ungeachtet *des Kindes*

Einige Präpositionen können auch zwei oder mehrere Kasus verlangen. Besonders häufig sind die Präpositionen, die entweder den Dativ oder den Akkusativ fordern.
Diese Präpositionen (siehe Tabelle) werden mit dem Dativ angeschlossen, wenn das Fragewort „wo" gebraucht wird. Kann man den Kasus mit der Frage „wohin" bestimmen, wird der Akkusativ verwendet.

Wo (Dativ) (Ort, Lage)	*Wohin* (Akkusativ) (Richtung)
Die Wörter stehen *an* der Tafel.	Du schreibst die Wörter *an* die Tafel.
Das Heft liegt *auf* dem Tisch.	Er legt das Heft *auf* den Tisch.
Du stehst *vor* dem Bild.	Stelle dich *vor* das Bild.

Umgangssprachlich wird „wegen" oft mit dem Dativ verwendet. Das sollte man vermeiden, außer in bestimmten Verbindung mit Pluralformen, wo der Genitiv schwer erkennbar ist: wegen manchem; wegen Vergangenem.

Diese Präpositionen fordern den

Genitiv	abseits, abzüglich, anlässlich, außerhalb, betreffs, hinsichtlich, inmitten, innerhalb, laut, mangels, mittels, oberhalb, seitens, statt, trotz, ungeachtet, unterhalb, unweit, vorbehaltlich, während, wegen, zuzüglich, zwecks
Dativ	aus, bei, entgegen, entsprechend, gegenüber, mit, nach, nebst, seit, von, zu
Akkusativ	betreffend, bis, durch, für, gegen, kontra, ohne, um, wider
Dativ oder Akkusativ	an, auf, hinter, in, neben, über, unter, vor, zwischen
Genitiv oder Dativ	dank, längs, zufolge, zugunsten
Dativ und/oder Akkusativ	außer, entlang

Besonderheiten im Gebrauch

Fügungen mit *mehreren Präpositionen* hintereinander sollten möglichst *vermieden* werden.

nicht: ... *mit vor* Schmerz verzerrtem Gesicht ...

sondern: ... *mit* einem *vor* Schmerz verzerrten Gesicht ...

Mehrere Präpositionen hintereinander sind möglich, wenn sie den *gleichen Kasus* fordern.

Ich suchte die Karte überall, *auf, unter* und *hinter* dem Tisch.

Bestimmte **Verben** *und* **Verbgruppen** werden *nur mit einer* ihnen zugehörigen *Präposition* verbunden.

sich kümmern – um
stolz sein – auf
Angst haben – vor

2.2.9 Konjunktionen (Bindewörter, Fügewörter)

Konjunktionen verbinden Wörter, Wortgruppen oder Teilsätze und stellen sie in ein bestimmtes **Verhältnis** zueinander. Sie sind in ihrer Form *nicht veränderlich* und bilden *kein eigenes Satzglied.*

Konjunktion; lat. coniunctio = Verbindung.
Dieser grammatische Terminus wurde im 17. Jahrhundert aus dem Lateinischen entlehnt.

Konjunktionen lassen sich *nach ihrer Funktion im Satz* in folgende Gruppen einteilen:
1. **nebenordnende** Konjunktionen
2. **Satzteilkonjunktionen**
3. **Infinitivkonjunktionen**
4. **unterordnende** Konjunktionen und Konjunktionen *mit* **syntaktischer Funktion**

Art	Funktion	Beispiel
1. Nebenordnende Konjunktion aber, allein, denn, doch, nur, oder, sondern, sowohl, und	• *Verbindung von Wörtern und Wortgruppen* • *Verbindung von Teilsätzen einer Satzverbindung* • *Verbindung eines Teilsatzes mit einem Substantiv* als gleichberechtigte Teile	... Mann *und* Frau; ... die kleine Maus *und* der gefährliche Kater; Frauke würde uns besuchen, *aber* sie hat keine Zeit. Das Bild *und* alles, was da noch im Raum war, gefiel mir nicht.
2. Satzteilkonjunktion als, also, desto, umso, wie	• *Satzteile werden in den Satz eingebaut und angeschlossen;* z. B. Anschluss eines Attributs oder einer adverbialen Bestimmung • sie ist oft Ausdruck eines *Vergleichs* • *desto* und *umso* werden mit einem *Komparativ* gebraucht	Er ist muskulös, *also* sehr sportlich, aber hat Probleme mit der Wirbelsäule. Er wurde *wie* ein Held gefeiert. Du bist heute fleißiger *als* gestern. Je eher du anfängst, *desto* früher bist du fertig.

Im *mündlichen Sprachgebrauch* einiger Sprachräume (z.B. Berlin) sind Verbverbindungen mit *zu* und *haben* üblich, die aber in der Standardsprache als falsch gelten. So ist der Ausdruck „Er hat dort noch eine Tasche zu stehen“ zwar üblich, standardsprachlich heißt es aber „Dort steht noch seine Tasche“.

3. Infinitivkonjunktion zu, (an)statt – zu, ohne – zu, um – zu	• Anschluss von Infinitiven • *Anzeigen* des *Zweckes*, der *Absicht* oder der *Folge* • Kennzeichnung einer *stellvertretenden Sache* • Kennzeichnung einer *fehlenden Sache*	Ich hatte keine Zeit, den Brief sofort *zu* beantworten. Er kam, *um* sich einen Rat *zu* holen. Ich gab auf, *anstatt zu* kämpfen. Ich stürzte mich in das Abenteuer, *ohne* lange *zu* überlegen.
4. Unterordnende Konjunktion als, bis, da, damit, dass, ehe, nun, ob, ungeachtet, weil, wenn, wie, zumal	*Einleitung von Nebensätzen* – sie können *temporale, modale* oder *kausale Beziehungen* ausdrücken	Sie ging, *als* der Vortrag beendet war. *(temporal)* Keiner wusste, *wie* der Unfall passieren konnte. *(modal)* Er konnte nicht antworten, *weil* er die Frage nicht verstand. *(kausal)*
Konjunktionen mit syntaktischer Funktion als (ob), dass, ob, wie	Können, *ohne* temporale, kausale, modale Beziehungen zu bezeichnen, Subjekt-, Objekt-, Attribut- und Fragesätze anschließen.	Es geht nicht, *dass* du ständig zum Unterricht viel zu spät kommst. Ich frage euch, *ob* ihr mich verstanden habt. Er sah, *wie* sie sich umarmten.

Syntax; lat.-griech. sýntaxis = Zusammenstellung; Zusammenordnung; syntaktisch = die Syntax betreffend. Es handelt sich um einen sprachwissenschaftlichen Terminus, der die Verknüpfung von Wörtern im Satz, also die Lehre vom Bau des Satzes, beinhaltet.

2.2.10 Numeralien (Zahlwörter)

Numeralien geben die Menge/Anzahl an, in welcher der dargestellte Sachverhalt auftritt. Es gibt die **bestimmten Numeralien** (Kardinalzahlen, Ordinalzahlen) und die **unbestimmten Numeralien.**

Numerale; lat. numerus = Zahl, Anzahl, Menge. Es wurde als grammatischer Terminus unmittelbar übernommen. Als Substantiv wurde es im 16. Jh. in der Kaufmannssprache aus dem ital. numero entlehnt.

Sie lassen sich nach ihrer *unterschiedlichen Verwendung* im Satz verschiedenen Wortarten zuordnen:
- Zahlsubstantive: die Eins, ein Fünftel, eine Million
- Zahladjektive: sechs, ein zweites Mal
- Zahladverbien: einmal, erstens

Im Satz werden sie meistens attributiv, also als nähere Bestimmung des Substantivs, verwendet.

Kardinalzahlen (Grundzahlen)

Die **Kardinalzahlen** bezeichnen die einzelnen Grundzahlen. Obwohl sie dekliniert werden können, hat sich im heutigen Sprachgebrauch meist die undeklinierte Form durchgesetzt.

Am häufigsten dekliniert werden die Kardinalzahlen *zwei* und *drei*. Sie erhalten im Genitiv die Endung -er, wenn sie ohne Artikel gebraucht werden. Die Frage „wie viele?" erfragt die Kardinalzahlen.

die Wortmeldung *zweier* Teilnehmer,
aber:
die Wortmeldung *der zwei* Teilnehmer

die Meinung *dreier* Schüler,
aber:
die Meinung *der drei* Schüler

Ordinalzahlen (Ordnungszahlen)

Die **Ordinalzahlen** bezeichnen eine *bestimmte Stelle* innerhalb *einer* **Zahlenreihe** oder **Mengenangabe.** Sie werden wie **Adjektive** dekliniert und durch Anhängen der Endung -te oder -ste gebildet. Ausnahmen sind „der Erste, der Dritte, der Sieb(en)te und der Achte". Die Frage „der Wievielte?" erfragt die Ordinalzahlen.

Der *erste* Platz in der Schulmeisterschaft wurde mit einer Torte belohnt.
Der *achtzehnte* Geburtstag sollte besonders gefeiert werden.

Unbestimmte Numeralien (alle, einige, etliche, etwas, genug, manche, mehr, mehrere, nichts, wenig, viel)

Wenn nur *eine unbestimmte Aussage über die Anzahl von Gegenständen oder Sachverhalten* möglich oder notwendig ist, verwendet man **unbestimmte Numeralien.** Viele dieser Numeralia sind **Indefinitpronomen** und werden als solche dekliniert (↗ S. 82 ff.).

Ich konnte *etliche* Wörter im Text nicht übersetzen.
Es war nur *wenige* Tage schlechtes Wetter.

Die meisten Numeralien werden auch zu den Adjektiven gezählt. Man spricht dann von **Zahladjektiven.** Diese stehen als Attribut bei einem Substantiv. In erzählenden Texten sollten die Zahlen 1 bis 12 als Wörter geschrieben werden. In Fachtexten werden Zahl- und Maßangaben als Ziffern gesetzt.

Numeralien	Bildung	Beispiel
Bruchzahlen	Kardinalzahl + -tel Ausnahme: die Hälfte	Ein *Achtel* der Menge genügt.
Einteilungszahlen	je + Kardinalzahl	Teilt euch in Gruppen zu *je fünf* Schülern.
Gattungszahlen	Kardinalzahl + -erlei	*Fünferlei* verschiedene Stoffe werden benötigt.
Vervielfältigungszahlen	Kardinalzahl + -fach	Ich benötige das Zeugnis der 5. Klasse *zweifach.*
Wiederholungszahlen	Kardinalzahl + -mal	Du hast den Termin schon *dreimal* vergessen.

2.2.11 Interjektionen (Empfindungswörter)

Interjektion; lat. interiectio = das Dazwischenwerfen. Der grammatische Fachausdruck wurde im 16. Jh. entlehnt.

Interjektionen werden meistens *im mündlichen* **Sprachgebrauch** verwendet, dienen aber auch in der Textgestaltung dazu, eine **Gefühlsäußerung** zu verstärken. Stehen sie allein, tragen sie Satzcharakter, werden sie im Satz gebraucht, trennt man sie durch ein Satzzeichen (Komma, Semikolon u. a.) ab. Sie sind in ihrer *Form unveränderlich.*

Interjektionen lassen sich in *zwei Gruppen* einteilen:

Ausdrucks- und Empfindungswörter	Klang- und Lautmalereien
können Gefühlsausdrücke wie Schmerz, Angst, Ekel, Bedauern, Spott, Freude, Erschöpfung u.a. verstärken	dienen der anschaulichen, treffenden Kommentierung einer dargestellten Situation und der Nachahmung von Lauten
Beispiele: autsch, aua, brr, pfui, igitt, herrje, nanu, ätsch, puh, oh, juchhu, oje	Beispiele: hatschi, hihi, miau, wau, bim, hui, rums, ticktack, blub, gong, zack, klingeling

Vor allem in der Kunstgattung des Comics erhalten die Interjektionen eine neue Bedeutung, da sie einen starken Ausdruck in besonders knapper Form wiedergeben können. Häufig werden auch verkürzte Verbformen (schnief!, brüll!, knarr! usw.) als Interjektionen benutzt.

2.3 Wortschatz und Wortbildung

Die **Wortbildung** ist ein Teilgebiet der Sprachwissenschaft, das sich mit den Möglichkeiten, Regeln und Mustern befasst, wie die einzelnen Wortformen entstehen und neue Wörter gebildet werden können. Da sich die Sprache der fortschreitenden gesellschaftlichen Entwicklung anpassen muss, um umfassend aussagefähig zu bleiben, entstehen ständig neue Wörter.

2.3.1 Grundbegriffe der Wortbildung

Ein **Morphem** ist die kleinste bedeutungstragende Einheit im Sprachsystem.
Nach ihrer Gebundenheit unterscheidet man *freie* und *gebundene* Morpheme.

freie Morpheme: unter, an, auf, aus, durch u. a.
gebundene Morpheme: ver-, ge-, ent-, zer- u. a. (↗ S. 44, 100)

Morphemarten	Kennzeichen	Beispiel
1. **Basismorpheme** (Stamm-Morpheme; BM)	• bilden den Kern des Wortes • vermitteln die begriffliche Bedeutung des Wortes • können als selbstständiges Wort auftreten • die Verbindung zweier Basismorpheme nennt man Komposition	blutjung, *Blut – jung* BM BM Windpocken, *Wind – Pocken* BM BM Sturzhelm, *Sturz – Helm* BM BM
2. **Wortbildungsmorpheme** (WBM)	• werden an ein Basismorphem angefügt • vor dem Basismorphem: Präfix • nach dem Basismorphem: Suffix • treten nicht als selbstständiges Wort auf • Wortbildungen mithilfe von Präfixen und Suffixen (Affixen) nennt man Derivationen (Ableitungen)	verlaufen ver – lauf – en WBM BM FM gelaufen ge – lauf – en WBM BM FM entlaufen ent – lauf – en WBM BM FM

3. **Flexionsmorpheme** (FM)	• kennzeichnen die verschiedenen Wortformen bei Nomen, Verben und Adjektiven, die durch Flexion entstehen • stellen inhaltliche und grammatische Beziehungen im Satz dar	greif – en, greif – st, BM FM BM FM greif – t BM FM des Mann – es BM FM dem Mann – e BM FM

Ein **Wort** besteht aus einem oder mehreren **Morphemen,** ist im Text isolierbar und bildet eine sprachliche Einheit in grammatischen Strukturen.

Beispiel:	Wir BM	sahen BM + FM	die BM	Filme. BM + FM
grammatische Strukturen	1. Person Plural	1. Person Plural Präteritum	Plural Akkusativ	Plural Akkusativ

Ein **Lexem** kennzeichnet das Wort als **Lexikoneinheit,** ohne Berücksichtigung seiner verschiedenen Flexionsformen.

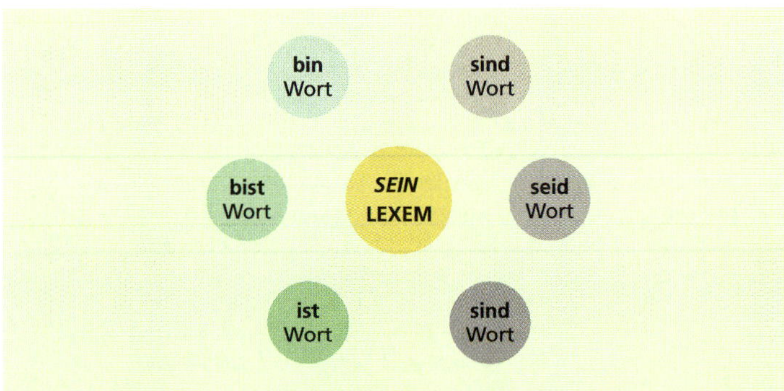

Ablaut ist der regelmäßige Vokalwechsel, z. B. binden – band – gebunden. Er tritt auch bei der Bildung von Substantiven auf: geben – Gabe (↗ S. 114).

Eine **Wortfamilie** beinhaltet alle Wörter mit dem gleichen Basismorphem und wird durch Ableitungen, Zusammensetzungen, aber auch Ab- und Umlautveränderungen gebildet.

Wörter, die im Lauf der Sprachgeschichte von einem Wortstamm her entstanden sind, bilden zusammen eine Wortfamilie („droh“ – drohen, bedrohen, Drohung, Drohbrief).

Wort	Zusammensetzungen	Ableitungen
Schlaf	Schlafanzug Schlafentzug Schlafstörung Schlaftablette Tiefschlaf Mittagsschlaf schlafwandeln	Schläfer schlafen schläfrig schlaflos verschlafen einschlafen

2.3.2 Möglichkeiten der Wortbildung

Zusammensetzungen (Komposita)

Eine *Zusammensetzung* (Kompositum) ist die **Verbindung** von *zwei oder mehreren Wörtern.*

Das neu entstandene Wort kennzeichnet meistens eine besondere **Eigenschaft** oder ein besonderes *Merkmal (Strohhut:* der *Hut,* der aus *Stroh* gefertigt wurde).
Dabei bildet der zweite Teil das *Grundwort* und der *erste* **Wortbestandteil** das **Bestimmungswort,** welches das Grundwort näher erklärt. Beide Bestandteile sind in ihrer Reihenfolge *nicht* beliebig austauschbar, ohne dass sich die inhaltliche Bedeutung (Semantik) verändert. Die **Wortart** und das **Geschlecht** werden durch das **Grundwort** bestimmt.
Fast alle Wortarten können miteinander kombiniert werden. Bei Verbzusammensetzungen handelt es sich in der Regel um trennbare Verben. Sie werden im Infinitiv zusammengeschrieben, können aber in der Personalform voneinander getrennt werden.

Trennbare Verben: zusammensetzen – ich setze das Spiel zusammen.

Kompositum	Semantik
das Flaschenpfand (Neutrum), Substantiv Bestimmungswort + Grundwort die Flasche + das Pfand (Femininum) (Neutrum) Substantiv Substantiv	*das Pfand,* das man für eine Flasche bei Rückgabe erhält
die Pfandflasche (Femininum), Substantiv Bestimmungswort + Grundwort das Pfand + die Flasche (Neutrum) (Femininum) Substantiv Substantiv	*die Flasche,* für die man bei Rückgabe ein Pfand zurückerhält

Dieses Beispiel ist eine Zusammensetzung mit dem Fugenelement -n- (↗ S. 119).

wunderschön, Adjektiv Bestimmungswort + Grundwort (das) Wunder schön Substantiv Adjektiv	außerordentlich gut aussehend

Arten der Zusammensetzung

Determinative Zusammensetzung (Determinativkompositum)

Das **Bestimmungswort** ist dem **Grundwort** *untergeordnet* und wird besonders betont, da es das Grundwort näher bestimmt.
Wortart, Numerus, Geschlecht und Art der Deklination richten sich nach dem Grundwort.

Das *Spiel* = Grundwort

Was für ein Spiel?	– Bestimmungswort	– die Art des Spiels wird näher erklärt
– das *Kinderspiel*	– Kinder	– ein Spiel, das Kinder spielen
– das *Kartenspiel*	– Karten	– ein Spiel, das mit Karten gespielt wird
– das *Sportspiel*	– Sport	– ein Spiel mit sportlicher Betätigung

Additive Zusammensetzung (Kopulativkompositum)

Zwei gleichrangige Wörter bilden in der Zusammensetzung eine *neuartige* **Einheit.** Das Kompositum erhält eine eigene semantische Bedeutung oder beide Bestandteile sind in ihrer Anordnung vertauschbar.

Ladenkette	– keine Kette für den Laden usw., sondern eine bestimmte Anzahl von Geschäften, die zu einer Firma gehören.
süßsauer/ sauersüß	– bestimmt eine Geschmacksrichtung. Die jeweils vorherrschende wird an erster Stelle genannt.

Possessive Zusammensetzung (besitzanzeigende Zusammensetzung)

Ein Wort des **Kompositums** bezeichnet konkret ein besonderes *Merkmal* des Gegenstandes oder *Sachverhaltes.*

Blausäure
himmelblau
seidenweich

Ableitungen (Derivationen)

Wörter können gebildet werden, indem dem **Basismorphem** Silben vorangestellt oder angehängt werden. Vorangestellte Silben heißen **Präfixe,** die nachgestellten **Suffixe.** Sie können sich mit vielen Basismorphemen verbinden und verändern deren Bedeutung.

Zu den Ableitungen gehören auch Wortformen, die durch **Veränderung** des **Stammvokals** gebildet werden.

Präfixableitungen (Vorsilbe + BM)

Präfixe stehen immer vor dem **Basismorphem,** verändern dessen Bedeutung (**ab**wenden, **ver**wenden) und lassen sich vielfach kombinieren. Präfixe sind an der Wortbildung von Substantiven, Adjektiven und Verben beteiligt.

Präfix	– ver-	
Vergebung	vergeben	vergeblich
Substantiv	Verb	Adjektiv

Einige Präfixe sind aus *selbstständigen Wörtern* hervorgegangen, manchmal ist noch die ursprüngliche Bedeutung der Wörter zu erkennen.

Halbpräfix und **Halbsuffix** (Halbaffix) sind *Wortbildungsmittel,* die weitgehend *noch als selbstständiges Wort* empfunden werden, aber semantisch verblassen: stein- in steinreich, -geil in erfolgsgeil.

Präfixe und ihre semantische Zuordnung

ge-: – kennzeichnet eine Zusammengehörigkeit, Vollständigkeit oder das Ende einer Handlung:
Geschwister, gemeinsam, Gefieder, Gebinde, Gefunkel

miss-: – trägt eine negative oder abwertende Bedeutung, es wird etwas Fehlgeschlagenes gekennzeichnet:
Misstrauen, Missverständnis, missmutig, misshandeln, missgünstig, Missklang

un-: – bedeutet so viel wie „nicht“ oder „kein(e)“:
Untreue, Unbehagen, Unmut, unvergessen, ungemütlich, unkündbar, Unwahrheit

zer-: – bedeutet Trennung, Auftrennung u. Ä.:
zerrütten, zertrennen, Zerrung, zerfallen, zerbrechen

Suffixableitungen (BM + Nachsilbe)

Suffixe sind unselbstständige Wortbestandteile (Morpheme), die nicht alleine stehen können, sondern mit einem Basismorphem fest verbunden sind.

Jedes einzelne **Suffix** kann mit *mehreren* **Basismorphemen** verbunden werden. Einige Suffixe sind ausschließlich für die Bildung bestimmter Wortarten verantwortlich (-ig: Adjektivbildung, -schaft: Substantivbildung, -en: Verbbildung).

haar		Freund		geh	
fett		Mann		lauf	
mad		Wirt		steh	
gläub		Meister		kauf	
schmutz	-ig	Gewerk	-schaft	schreib	-en
wend		Pfleg		nehm	
lust		Seil		trag	
gelenk		Herr		denk	
lebend		Leiden		sing	
Adjektiv		**Substantiv**		**Verb**	

Innere Ableitung (Veränderung des Stammvokals)

Mit der *Veränderung* des **Stammvokals** im *Basismorphem* wird die Ableitung von einer Wortart in die andere möglich. Man spricht dann von **innerer Ableitung.**

Die *Substantive* übernehmen oft von einem starken Verb den *Stammvokal* des **Präteritums** oder des **Partizips II.** Eine Besonderheit hierbei ist, dass sich der Wechsel der Wortarten auch ohne Ablaut vollziehen kann.

Ableitungen mit Ablaut (Veränderung des Stammvokals):

sprechen	(sprach)	die Sprache	gesprächig
geben	(gab)	die Gabe	
gehen	(gegangen)	der Gang	gängig

auch Vokalwechsel von o zu u

werfen	(geworfen)	der Wurf
gebären	(geboren)	die Geburt
betrügen	(betrog)	der Betrug

Ableitungen ohne Ablaut:

Verb	Substantiv
berühren Bitte die Modelle nicht berühren.	*das Berühren* Das Berühren der Modelle ist nicht gestattet.
essen Wir essen heute im Restaurant.	*das Essen* Das Essen im Restaurant war gut.

Ausdruckskürzungen (Suffixtilgung, Reduktion, Abkürzungswörter)

Im Zuge der **Sprachökonomie,** das heißt mit wenig Sprachaufwand etwas treffend bezeichnen zu können, bekommen die sogenannten **Kurzwörter** immer mehr Bedeutung. Es entstehen keine völlig neuen Wörter, sondern der bestehende Lautkomplex wird gekürzt, oder die Anfangsbuchstaben eines Kompositums stehen für das Wort und werden zusammenhängend gesprochen. Die *inhaltliche* **Bedeutung** des Wortes wird dabei *nicht verändert.*

Suffixtilgung

Die **Suffixtilgung** findet man heute meist bei Adjektiven auf -ig. Dabei findet ein **Wortartwechsel** statt vom **Adjektiv** zum **Substantiv.**

gläubig – Glaube

Reduktion

Komposita können auf verschiedene Weise reduziert werden. **Kopfformen** entstehen, wenn nur der erste Teil des Kompositums bestehen bleibt. Häufig werden vor allem im mündlichen Sprachgebrauch Fremdwörter gekürzt. **Endformen** entstehen, wenn nur der letzte Teil des Kompositums bestehen bleibt. Eine weitere Möglichkeit der **Reduktion** ist, bei mehrgliedrigen Komposita den **Mittelteil** zu kürzen.

Kopfformen	**Endformen**	**Reduktion des Mittelteils**
das Kilogramm – das Kilo	der Omnibus – der Bus	Tannenbaumzweig – Tannenzweig
die Demonstration – die Demo	das Fahrrad – das Rad	Cerankochfeld – Ceranfeld
die Fotografie – das Foto	die Zentralheizung – die Heizung	
das Laboratorium – das Labor	das Bankkonto – das Konto	

Abkürzungswörter

Zu den *Abkürzungswörtern* gehören die **Buchstabenabkürzungen,** aber auch Mischformen, die sich aus einzelnen Silben zusammensetzen.

Buchstabenabkürzungen werden auch *Akronyme* genannt. Das Kurzwort besteht aus den Anfangsbuchstaben mehrerer Wörter (↗ S. 180 ff.).

Buchstabenabkürzungen			**Silbenwörter**		
BMW	–	Bayerische Motoren Werke	Abo	–	Abonnement
LKW	–	Lastkraftwagen	Azubi	–	Auszubildender
UKW	–	Ultrakurzwelle	Kripo	–	Kriminalpolizei
VHS	–	Volkshochschule	Repro	–	Reproduktion

Die sogenannte Abkürzungssprache nimmt in der Gegenwart immer mehr zu. Sie kann die Verständigung erschweren, aber auch erleichtern. Der Gebrauch ist von der **Kommunikationssituation** abhängig.

Buchstabenabkürzungen bestehen auch oft aus den Anfangsbuchstaben der vollen Wortfügung (Akronym). Diese Abkürzungen können mitunter wie ein Wort gelesen werden:
Ufo – unbekanntes Flugobjekt
Bafög – Bundesausbildungsförderungsgesetz

Wortkreuzungen (Kontamination)

Das **Verschmelzen** von meist zwei Wörtern, die nur in der Vorstellung des Sprechers/Schreibers eine gemeinsame Beziehung haben, nennt man **Wortkreuzungen.** Dabei entfallen jeweils einzelne Wortbestandteile.

Nur wenige dieser Wörter haben einen festen Platz in der Hochsprache (z.B. vorwiegend, aus vorherrschend und überwiegend). Viele dieser **Wortschöpfungen** entstehen in der **Literatur,** in der **Werbung,** in der **Computerbranche** oder als „Modewörter" der **Jugendsprache.**

kaufregend – kaufen + aufregend
fürchterbar – fürchterlich + wunderbar
Informatik – Information + Automatik
LexiRom – Lexikon + CD-ROM
Instandbesetzung – Instandsetzung + Besetzung

Bei den **Smileys** handelt es sich um **Emoticons.** Emoticon ist ebenfalls ein Kurzwort. Es kommt aus dem Englischen („emotion" = Gefühl und „icon" = Bild.) Mit den *Smileys* – einer Zeichenkombination – kann in einer E-Mail oder beim Chatten eine Gefühlsäußerung wiedergegeben werden.

In der Computersprache wurden ebenfalls viele Abkürzungen entwickelt. In Verbindung mit den sogenannten Smileys kann diese Netzwelt-Sprache als Kommunikationsverstärker angesehen werden. Mit den Smileys können Stimmungen und Empfindungen ausgedrückt werden, die ansonsten im Text fehlen würden.

:-) – lustig, glücklich
:-(– traurig, bedrückt
:-& – sprachlos
:-e – enttäuscht
:'-) – Tränen lachen
:-9 – wohlschmeckend, lecker
:-8 – doppelzüngig

Wortbildung durch Doppelung (Reduplikation)

In der deutschen Sprache gehören die **reinen Doppelungen** der **Kindersprache** an (Wauwau, Pieppiep usw.). **Mischformen** wie „tagtäglich" oder „wortwörtlich" sind häufiger zu finden. Weiterhin gehören zu den Reduplikationen auch solche, die durch Ablaut gebildet werden – Ticktack, Mischmasch, Wirrwarr usw. – und Reimbildungen – Hokuspokus, Ramba-zamba usw.

Die **Reduplikation** hat in einigen Sprachen einen hohen Anteil an den Wortbildungen und trägt grammatische Bedeutung wie die Pluralbildung. Indonesisch: rumah – Haus, rumah-rumah – die Häuser; kanak – Kind, kanak-kanak – die Kinder.

Übersicht zur Wortbildung

Kartenbestellungen
Determinativkompositum

Bestimmungswort	Grundwort
Karten	**Bestellungen**

Karte –	**n** –	**be** –	**stell** –	**ung** –	**en**
BM	FM	WBM	BM	WBM	FM
(Träger der lexikalischen Bedeutung)	(Plural-bildung)	(Präfix)	(Träger der lexikalischen Bedeutung)	(Suffix, Substantiv-bildung)	(Suffix, Plural-bildung)

Wortbildung

Komposition	**Derivation**	**Ausdruckskürzung**
Determinativkompositum	Präfixbildung	Wortkreuzung
Kopulativkompositum	Suffixbildung	
Possessivkompositum	innere Ableitung	Suffixtilgung Reduktion Abkürzungswörter

2.3.3 Wortbildung einzelner Wortarten

Die Wortbildung ist neben der Entlehnung aus fremden Sprachen das wichtigste Mittel des Wortschatzausbaus.

Wortbildung beim Substantiv

Zusammensetzungen (Komposita)

Bei einem **Kompositum** werden zwischen **Grund-** und **Bestimmungswort** verschiedene Beziehungen zum Ausdruck gebracht.

↗ S. 48

1. **Ortsbeziehungen:**	*Hinter*land, *Neben*straße, *Stadt*zentrum, *Rand*bezirk
2. **Zeitbeziehungen:**	*Mittags*pause, *Abend*veranstaltung, *Moment*aufnahme, *Früh*aufsteher, *Spät*vorstellung
3. **Zweckbeziehungen:**	*Bücher*regal, *Arbeits*zimmer, *Lese*buch, *Keks*dose
4. **Größenbeziehungen:**	*Klein*garten, *Riesen*rad, *Groß*hirn, *Lang*strecke, *Kurz*streckenfahrschein, *Groß*raumtransporter
5. **Formbeziehungen:**	*Sattel*dach, *Kugel*lager, *Kuppel*zelt, *Tonnen*gewölbe
6. **Materialbeziehungen:**	*Blei*stift, *Plastik*flasche, *Fell*jacke, *Glas*haus, *Holz*harke
7. **Zugehörigkeit:**	*Kinder*spiel, *Schüler*zeitung, *Knaben*chor, *Pferde*koppel
8. **Ursache:**	*Sturm*schaden, *Unglücks*fall, *Flüchtigkeits*fehler

Einfache Zusammensetzungen aus Grundwort und Bestimmungswort:

Grundwort	+	*Bestimmungswort*	
Substantiv	+	*Substantiv* (Geschäft)	*Geschäfts*haus
(Haus)	+	*Adjektiv* (hoch)	*Hoch*haus
	+	*Verbstamm* (wohn)	*Wohn*haus
	+	*Präposition* (hinter)	*Hinter*haus
	+	*Adverb* (innen)	*Innen*haus

Mehrfachzusammensetzungen aus Grundwort und Bestimmungswort:

Zusammengesetztes *Grundwort:*	Bus*haltestelle,* Schul*wettkampf,* Sonder*briefmarke*
Zusammengesetztes *Bestimmungswort:*	*Wohnzimmer*regal, *Großraum*büro, *Langlauf*ski

Zusammengesetztes *Grundwort* und *Bestimmungswort:*

Fremdsprachenintensivkurs

Fremdsprachen	+	Intensivkurs
Bestimmungswort		*Grundwort*
fremd + Sprachen	+	intensiv + Kurs
Adjektiv + Substantiv	+	Adjektiv + Substantiv

Verschiedene Bestimmungswörter – gleiches Grundwort oder gleiches Bestimmungswort – verschiedene Grundwörter

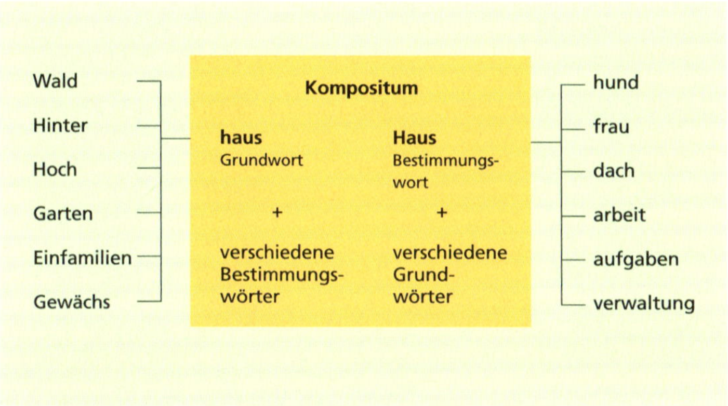

Zusammensetzungen mit Fugenelement:

> Die Stelle zwischen den Bestandteilen eines Kompositums nennt man **Wortfuge.**

Oft werden Grund- und Bestimmungswort einfach aneinander gereiht (Wander|pokal; ↗ S. 111). Bei manchen Komposita werden Grund- und Bestimmungswort durch einen Buchstaben (oder zwei) verbunden.

Die *Fugenelemente* -e-, -(e)s-, -(e)n-, -er- findet man oft bei Komposita mit einem Substantiv als Bestimmungswort, manchmal auch bei Zusammensetzungen mit einem Verb als Bestimmungswort.

Übertragbare Regeln für die Verwendung von Fugenelementen gibt es nicht.

Fugenelement -(e)s-:	Hilfsmittel, Windeseile, Mittagspause, Rettungsmannschaft
Fugenelement -(e)n-: (meist Pluralbildung -en-)	Tapetenwechsel, Stundenplan, Dornenhecke, Sonnenschein, Heckenschere
Fugenelement -er-:	Bilderbuch, Kinderbuch, Gespensterwald, Kleiderschrank

Ableitungen

Einfache Präfixableitungen (Präfix + BM):

der Unmensch, das Geräusch, das Abkommen, das Vergnügen, die Unmenge, der Misserfolg

Einfache Suffixableitungen (BM + Suffix):

Suffix	Bedeutung	Ableitungen (Substantiv)
-heit, -keit	Gestalt, Wesen, Weise, Bild -keit oft an Adjektiven auf -ig	Neuheit, Gesundheit, Kindheit Neuigkeit, Traurigkeit, Häufigkeit
-schaft **-tum** **-werk**	Bezeichnung von Sammelbegriffen abstrakte Begriffe, die eine Vielheit in sich vereinen	Mannschaft, Belegschaft, Herrschaft Bürgertum, Eigentum, Reichtum Wurzelwerk, Tafelwerk, Hilfswerk
-el	Bezeichnung von Werkzeugen und Gebrauchsgegenständen	Gabel, Hebel, Deckel, Windel, Henkel, Nadel, Hobel
-er	lat. arius, kennzeichnet die ausführende Person	Schüler, Forscher, Schreiber, Käufer
-in	Kennzeichnung der weiblichen Form	Schülerin, Forscherin, Schreiberin
-lein, -chen	Verkleinerungssilben in einzelnen Dialekten auch -el oder -le	Kindchen, Kindlein, Schweinchen, Stühlchen, Blümlein, Hänschen Hänsel, Würstel, Häusle
-nis	Kennzeichnung von Zuständen oder Abstrakta	Ergebnis, Verhältnis, Vorkommnis, Wagnis
-ung	Umwandlung von Verb zu Substantiv, aber auch Bildung anderer Substantive aus Substantiven	Haltung, Sicherung, Hebung, Lichtung, Gabelung, Stallung

Kombinierte Ableitungen mit Präfix und Suffix (Präfix + BM + Suffix):

Be-	hält	-nis	Ver-	such	-ung	Ge-	wohn	-heit
Be-	dräng	-nis	Ver-	geb	-ung	Ge-	sund	-heit
Be-	dürf	-nis	Ver-	sicher	-ung	Ge-	mein	-heit
Be-	wandt	-nis	Ver-	kleid	-ung	Ge-	wandt	-heit
Be-	sorg	-nis	Ver-	öd	-ung	Ge-	samt	-heit

Umwandlung in eine andere Wortart (Transposition):

> Neben der **semantischen Umwandlung,** bei der durch Ableitung zwar ein neues Wort entsteht, aber die Wortart nicht gewechselt wird (das Haus, die Behausung), gibt es die **grammatische Umwandlung.**

Hierbei steht eine Verbform oder ein Adjektiv als Ausgangspunkt der Umwandlung in ein Substantiv. Die Umwandlung geschieht mithilfe von *Suffixen*, der **Suffixtilgung,** als **Nullableitung** oder als **Ablautbildung.**

Verb →	**Substantiv** Suffixbildung
arbeiten	der Arbeiter
beugen	die Beugung
hören	der Hörer
gleiten	der Gleiter
fliegen	der Flieger
fassen	die Fassung

Adjektiv →	**Substantiv** Suffixbildung		Suffixtilgung
genau	die Genauigkeit	gläubig	der Glaube
klein	die Kleinigkeit	witzig	der Witz
geheim	das Geheimnis	kultig	der Kult
leer	die Leerung	neidisch	der Neid
neu	die Neuheit	männlich	der Mann
reich	der Reichtum	samtig	der Samt

Nullableitungen entstehen, wenn das Flexionsmorphem -en bei (meist starken) Verben gekürzt und so das Substantiv gebildet wird.

Verb → **Substantiv**

Nullableitungen

arbeiten	die Arbeit
beginnen	der Beginn
haften	die Haft
kaufen	der Kauf

Verb → **Substantiv**

Ablautbildungen

gehen	der Gang
greifen	der Griff
verbieten	das Verbot
werfen	der Wurf

Wortbildung beim Verb

Zusammensetzungen ↗ S. 57

Substantiv + *Verb*

Schluss	+	folgern	*schlussfolgern*
Hand	+	haben	*handhaben*

Schlaf	+	wandeln	*schlafwandeln*
Preis	+	geben	*preisgeben*

Diese Zusammensetzungen gelten als feststehend. Bei den meisten dieser Zusammensetzungen tragen die einzelnen Bestandteile nicht mehr ihre ursprüngliche Bedeutung, sondern es wird eine neue Bedeutung „übertragen".

haushalten – wirtschaften können, sparsam sein
preisgeben – etwas verraten

Adjektiv + **Verb**

fern	+	sehen	*fernsehen*
hoch	+	rechnen	*hochrechnen*
schwarz	+	arbeiten	*schwarzarbeiten*
wahr	+	sagen	*wahrsagen*

Nach der *neuen Rechtschreibung* werden *nur noch die* **Zusammensetzungen** *aus Adjektiv und Verb* obligatorisch zusammengeschrieben, bei denen eine *neue Idiomatische Gesamtbedeutung* vorliegt.

Erweiterungen mit *sehr* sind nicht möglich!

Man kann:	Aber nicht:
fernsehen	sehr fernsehen
hochrechnen	sehr hochrechnen
wahrsagen	sehr wahrsagen

Partikeln + **Verb**

Zusammensetzungen mit Partikeln können *feste Zusammensetzungen* oder *trennbare Zusammensetzungen* sein.
Verbindungen mit einem Verb, bei denen die Reihenfolge der Bestandteile je nach Stellung im Satz wechselt, werden nur im Infinitiv, in den Partizipien sowie bei Endstellung im Satz zusammengeschrieben.

Trennbare Zusammensetzungen:

drinbleiben
Ich *bleibe drin.*
Er ist *dringeblieben,* weil es regnete.
Die Kinder müssen *drinbleiben.*

Andere trennbare Zusammensetzungen:

entlang	+	gehen	*entlanggehen*
fort	+	bleiben	*fortbleiben*
herein	+	kommen	*hereinkommen*
drauf	+	setzen	*draufsetzen*

Feste Zusammensetzung:

widersetzen
Er *widersetzt* sich der Anordnung.

Andere feste Zusammensetzungen:

hinter	+	gehen	*hintergehen*
unter	+	suchen	*untersuchen*
wider	+	sprechen	*widersprechen*
wieder	+	holen	*wiederholen*

Besonderheiten

Einige Zusammensetzungen aus **Partikel** und **Verb** können getrennt, aber auch zusammengeschrieben werden. *Zusammengeschrieben* wird, wenn die *Einzelbedeutung* der Bestandteile *zurückgeht* und eine *neue Gesamtbedeutung* entsteht.

wiederbekommen:
Ich habe das Buch wieder (ein zweites Mal) bekommen.
Aber:
Ich habe das Buch von dir *wiederbekommen* (zurückbekommen).

weiterfahren:
Ich muss noch ein Stückchen weiter fahren als du.
Aber:
Ich bin noch nicht am Ziel, ich muss noch *weiterfahren* (meine Reise fortsetzen).

Ableitungen

Präfixbildung:

Wird ein **Präfix** oder **Halbpräfix** vor ein schon vorhandenes Verb gestellt, verändert sich die Wortart nicht. Ableitungen mit Präfixen gelten als feststehend, während die Halbpräfixe vom Verb trennbar sind. Diese Ableitungen dienen der inhaltlichen Erweiterung des Verbbestandes (laufen, verlaufen, ablaufen, weglaufen, entlaufen). Es kann zu einer Veränderung der Valenz des Verbs kommen.

Valenz: Fähigkeit des Wortes, ein anderes semantisch-syntaktisch an sich zu binden. Für das Verb heißt das, eine bestimmte Zahl von *Ergänzungen* zu fordern.

Ich schneide.	– Keine Ergänzung notwendig
Ich zerschneide ein Blatt.	– Forderung nach einer Ergänzung im Akkusativ
Klaus setzt sich.	– Keine Ergänzung notwendig
Klaus widersetzt sich der Aufforderung.	– Forderung nach einer Ergänzung im Dativ

Weitere Präfixe sind:

Präfixe	Bedeutungsmöglichkeiten Valenz	Präfixbildungen
be-	Zuwendung, Zielgerichtetheit Einwirkung Forderung eines Akkusativobjektes	beleuchten, beschatten, benennen, begutachten bewirken, behandeln, bestellen, benutzen – *ein Handtuch* benutzen (Wen oder was benutzen? – Akkusativobjekt)
ent-	Entfernen, aber vereinzelt auch Beginn Forderung eines Dativ- oder Akkusativobjektes	entgleiten, entsichern, entsagen, entrinnen, entdecken, entflammen, entschließen – *dem Unglück* entrinnen (Wem entrinnen? – Dativobjekt)
er-	Erreichung eines Ziels, eines Zwecks Tätigkeiten der Gewalt Forderung eines Akkusativobjektes Gemütszustände ohne Ergänzung; die Ableitungen mit er- decken aber noch viele andere Bereiche ab	erstreben, erlangen, erkämpfen, erklimmen ermorden, erstechen, erschießen – *das Ziel* erstreben (Wen oder was erstreben? – Akkusativobjekt) erröten, erzürnen, erblassen erbauen, erkennen, erfinden, erwischen, errechnen, ertrinken, erfahren
ver-	Vergangenes, Verschlechterung grundlegende Tätigkeiten oft Forderung eines Akkusativobjektes	verblühen, vernichten, vergessen, verlieren verarbeiten, versuchen, verdienen, verhalten – *den Freund* vergessen (Wen oder was vergessen? – Akkusativobjekt)
zer-	Änderung eines bestehenden Zustandes Forderung eines Akkusativobjektes	zerstören, zerkleinern, zerkauen, zergehen, zerschneiden, zerdrücken, zerfetzen – *das Papier* zerschneiden (Wen oder was zerschneiden? – Akkusativobjekt)

de-	demütigen, demaskieren, demontieren
ge-	gerinnen, gedenken, gefährden, gehören
fehl-	fehlschlagen, fehlgreifen, fehlschießen
in-	inhaftieren, inszenieren, instituieren (einsetzen)
miss-	misslingen, missverstehen, missbrauchen, missdeuten

Bildungen mit Halbpräfixen

Trennbare betonte Halbpräfixe:

ab-	Du wirst morgen *abfliegen.*	Ich *fliege* morgen *ab.*
an-	Wir müssen schon Licht *anschalten.*	*Schalte* bitte das Licht *an.*
auf-	Ich werde nicht *aufgeben.*	*Gib* nicht *auf.*
aus-	Darf ich mir etwas *aussuchen?*	Du *suchst* dir etwas *aus.*
ein-	Ihr könnt das Geschenk *einpacken.*	Ich *packe* das Geschenk *ein.*

Trennbare und untrennbare Halbpräfixe:

	trennbar		**untrennbar**
durch-	Er *lief* zum Ziel *durch.*	*durchlaufen*	Er *durchläuft* die Entwicklung.
um-	Sie *riss* die Vase *um.*	*umreißen*	Mit knappen Worten *umriss* er kurz den Plan.
über-	Die Milch *läuft über.*	*überlaufen, übergeben*	Er *übergab* den Brief.
unter-	Ich *rühre* die Butter *unter.*	*unterrühren, unterdrücken*	Sie *unterdrückt* ihre Gefühle.
hinter-	Er *geht* schon mal *hinter.*	*hintergehen*	Er *hintergeht* seinen Freund.

Suffixbildung

Alle Verben haben im **Infinitiv** nach dem Basismorphem (Wortstamm) das **Suffix -en.** Tritt ein l, r oder ier vor oder in diese Endung, spricht man von **Suffixerweiterung.**

Suffix	**-en**	**-eln**	**-ern**	**-ieren**
	laufen sagen heben sieden	tänzeln wedeln hebeln siedeln	plappern stottern knattern lockern	addieren nominieren buchstabieren fotografieren

Bildung von Verben aus anderen Wortarten

Substantiv	Verb	*Adjektiv*	Verb
die Haut	häuten	schwach	schwächeln
der Gärtner	gärtnern	trocken	trocknen
das Bündel	bündeln	starr	starren
das Ruder	rudern	süß	süßen

Wortbildung beim Adjektiv

↗ S. 72

Ähnlich wie bei Substantiven gibt es auch bei den *Adjektiven* **Determinativkomposita** (aus Haupt- und Bestimmungswort) und **Kopulativkomposita** (gleichrangige Zusammensetzungen). Da viele **Partizipformen** im Satzzusammenhang adjektivische Funktion übernehmen (legen – *gelegt*, der *abgelegte* Mantel), werden sie bei den Einteilungen mitberücksichtigt.

Substantiv und Adjektiv (Partizip):

Bestimmungswort	**Fugenelement (-s-)**	**Adjektiv**	**Determinativkompositum**
die Arbeit	s	scheu	*arbeitsscheu*
die Arbeit	s	müde	*arbeitsmüde*
das Leben	s	froh	*lebensfroh*

Verb und Adjektiv (Partizip):

Wortstamm	**Adjektiv**	**Determinativkompositum**
lern(en)	bereit	*lernbereit*
streit(en)	süchtig	*streitsüchtig*
fahr(en)	tüchtig	*fahrtüchtig*
schreib(en)	faul	*schreibfaul*

Adjektiv und Adjektiv (Partizip):

Adjektiv	**Adjektiv**	**Determinativkompositum**
lau	warm	*lauwarm*
bitter	böse	*bitterböse*
dunkel	rot	*dunkelrot*

Adjektiv	**Adjektiv**	**Kopulativkompositum**
süß	sauer	*süßsauer*
nass	kalt	*nasskalt*
taub	stumm	*taubstumm*

Ableitungen beim Adjektiv

Präfix- und Halbpräfixbildungen

Präfixe	Bedeutungsmöglichkeiten	Präfixbildungen
un-, in-, a-, des-/dis-, non-	Gegenteil, Verneinung	unbestimmt, inakzeptabel, intolerant, asozial, desorientiert, nonverbal (ohne Worte)
schein-, halb-, pseudo-	Abwertung	scheintot, scheinheilig, halbgebildet, halbamtlich, pseudowissenschaftlich
ur-, super-, ultra-, hoch-, voll-, extra-, tod-, grund-, top-, brand-, über-	Ausdrucksverstärkung	urgemütlich, superschlau, ultraleicht, hochintelligent, vollständig, extrabreit, todsicher, grundgut, topfit, brandneu, überglücklich
inner-, binnen-, außer-, inter- (zwischen), **trans-** (durch)	räumliche Zuordnung	innerschulisch, binnendeutsch außerschulisch, außergerichtlich interaktiv, international transkontinental
prä-, vor-, post-, nach-	zeitliche Zuordnung, auch übertragene Bedeutung	pränatal (vor der Geburt), vorchristlich, postembryonal, nachträglich, nachsichtig
mono- (eins), **bi-** (zwei), **poly-, multi-**	Mengenangaben	monogam (eheliche Verbindung zwischen *einer* Frau und *einem* Mann), bipolar (zweipolig), multifunktional

Suffix- und Halbsuffixbildungen

Mithilfe der **Suffixe** werden vielfach aus **Substantiven** und **Verben Adjektive** gebildet. Suffixbildungen dienen beim Adjektiv also der **Transposition,** aber auch der Ergänzung des **Grundwortschatzes** (semantische Abwandlung: alt – ältlich).

In der Sprachwissenschaft versteht man unter Transposition den Wechsel einer Wortart in die andere z. B. mithilfe von Suffixen.

Verb(stamm)	+	**Suffix**	**Adjektiv**
annehm(en) vorherseh(en) halt(en)	+	*-bar*	annehmbar vorhersehbar haltbar
verzeih(en) erklär(en) begreif(en)	+	*-lich*	verzeihlich erklärlich begreiflich

angeb(en) verschwend(en) betrüg(en)	+	*-(er)isch*	angeberisch verschwenderisch betrügerisch
wend(en) glaub(en) säum(en)	+	*-ig*	wendig gläubig säumig
Substantiv	+	**Suffix**	**Adjektiv**
der Freund das Wunder der Monat	+	*-lich*	freundlich wunderlich monatlich
das Haar der Wind die Blume	+	*-ig*	haarig windig blumig
das Kind das Tier das Europa	+	*-isch*	kindisch tierisch europäisch
der Mangel der Fehler das Kind	+	*-haft*	mangelhaft fehlerhaft kindhaft
Substantiv	+	**Halbsuffix**	**Adjektiv**
die Abwechslung	+	*-reich*	abwechslungsreich
das Gefühl	+	*-voll*	gefühlvoll
die Leistung	+	*-stark*	leistungsstark
die Folge	+	*-schwer*	folgenschwer
das Vertrauen	+	*-selig*	vertrauensselig
der Willen	+	*-schwach*	willensschwach
das Fett	+	*-arm*	fettarm
die Tat	+	*-los*	tatenlos
die Sorge	+	*-los*	sorglos
die Luft	+	*-leer*	luftleer
Adverb	+	**Suffix**	**Adjektiv**
heut(e) morg(en) dort	+	*-ig*	heutig morgig dortig

Dass die **Wortschöpfung** noch lange nicht beendet ist beziehungsweise sogar von kompetenter Seite gefördert wird, beweist der Aufruf der Dudenredaktion und der Firma „Lipton" 1999. Es sollte ein Wort für den Zustand „nicht mehr durstig sein" gefunden werden. Unter 45 000 Einsendungen entschied sich die Jury für **sitt**, da es dem Wort „satt" (nicht mehr hungrig sein) ähnelt und den grammatischen Anforderungen an ein Adjektiv entspricht. Ob es in den Duden aufgenommen wird, hängt davon ab, inwieweit es tatsächlich verwendet wird.

Wortbildung beim Adverb

Zusammensetzungen

Zusammengesetzte Adverbien werden mithilfe von **Adverbien, Präpositionen, Substantiven, Artikeln** und **Pronomen** gebildet (↗ S. 97).

Zusammengesetzte Adverbien können verschiedene **adverbiale Beziehungen** zum Ausdruck bringen:

– temporale Beziehungen	seitdem, jederzeit, vorhin
– lokale Beziehungen	dorthin, dahin, überall, bergauf
– modale Beziehungen	ausnahmsweise, bedingungslos, üblicherweise
– kausale Beziehungen	darum, deshalb, deswegen

Zusammensetzungen mit den Adverbien „her" und „hin"

daher	da	dahin	herunter	unter	hinunter
dorther	dort	dorthin	heraus	aus	hinaus
hierher	hier	hierhin	herab	ab	hinab
woher	wo	wohin	herein	ein	hinein
herauf	auf	hinauf	heran	an	hinan
herüber	über	hinüber			

Ableitungen

Suffix- und Halbsuffixbildungen

– *-s*	morgens, mittags, allerorts, zusehends
– *-wärts*	vorwärts, abwärts, westwärts
– *-weise*	stufenweise, schrittweise, massenweise
– *-fach, -mal*	einfach, mehrfach, fünfmal

Vervielfältigungszahlen werden auch Zahladverbien genannt. Hier handelt es sich um Ableitungen aus den Grundzahlen (Kardinalzahlen) und dem Suffix -fach und -mal. Diese Zahladverbien sind jedoch Bestandteil der Wortart Numerale.

Wortgruppen

Wörter treten in unterschiedliche Beziehungen zueinander. Die Wörter, die sich enger miteinander verbinden, bilden ***Wortgruppen.*** Eine Wortgruppe besteht aus mindestens zwei Wortarten, wobei eine das Kern- oder Bestimmungswort bildet. Nach dem Kernwort werden verschiedene Wortgruppen unterschieden:

Wortgruppe	**Beispiel**
Substantivgruppe	das Klima, warme Lufttemperatur
Präpositionalgruppe	im Lauf, auf seinem Fahrrad
Adjektivgruppe	schwer verständlich, sehr zart
Verbgruppe	wird geschrieben, kann geschrieben werden

2.4 Der Satz

Die **Syntax** ist ein Teilgebiet der Sprachwissenschaft, welches sich mit den Regeln des Aufbaus von *Wortgruppen* und Sätzen beschäftigt.

Der **Satz** ist eine geschlossene sprachliche Einheit, die sich aus kleineren sprachlichen Einheiten (Wörtern und Wortgruppen) zusammensetzt.

Subjekt	Prädikat	mögliche adverbiale Bestimmungen	mögliches Akkusativobjekt
wer oder was?	läuft	wann? wo? wie? warum?	wen oder was? wohin?

Kennzeichen eines Satzes:

1. Festgelegte **grammatische Beziehungen,** die *vom Verb bestimmt* werden

   Ich *laufe* schnell nach Hause.

2. **Stellung der Satzglieder**

   Im Frühling blühen *die Bäume* im Garten.
   oder:
   Die Bäume blühen im Frühling im Garten.
   oder:
   Im Garten blühen im Frühling *die Bäume.*

3. **Inhaltliche Geschlossenheit** der Aussage, Aufforderung oder Frage

4. **Klangführung** *(Intonation)* und *Betonung*

Du kommst heute.	Aussage	– gleichmäßige Betonung
Du kommst *heute?*	Frage	– Stimmhebung „heute“
Du *kommst* heute!	Aufforderung	– Betonung „kommst“

2.4.1 Satzarten

Aus der *inhaltlichen Bestimmung,* aber auch nach den *formalen Aspekten,* wie der Stellung der finiten Verbform im Satz, können bestimmte **Satzarten** unterschieden werden.

Satzart	Merkmale	Beispiel
Aussagesatz (Deklarativsatz)	– Kennzeichnung eines Sachverhaltes • finite Verbform im Indikativ oder Konjunktiv • finite Verbform an zweiter Stelle • Intonation am Satzende fallend • Satzschlusszeichen – Punkt – Antworten, Überschriften, Titel	Das Buch *ist* schön. Höchste Temperaturen seit zehn Jahren
Fragesatz (Interrogativsatz)	– Entscheidungsfragen – Trifft der im Satz benannte Sachverhalt zu? • finite Verbform im Indikativ oder Konjunktiv • finite Verbform meist an erster Stelle im Satz • Intonation am Satzende steigend – Ergänzungsfragen – Ein bestimmter Aspekt der getroffenen Aussage wird erfragt. • Einleitung durch ein Interrogativadverb • finite Verbform meist an zweiter Stelle im Satz • Intonation am Satzende steigend oder fallend • Satzschlusszeichen – Fragezeichen	Hast du deine Hausaufgaben gemacht? *Wann* bist du mit deiner Arbeit fertig?
Aufforderungssatz (Imperativsatz)	– Bitte, Befehl, Forderung, Vorschlag, Anleitung • finite Verbform im Imperativ und an erster Stelle im Satz • Intonation am Satzende fallend	*Komm* zu mir! *Löse* die schweren Aufgaben zuerst.

Deklaration; lat. declaratio = Erklärung.

interrogativ; lat. interrogare = fragen.

imperativ; lat. imperare = befehlen.

desiderabel; lat. desidere = wünschen, erwünschen.

exklamativ; lat. exclamare = ausrufen.

	• Satzschlusszeichen – Ausrufezeichen oder Punkt	
Wunschsatz (Desiderativsatz)	– das Eintreten eines bestimmten Sachverhaltes wird erhofft • Verb im Konjunktiv I, an zweiter Stelle im Satz, 3. Person Singular • Intonation am Satzende fallend • Verb im Konjunktiv II, an erster oder letzter Stelle im Satz • Intonation am Satzende fallend • Satzschlusszeichen – Punkt oder Ausrufezeichen	Man *stelle sich* das mal *vor.* *Käme er* doch nur pünktlich!
Ausrufesatz (Exklamativsatz)	– Ausdruck der Verwunderung oder Bewertung • Verb im Indikativ oder Konjunktiv II • Stellung der finiten Verbform an erster, zweiter oder letzter Stelle im Satz • Betonung eines bestimmten Ausdrucks im Satz • Satzschlusszeichen – Ausrufezeichen oder Punkt	Wie *konntest* du das tun! *Das* wäre toll!

2.4.2 Satzformen

Die unterschiedlichen *Formen von Sätzen* lassen sich unterscheiden:
- der **einfache Satz** und
- der **zusammengesetzte Satz:**
  • die Satzverbindung **(Satzreihe)**
  • das **Satzgefüge**

einfacher Satz → Subjekt + Prädikat (+ Ergänzung)

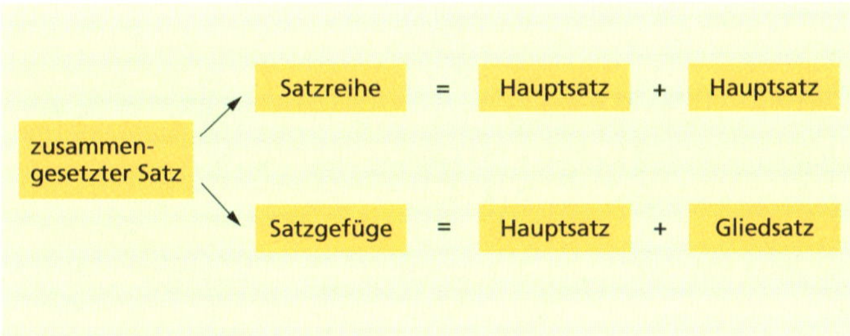

Einfacher Satz

Der **ergänzungslose Satz:**

Die kürzeste Form des einfachen Satzes stellt der *ergänzungslose Satz* dar. Er besteht nur aus **Subjekt** und **Prädikat.**

intransitiv; lat. intransitive = nicht hinübergehen, nicht zielen, nicht nach sich ziehen.

Es handelt sich hierbei um Sätze mit einem absoluten Verb oder mit dem unpersönlichen Pronomen „es" als *Subjekt. Prädikat* und *Subjekt* stimmen in Person und Numerus überein (Kongruenz).

Ergänzungslose Verben werden **absolute Verben** genannt. **Transitive Verben** fordern ein Akkusativobjekt, wie „besuchen, zeigen, kaufen": Ich besuche *das Museum.*

Intransitive Verben können Objekte nach sich ziehen: Die Blume wächst (am besten *im Topf).* Die Bäume rauschen *(im Wind).*

Subjekt +	**Prädikat**
Satzgegenstand	Satzaussage

Die Blume *wächst.*
Die Bäume *rauschen.*
(intransitive Verben)

Es regnet.
Es tropft.
Es glüht.
(„es" als Subjekt)

Der einfache Satz mit **eingliedriger Ergänzung:**

Wird die **Satzaussage** (Prädikat) nicht allein durch das Verb, sondern auch durch eine *Ergänzung im Nominativ* gewährleistet, spricht man vom **Gleichsetzungsnominativ** (prädikativer Nominativ). Die Verben „sein, werden, bleiben, scheinen" und „heißen" können einen Gleichsetzungsnominativ bilden. Er kann aber auch mit anderen Verben und der Einleitung mit „wie" und „als" gebildet werden.

Mein Vater	ist	*Handelsvertreter.*
Subjekt		Gleichsetzungsnominativ
Nominativ		Nominativ

Die Unterscheidung von **Präpositionalobjekt** und einer *adverbialen Ergänzung mit Präposition* lässt sich aus der inhaltlichen Aussage oder der Fragestellung ableiten. Das *Präpositionalobjekt* richtet sich nach einer Sache oder Person und kann mit der Präposition erfragt werden – *mit* wem? –, während die **adverbiale Ergänzung** die Zeit, den Ort usw. kennzeichnet und mit *wo?, wann?* usw. erfragt wird.

Der einfache Satz mit **Objektergänzung:**

> Wird das **Prädikat** des Satzes mithilfe eines **transitiven Verbs** gebildet, heißt das, dass eine notwendige **Ergänzung** in einem bestimmten Kasus hinzukommt. Diese *Ergänzungen* sind die *Objekte* im Genitiv, im Dativ oder im Akkusativ.

	Subjekt +	**Prädikat** +	**Objekt** (vom Verb gefordert)
	Satzgegenstand	Satzaussage	Ergänzung
Akkusativobjekt – das Ziel einer Handlung	Ich	sehe	den Film. (Wen oder was?) Akkusativ
Dativobjekt – Zuwendung zu einer Person oder Sache	Wir	helfen	dem Kind. (Wem?) Dativ
Genitivobjekt – Anteil an einer Sache oder Person	Ich	besann mich	meiner Stärken. (Wessen?) Genitiv
Präpositionalobjekt – eine Präposition tritt zwischen das Prädikat und das Objekt	Wir	glauben	an dich. (An wen?)

Der einfache Satz mit einer **adverbialen Ergänzung:**

Auch adverbiale Bestimmungen können als Ergänzung der Satzaussage zu Subjekt und Prädikat hinzutreten.

> Die **adverbialen Bestimmungen** charakterisieren die Umstände des Geschehens genauer (Ort, Ziel, Zeit, Art und Weise, Ursache, Zweck usw.).

Diese adverbialen Ergänzungen werden durch *verschiedene* **Wortarten** verwirklicht:

– Adverb	Sie geht *jetzt.*
– Adjektiv	Sie geht *langsam.*
– Verb (Infinitiv, Infinitiv mit „zu")	Sie denkt *bald zu gehen.* Sie glaubt *wegzukommen.*
– Substantiv im Akkusativ	Sie wartete *viele Jahre.*
– Substantiv im Genitiv	Sie erinnert sich *vieler Worte.*
– Präposition + Substantiv	Sie geht *über die Straße.*

Art der adverbialen Ergänzung:

lokale Ergänzung	Wir sind *im Garten.* (Wo?)
temporale Ergänzung	*Morgen* regnet es. (Wann?)
modale Ergänzung	Er lachte *hinterhältig.* (Wie?)
kausale Ergänzung	Sie bremste *wegen des Kindes.* (warum?)
instrumentale Ergänzung	Ich fahre *mit dem Zug.* (womit?)

Weitere adverbiale Ergänzungen:

Einräumung (konzessive Bestimmung)	*Trotz der langen Reise* sind wir nicht müde.
Bedingung (konditionale Bestimmung)	Ich verreise *nur im Sommer.*
Zweck (finale Bestimmung)	*Zum Wegwerfen* ist das Buch zu schade.
Folge (konsekutive Bestimmung)	*Auf das Geräusch hin* verstummten alle.

Der einfache Satz mit einer **attributiven Ergänzung:**

Zu den beigefügten Satzgliedern können auch nähere Bestimmungen hinzutreten, die sowohl das Subjekt, das Objekt oder die adverbiale Bestimmung genauer kennzeichnen. Diese **Beifügungen** heißen **Attribute.**

Das *Attribut* kann durch folgende Wortarten verwirklicht werden:

– Adjektiv	Du hast einen *schönen* Hund.
– Numerale	Das sind *vier* Möglichkeiten.
– Pronomen	*Mein* Vorschlag ist gut.
– Artikel	*Ein* Fehler ist nicht schlimm.
– Substantiv (Genitiv)	Ich finde das Tuch *des Mädchens.* (Besitz)
	Das ist der Autor *des Buches.* (Urheber)
	Ich übernehme das Putzen *der Schuhe.* (Gegenstand der Handlung)
	Sie beaufsichtigt eine Gruppe *kleiner Kinder.* (Anteil einer Menge)
	Er beschrieb eine Frau *mittlerer Größe.* (Eigenschaft)

Der einfache Satz mit einer **Apposition** als *Ergänzung:*

Eine *Apposition* ist eine Beifügung, die im *gleichen* **Kasus** wie das näher bestimmte **Substantiv** steht.

Apposition; lat. apponere = hinstellen, hinzufügen. Der grammatische Terminus beinhaltet die *hauptwörtliche Beifügung*.

Zu den Appositionen gehören:

– Vornamen	Hier wohnt schon lange *Ilse* Meier.
– Beinamen	August *der Starke* regierte in Dresden.
– Titel	*Professor* Schmidt hält die Vorlesung.
– Verwandtschaftsgrad	Wir besuchen *Tante* Helga.
– Gattungen	*Die Farbe* Rot steht dir besonders.

Der einfache Satz mit **mehrgliedriger Ergänzung:**

Bei vielen einfachen Sätzen kommt es häufig vor, dass **mehrere Ergänzungen** verwendet werden, um die Satzaussage so genau wie möglich zu bestimmen.

Gestern fand ich *endlich im Laden um die Ecke* das *gesuchte* Buch.

	Wortart	Satzglied	Ergänzung
Gestern	Adverb	Adverbialbestimmung	temporale Ergänzung
fand	Verb	Prädikat	
ich	Personalpronomen	Subjekt (Wer oder was?)	
endlich	Adverb	Adverbialbestimmung	modale Ergänzung
im **Laden**	Präposition Substantiv	Adverbialbestimmung	lokale Ergänzung
um **die** **Ecke**	Präposition Artikel Substantiv	Attribut (Satzgliedteil)	Beifügung zu: Laden
das **gesuchte**	Artikel Adjektiv	Attribut (Satzgliedteil)	Beifügung zu: Buch
Buch.	Substantiv	Objekt	Akkusativergänzung (Wen oder was?)

Zusammengesetzter Satz

Der **zusammengesetzte Satz** besteht aus mindestens zwei **Teilsätzen,** die in ihrer Gemeinsamkeit eine neue Sinneinheit bilden.

Wenn verbundene Teilsätze formal getrennt werden können, das heißt, ihre inhaltliche Selbstständigkeit nach der Trennung behalten, handelt es sich um eine **Satzreihe.** Ein **Satzgefüge** besteht aus mehreren Teilsätzen, aber nur einer der beiden ist relativ selbstständig, könnte also formal abgetrennt werden. Diesen Teilsatz bezeichnet man als **Hauptsatz.** Die anderen Teilsätze – **die Gliedsätze** – sind dem Hauptsatz grammatisch untergeordnet.

Satzreihe	**Satzgefüge**
Verbindung von zwei oder mehreren selbstständigen, gleichrangigen Teilsätzen (Hauptsätze)	Verbindung von zwei oder mehreren Teilsätzen, wobei der eine dem anderen untergeordnet ist
Hauptsatz + *Hauptsatz*	*Hauptsatz* + Gliedsatz
Es fing an zu regnen, die Kinder rannten in das Haus.	*Ich kannte das Buch schon,* das ich lesen sollte.

Satzreihe

Die **Hauptsätze** einer Satzverbindung können *ohne* **Konjunktion** (asyndetisch) oder *mit einer Konjunktion* (syndetisch) verbunden werden.

Der Schreck fuhr uns in die Glieder, das Lachen erstarb uns auf den Lippen.
Das Spiel haben wir gewonnen, *und* nun werden wir weitersehen.
Der Film war recht gut, *doch* es fehlte der Humor.
Ich würde heute gern mit dir ins Kino gehen, *aber* mir fehlt die Zeit dafür.
Du kannst morgen ausschlafen, *denn* es ist Sonntag.

Satzgefüge

Spätestens für die **Kommasetzung** ist das Erkennen eines Satzgefüges entscheidend (↗ S. 156).
Es kommt darauf an, den *Gliedsatz* (oder mehrere) vom *Hauptsatz* zu unterscheiden.

Merkmale für einen Gliedsatz sind:
- die finite Verbform steht am Ende des Gliedsatzes,
- die Art der Verknüpfung mit dem Hauptsatz,
- die Satzteile, die sie vertreten (Inhalt).

Einteilung der Gliedsätze *nach der Art der* **Verknüpfung** (Form):

Gliedsatz	**Merkmale (Art der Verknüpfung)**
Relativsätze	– werden durch ein *Relativpronomen* oder *-adverb* eingeleitet: *der, die, das, welcher, welche, welches, wo, wie, wohin, woher, wodurch, wer, was*

Gliedsatz	Merkmale (Art der Verknüpfung)
Relativsätze	Beispiele: • Sprichst du von dem Mann, *den wir gestern getroffen haben?* • Das Geld, *das ich im Sommer verdient habe,* ist leider schon ausgegeben. • Ich werde ein Gedicht lernen, *welches mir besonders gefällt.* – das **Relativpronomen** *bezieht* sich auf ein Wort aus dem *Hauptsatz* und stimmt mit diesem Wort im Genus und Numerus überein – der **Kasus** richtet sich nach dem vom *Relativpronomen* verwirklichten Satzglied Bespiele: • Wir werden *nach Italien* fahren, *wo* es viel zu besichtigen gibt. • *Das Schönste, was* ich finde, bringe ich dir mit. • Ich werde *das Kind* (Neutrum, Singular, Akkusativ), *dem* (Neutrum, Singular, Dativ) ich gestern half, nicht vergessen. – vor das **Relativpronomen** im Gliedsatz kann eine **Präposition** treten Beispiele: • Ich zeige dir morgen das Haus, *in das* ich einziehen werde. • Das Thema, *auf das* ich Bezug nehme, findet ihr im Buch. • Das Tal, *durch das* du fährst, ist sehr schön.
Konjunktionalsätze	– werden durch eine **untergeordnete Konjunktion** an den Hauptsatz *angeknüpft:* *dass, wenn, als, ob* Beispiele: • Ich glaube, *dass* ich mein Ziel erreiche. • Du kannst mich gerne besuchen, *wenn* du in Berlin bist. • Es ist besser zu gehen, *als* hier so lange herumzustehen. • Es ist noch nicht sicher, *ob* wir in den Urlaub fahren können.
Interrogativsätze	– werden durch ein **Interrogativpronomen** eingeleitet (auch: indirekter Fragesatz): *was, wann, wer, wie, wo, warum, weshalb* Beispiele: • Ich wusste nicht, *was* ich tun sollte. (Was soll ich tun?) • Nach Stunden fragte er mich, *wann* wir das Ziel endlich erreichen. (Wann erreichen wir endlich das Ziel?) • Auch auf dem Stadtplan sahen wir nicht, *wo* wir langgehen müssen. (Wo müssen wir langgehen?)
Infinitivsätze	– werden mit dem **erweiterten Infinitiv mit „zu"** gebildet, erweitert bedeutet, dass der Infinitiv mit „zu" nähere Bestimmungen bei sich führt (dazu gehören auch „ohne" und „um") Beispiele: • Die Mannschaft beschließt, nicht vorschnell *aufzugeben.* • Ich dachte mir, *um schnell zu dir zu kommen,* nehme ich das Flugzeug.

Infinitivsätze	• Ich konnte nicht mehr länger warten, *ohne mich selbst zu verspäten.*
Partizipialsätze	– werden mit einem **Partizip Präsens** oder **Partizip Perfekt** gebildet – der gebildete *Partizipialsatz* bezieht sich auf das *Subjekt* des Hauptsatzes – meist werden die Partizipien *erweitert* Beispiele: • *Auf eine Antwort hoffend,* wartete *sie* schon früh auf den Briefträger. Partizip Präsens – *Sie* hoffte auf eine Antwort. • Gerade *angekommen,* musste *sie* sich wieder verabschieden. Partizip Perfekt – *Sie* war gerade angekommen.

Einteilung der **Gliedsätze** *nach der Art des Inhalts:*

Gliedsatz	**Merkmale (nach der Art des Inhalts)**
Subjektsätze	– Der Gliedsatz tritt *an die Stelle eines Subjekts* und kann mit „wer?" oder „was?" erfragt werden. Beispiele: • *Wer pünktlich kam,* schaffte die Arbeit ohne Probleme. (*Wer* schaffte die Arbeit ohne Probleme? – Die Pünktlichen.) • *Dass wir morgen kommen,* muss unseren Freunden noch mitgeteilt werden. (Was müssen wir den Freunden noch mitteilen? – Das Kommen.)
Gleichsetzungssätze	– Der Gliedsatz tritt *an die Stelle des Gleichsetzungsnominativs.* Beispiel: • Er ist immer noch, *wie er als kleines Kind war.* (Er ist immer noch *wie ein kleines Kind.* – Gleichsetzungsnominativ im einfachen Satz.)
Objektsätze	– Der Gliedsatz tritt *an die Stelle eines Objektes* und wird mit dem für den Kasus bestimmten Fragewort (wessen?, wem?, wen?, was?) ermittelt. **einfacher Satz** mit **Objekt** → **Satzgefüge** mit **Objektsatz** Wir erinnerten uns *der schon gesehenen Filme.* – Wessen? – Wir erinnerten uns, *welche Filme wir schon gesehen hatten.* Ich vertraue *meinem Freund.* – Wem? – *Wer mein Freund ist,* dem vertraue ich. Er möchte *unsere Hilfe* nicht. – Wen?, was? – Er möchte nicht, *dass wir ihm helfen.*

<table>
<tr><th>Gliedsatz</th><th>Merkmale (nach der Art des Inhalts)</th></tr>
<tr><td>Adverbialsätze</td><td>– Der Gliedsatz tritt an die Stelle einer adverbialen Bestimmung und wird mit den jeweiligen Fragewörtern erfragt (wo?, wann?, wie?, warum? ...).
<table>
<tr><td>einfacher Satz
mit Adverbialbestimmung</td><td></td><td>Satzgefüge
mit Adverbialsatz</td></tr>
<tr><td>Lokalsatz:
Ich werde den Winter in einem warmen Land verbringen.</td><td>Wo?</td><td>Den Winter verbringe ich, wo es warm ist.</td></tr>
<tr><td>Temporalsatz:
Nach dem Essen tranken wir Kaffee.</td><td>Wann?</td><td>Als das Essen beendet war, tranken wir Kaffee.</td></tr>
<tr><td>Modalsatz:
Die Zuhörer begrüßend, begann er seine Rede.</td><td>Wie?</td><td>Er begann seine Rede, indem er die Zuhörer begrüßte.</td></tr>
<tr><td>Kausalsatz:
Wegen des Regens gehen wir nicht wandern.</td><td>Warum?</td><td>Weil es regnet, gehen wir nicht wandern.</td></tr>
<tr><td>Finalsatz:
Zur Klärung der Streitfrage führten wir eine heftige Diskussion.</td><td>Mit welchem Ziel?</td><td>Um die Streitfrage zu klären, führten wir eine heftige Diskussion.</td></tr>
</table></td></tr>
<tr><td>Attributsätze</td><td>– Der Gliedsatz tritt an die Stelle eines Attributs und kann mit den Fragepronomen „welcher?“, „welches?“ oder „welche?“ erfragt werden.
Beispiele:
• Das Buch, das ich suchte (das gesuchte Buch), fand ich in einem Fachgeschäft.
• Den Hund, den ich mir so lange gewünscht habe (den gewünschten Hund), bekam ich zum Geburtstag.</td></tr>
</table>

Möglichkeiten der Zeitabfolge im Satzgefüge

Vorzeitige Handlung des Gliedsatzes:

Hauptsatz	+	*Gliedsatz*
Wir *machen* die Aufgaben später, *Präsens*		wenn du erst zum Arzt *musst.* *Präsens*

Ich *bin* froh, *Präsens*	weil ich dich *getroffen habe.* *Perfekt*
Ich *kam* zu spät, *Präteritum*	da ich den Zug *verpasst hatte.* *Plusquamperfekt*
Ich *werde* dir *schreiben,* *Futur*	wenn ich *verreisen werde.* *Futur*
Wir *werden* schon morgen *fliegen,* *Futur*	wenn ich heute die Tickets *kaufe.* *Präsens*

Gleichzeitige Handlung von Hauptsatz und Gliedsatz
Bei Gleichzeitigkeit der Handlungen stimmen die Tempora von Hauptsatz und Gliedsatz immer überein.

Hauptsatz +	*Gliedsatz*
Es *ist* so stürmisch, *Präsens*	dass sich die kleinen Bäume bis zur Erde *biegen.* *Präsens*
Ich *öffnete* die Tür, *Präteritum*	als er die Treppe *heraufkam.* *Präteritum*
Wir *haben* das Licht *angeschaltet,* *Perfekt*	da es dunkel *geworden ist.* *Perfekt*

Nachfolgende Handlung des Gliedsatzes:

Hauptsatz +	*Gliedsatz*
Er *liest* so lange, *Präsens*	bis ihm die Augen *zufallen.* *Präsens*
Es *schneite* stundenlang, *Präteritum*	sodass man nicht mehr aus der Tür *kam.* *Präteritum*
Ich *werde* das Bild fertig*malen,* *Futur*	wenn ich Ferien *habe.* *Präsens*

Die Verwendung des Konjunktivs in Gliedsätzen

Konjunktiv I (Verbstamm – Präsens)	**Konjunktiv II** (Verbstamm – Präteritum)
– indirekte Wiedergabe eines Wunsches, einer Bitte oder Aufforderung	– Ausdruck von Vermutungen, Befürchtungen
– indirekte Rede	– etwas nicht wirklich Existieren-

des, sondern etwas nur Vorgestelltes wird beschrieben

Beispiele:

- Mayke sagte, dass du die Bestellung *übernehmest.*
- Er betonte, dass er immer pünktlich *sei.*
- Ich fragte ihn, ob er mich *gesehen habe.*

- Er tat so, als ob er etwas zu *verbergen hätte.*
- Wenn ich in der Stadt *gewesen wäre,* hätte ich dich besucht.
- Wenn ich *gelernt hätte,* würde sie mich loben.

oder Konstruktion des Konjunktivs im Gliedsatz mit würde + Infinitiv:

- Mayke sagte, dass du die Bestellung *übernehmen würdest.*
- Er tat so, als ob er etwas *verbergen würde.*

Verfahren zur Analyse der Satzglieder und Satzformen

Mithilfe der nachfolgend erläuterten Verfahren ist es möglich, verschiedene *Varianten des* **Satzbaus** auf ihre beste sprachliche Umsetzung hin zu überprüfen, aber auch die einzelnen *Satzglieder* voneinander abzutrennen.
Wichtig bei all diesen Verfahren ist, dass der Satz grammatisch korrekt bleibt und sich die inhaltliche Aussage nicht wesentlich verändert.

Umstellprobe

Nur *komplette Satzglieder* lassen sich *innerhalb des Satzes* umstellen oder verschieben.Das *Prädikat* lässt sich *nicht umstellen!*

Heute Abend zeigen sie im Theater eine besondere Vorstellung.
oder:

Sie zeigen heute Abend im Theater eine besondere Vorstellung.
oder:

Im Theater zeigen sie heute Abend eine besondere Vorstellung.
oder:

Eine besondere Vorstellung zeigen sie heute Abend im Theater.

Umgestellte Satzglieder:

– heute Abend	(Temporalbestimmung, wann?)
– sie	(Subjekt, wer?)
– im Theater	(Lokalbestimmung, wo?)
– eine besondere Vorstellung	(Akkusativobjekt, was?)

Ersatzprobe

Bei diesem Verfahren können *Wörter* oder *Wortgruppen ersetzt* werden, um eine mögliche Zweideutigkeit zu vermeiden. Dabei muss die **Satzkonstruktion** *nicht* unbedingt *erhalten bleiben.*

Das Medikament ist *natürlich* wirksam.

kann bedeuten:

Das Medikament ist *selbstverständlich* wirksam.

oder:

Das Medikament wirkt *auf der Basis natürlicher Stoffe.*

Weiterhin kann durch die *Ersatzprobe* ermittelt werden, welche Wörter zu einem Satzglied gehören.

Das kleine Foto mit den vielen Dächern gefiel uns am besten.

Es gefiel uns am besten.
Es = das kleine Foto mit den vielen Dächern (Subjekt).

2.4.3 Satzglieder

Als **Satzglieder** bezeichnet man Wörter und Wortgruppen, die innerhalb eines Satzes bestimmte *Funktionen* übernehmen. Die *Form* der Satzglieder ist *nicht festgelegt.* Jedes Satzglied kann durch ein **Wort** (verschiedene Wortarten sind möglich), eine **Wortgruppe** oder einen **Gliedsatz** realisiert werden.

Satzglieder erkennt man daran, dass sie innerhalb eines Satzes *verschiebbar* sind und durch einen gleichwertigen Ausdruck ersetzt werden können (siehe Umstellprobe, Ersatzprobe). Mithilfe einer *Satzgliedfrage* und des Prädikats können Satzglieder erfragt werden:

Objekt			
Genitivobjekt	**Dativobjekt**	**Akkusativobjekt**	**Präpositionalobjekt**
Wessen?	Wem?	Wen oder was?	Mit Präposition erfragbar (auf wen?)

Subjekt (Satzgegenstand)	
Wer oder was?	lässt etwas geschehen oder gehört zu einem Zustand.

Prädikat (Satzaussage)
Was geschieht?

Adverbiale Bestimmung			
Temporaladverbiale	**Lokaladverbiale**	**Modaladverbiale**	**Kausaladverbiale**
Wann? Seit wann? Wie lange?	Wo? Wohin? Woher?	Wie? Wie viel? Wie sehr?	Unter welcher Bedingung? Warum? Wozu?

Ersetzbarkeit der Satzglieder				
Subjekt	**Prädikat**	**Dativobjekt**	**Temporal-bestimmung**	**Akkusativ-objekt**
Wer?	tut was?	Wem?	Wann?	Wen oder was?
Sie	schenkten	ihr	vor kurzer Zeit	Turnschuhe.
Die Eltern	kauften	der Tochter	gestern	neue Schuhe.

Umstellbarkeit der Satzglieder				
Temporal-bestimmung	**Prädikat**	**Subjekt**	**Dativobjekt**	**Akkusativ-objekt**
Gestern	kauften	die Eltern	der Tochter	neue Schuhe.

Satzglied Subjekt

Merkmale	Formen	Beispiele
„Wer oder was?"	*Wörter*	
• bezeichnet den Satzgegenstand, den Träger der Handlung	Substantiv (im Nominativ) Numerale	*Das Kind* spielt. *Viele* können gehen.
• kann auch den von der Handlung Betroffenen bezeichnen	Pronomen (im Nominativ)	*Er* wurde beobachtet.
• kann in einer Handlung enthalten sein	einfacher Infinitiv mit zu	*Loszulassen* fällt mir schwer.

Merkmale	Formen	Beispiele
„Wer oder was?"	**Wortgruppen** Aufzählungen	*Jörg und Tim* sind meine besten Freunde.
	erweiterter Infinitiv mit zu	*Einfach wegzugehen* war keine Lösung.
	attributive Wortgruppe	*Das laute Geschrei* ging mir auf die Nerven.
	Partizipialgruppe	*Gut gewettet* ist halb gewonnen.
	Gliedsatz Subjektsätze	*Wer aufgepasst hat,* kann die Frage beantworten.

Bestimmung des Subjektes

1. **Infinitivprobe**
   Vorgehensweise:

   Der Sturm machte uns Angst.

   - Herauslösen des Prädikats und in den Infinitiv setzen:
     machte – *machen*

   - Zuordnen der Satzbestandteile, die ohne formale Veränderung dem Prädikat zugeordnet werden können (verbale Wortkette):
     uns Angst – machen

   - *die Satzbestandteile, die übrig bleiben, bilden das Subjekt:*
     der Sturm

2. **Kongruenzprobe**
   Vorgehensweise:
   - Umwandeln der finiten Verbform vom Singular in den Plural (wenn Pluralform gegeben, dann in den Singular):
     machte – *machten*
   - Zuordnen der Satzbestandteile, die ohne formale Veränderung dem Prädikat zugeordnet werden können (verbale Wortkette):
     machten – uns Angst
   - *die Satzbestandteile, die ebenfalls den Numerus ändern müssen, bilden das Subjekt:* der Sturm – *die Stürme* (machten)

3. Umstellprobe (↗ S. 142)

4. Ersatzprobe (↗ S. 143)

i

Subjekt; lat. subiectum = das Zugrundeliegende, das Zugrundegelegte. In der Grammatik bezeichnet es den Satzgegenstand. Das Fremdwort wurde im 16. Jahrhundert entlehnt.

!

Frage nach dem Subjekt immer mit „Wer oder was?"

Bestimmung des Prädikats

Prädikat; lat. praedicatum/praedicare = das Voraussagende/laut sagen, aussagen. In der Grammatik bezeichnet es die Satzaussage. Das Fremdwort wurde im 17. Jahrhundert entlehnt.

Das **Prädikat** kann eine **Handlung,** einen **Vorgang** oder einen **Zustand** ausdrücken und ist immer mit der Wortart *Verb* verbunden. Ermittelt werden kann das Prädikat mit den Fragen: „Was geschieht?", „Was tut das Subjekt?"

In jedem Satz (Hauptsatz und Gliedsatz) gibt es ein Prädikat, welches einteilig oder mehrteilig sein kann. Das **einteilige Prädikat** wird immer durch die **finite Verbform** gebildet. Sie ist in Person, Numerus und Tempus bestimmt, wobei Person und Numerus mit dem Subjekt übereinstimmen.
Beim **mehrteiligen Prädikat** treten zu der **finiten Verbform** noch andere **infinite Verbformen** hinzu. Im einfachen Aussagesatz steht die finite Verbform in der Regel an zweiter Satzgliedstelle und kann nicht verschoben werden, ohne die Satzart zu verändern.

Stellung der finiten Verbform im einfachen Satz

Die ungerade Satzstellung heißt *Inversion;* lat. inversio = Umkehrung, Umstellung, Umsetzung.

Steht das **Subjekt** *am Anfang* des Satzes und das Prädikat folgt, spricht man von einer **geraden Satzstellung.** Eine **ungerade Satzstellung** liegt vor, wenn der Satz durch ein anderes Satzglied eingeleitet wird und das *Subjekt dem Prädikat folgt.*

Zweitstellung im einfachen Aussagesatz:

Aussagesatz			
Lachend Modalbestimmung	*umarmte* *Prädikat*	sie Subjekt	ihre Freundin. (Inversion) Akkusativobjekt
Den Schirm Akkusativobjekt	*habe* *finiter Prädikatsteil*	ich Subjekt	*mitgenommen.* (Inversion) *infiniter Prädikatsteil*

Veränderung der Satzart bei Anfangs- und Endstellung der finiten Verbform:

Aussagesatz			
Du Subjekt	*konntest* *finiter Prädikatsteil*	das Akkusativobjekt	*tun.* *infiniter Prädikatsteil*
Fragesatz			
Konntest *finiter Prädikatsteil*	du Subjekt	das Akkusativobjekt	*tun?* *infiniter Prädikatsteil*
Ausrufesatz			
(Wie) du Subjekt	das Akkusativobjekt	*tun* *infiniter Prädikatsteil*	*konntest!* *finiter Prädikatsteil*

Das mehrteilige Prädikat

Das **mehrteilige Prädikat** wird immer aus einem *finiten Prädikatsteil* und einem oder mehreren *infiniten Prädikatsteilen* zusammengesetzt.

In der Regel befinden sich der finite Teil in Anfangs- oder Zweitstellung und die infiniten Prädikatsteile am Ende des Satzes. Dabei werden andere Satzglieder umschlossen. Das Prädikat bildet eine **Satzklammer** (auch: Satzrahmen).

Satzklammer

Satzklammer = Prädikat: *werden ... abgeholt*

Subjekt	finiter Prädikatsteil	Präpositionalobjekt	infiniter Prädikatsteil
Die Geschwister Nominativ 3. Person Plural Artikel + Substantiv	*werden* Präsens 3. Person Plural Hilfsverb	von ihren Eltern Dativ 3. Person Plural Präposition Possessivpronomen Substantiv	*abgeholt.* Partizip II Vollverb

Bildungsmöglichkeiten des zusammengesetzten Prädikats

1. Zusammengesetzte Zeitformen

Perfekt	Später *sind* wir noch ins Kino *gegangen.*
Plusquamperfekt	Wir *hatten* nur ein Los *gekauft.*
Futur	Ich *werde* die Blumen gleich in die Vase *stellen.*

2. Finites Modalverb + infinites Vollverb

Wir *konnten* nicht mehr *zurückgehen.*
Sonja *muss* später noch in die Firma *gehen.*

3. Finites Vollverb + infinites Vollverb

Wir *sehen* die Kinder *lachen.*
Ich *lasse* mir die Bücher *schicken.*

4. Finites Vollverb/Hilfsverb + Infinitiv mit zu

Es *scheint* immer besser *zu funktionieren.*
Die Frage *ist* nicht leicht *zu beantworten.*

5. Passivkonstruktion

   Der Präsident *wird* auf dem Flugplatz *empfangen.*
   Diese Rabatten *wurden* von unserem Gärtner *gepflegt.*

6. Konstruktionen mit trennbar zusammengesetzten Verben

   Langsam *stieg* er die Treppe *empor.* (emporsteigen)
   Iss endlich dein Mittagessen *auf.* (aufessen)

7. Mehrfachkombinationen

   Ich *konnte* die Gelegenheit nicht *verstreichen lassen.*
   Du *hättest* die Aufgaben nicht so lange vor dir *herschieben dürfen.*

Das Fehlen der finiten Verbform

Die **Gliedsätze,** die mit einer **Partizipgruppe** oder einer **Infinitivkonstruktion** gebildet werden, müssen *keine* finite Verbform aufweisen.

Sie glaubte nicht, *belogen worden zu sein.*
Von ihren Freunden *getäuscht,* verließ sie das Fest.

Satzergänzungen

Objekte

Objekt; lat. obicere = entgegensetzen, entgegenwerfen, vorsetzen. In der Grammatik bezeichnet es ein Satzglied, das von einem Verb als Ergänzung gefordert wird.

Während das **Subjekt** den *Träger der Handlung* darstellt, sind die *Objekte* als das *Ziel* der vom Prädikat definierten Handlung anzusehen. Objekte bestimmen den Satzinhalt genauer und werden von den Verben gefordert (↗ S. 133).

Nach ihren grammatischen Merkmalen können Objekte im **Genitiv,** im **Dativ** oder im **Akkusativ** stehen. Diese Objekte werden mit den für sie typischen Fragewörtern ermittelt.
Eine Besonderheit stellt das **Präpositionalobjekt** dar, da es immer mit einer Präposition angeschlossen wird und auch nur mithilfe dieser erfragt werden kann.

Objekt im 2. Fall – Genitivobjekt
Fragewort: Wessen?

Formen des Genitivobjektes:

Frage:	*Wessen* erinnere ich mich?
Pronomen	Ich erinnere mich *deiner.*
Substantiv	Ich erinnere mich *der Freunde.*

Numerale	Ich erinnere mich *einiger*, die ich damals kannte.
Infinitiv mit zu	Ich erinnere mich, *ihn benachrichtigt zu haben.*
Gliedsatz	Ich erinnere mich, *dass ich schon mal hier war.*

Objekt im 3. Fall – Dativobjekt (Fragewort: Wem?)

Das *Dativobjekt* kennzeichnet die Person oder Sache, die sich der Handlung zuwendet.

Formen des Dativobjektes:

Frage:	*Wem?*
Pronomen	Ich sah *ihm* zu.
Substantiv	Ich sah *dem Sportler* zu.
Numerale	Ich sah *allen* zu.
Gliedsatz	Ich sah zu, *wie die Kinder spielten.* Der Gliedsatz tritt an die Stelle des Dativobjektes: *den spielenden Kindern.*

Das *Fragewort „wessen"* muss sich immer auf die finite Verbform beziehen – wessen erinnern, gedenken, beschuldigen? usw. Nur dann wird das *Genitivobjekt* erfragt. Bezieht sich das Fragewort auf ein Substantiv – wessen Mantel?–, wird ein *Genitivattribut* erfragt.

Objekt im 4. Fall – Akkusativobjekt
Fragewort: Wen oder was?

Das *Akkusativobjekt* gibt das *Ziel einer Handlung* an und wird in der deutschen Sprache am häufigsten verwendet.

Formen des Akkusativobjektes:

Frage:	*Wen oder was* erkannte ich?
Pronomen	Ich erkannte *sie/es.*
Substantiv	Ich erkannte *die Fremden/das Armband.*
Numerale	Ich erkannte *wenig.*
Infinitiv mit zu	Er versprach *aufzuhören.* (Was versprach er?)
Gliedsatz	Sie glaubte, *er schwimme gern.* oder: Sie glaubte, *dass er gern schwimmt.* (Was glaubte sie?)
„es" an Akkusativobjektstelle	Du kannst *es* mir ruhig glauben.

Es besteht die Möglichkeit, *mehrere Akkusativobjekte im Satz* zu verwenden. Die Verben *„lehren"* und *„kosten"* machen dies möglich:

Sie lehrte *die Kinder das Rechnen.*
Die Bewältigung der Aufgabe kostete *uns viel Kraft.*

Verben mit einem Akkusativobjekt (transitive Verben) können im Allgemeinen ein Passiv bilden. Das Akkusativobjekt des Aktivsatzes wird dabei zum Subjekt des Passivsatzes.
Einige Verben mit Akkusativobjekt können kein Passiv bilden, z. B. „haben, besitzen, bekommen" (↗ S. 77).

Ich schneide *das Papier.*
Das Papier wird von mir geschnitten.

Aber nicht:

Er bekommt *ein Geschenk.*
Ein Geschenk wird von ihm bekommen.

Präpositionalobjekt

Bei den **Präpositionalobjekten** handelt es sich um **Satzergänzungen,** die in der Regel mithilfe einer *Präposition* angeschlossen werden. Sie können auch nur mit einer Präposition und *Fragewort* (auf wen?, über wen? ...) oder einem **Pronominaladverb** (womit?, worauf? ...) ermittelt werden.

Formen des Präpositionalobjektes:

Präpositionaler Ausdruck	Die Schüler rechnen fest *mit deinem Kommen.* *Womit* (mit was) rechnen sie?
Infinitiv mit zu	Wir hoffen, *die Gefahr zu überwinden.* *Worauf* (auf was) hoffen wir?
Pronominaladverb	Er freut sich *darüber.* *Worüber* (über was) freut er sich?
Gliedsatz	Sie zweifelte, *ob* er wirklich die Wahrheit sagte. *Woran* (an was) zweifelte sie?

Achte immer auf die exakte Fragestellung – ein Präpositionalobjekt hat auch stets eine Präpositon in der Fragestellung.

Adverbiale Bestimmung oder Präpositionalobjekt?

Viele Präpositionen verweisen auf besondere *adverbiale Bestimmungen,* ebenso wie sie ein *Präpositionalobjekt* einleiten können.
Die Frage, ob es sich um eine Adverbialbestimmung oder ein Präpositionalobjekt handelt, lässt sich nur mit der richtigen *Fragestellung* klären.

Er schrieb den Spruch *an die Wand.*

Richtige Fragestellung:	*Wohin* schrieb er den Spruch? Die Präposition „an" ist in der Fragestellung vermeidbar, etwas Lokales wird erfragt!
Schlussfolgerung:	an die Wand = adverbiale Bestimmung des Ortes (Lokalbestimmung).
Probe:	Ersatz durch andere Lokalbestimmungen: auf den Zettel, in das Buch, dorthin ...

Er schrieb den Spruch *an seinen Freund.*

Richtige Fragestellung:	*An wen* schrieb er den Spruch? Die Präposition „an" ist in der Fragestellung nicht vermeidbar.
Schlussfolgerung:	an seinen Freund = Präpositionalobjekt.

Adverbiale Ergänzungen

Adverbiale Ergänzungen bezeichnen die genaueren Umstände des Satzgeschehens. Sie unterscheiden sich durch ihre *Bedeutung,* werden oft durch **Präpositionen** eingeleitet und können mit den für sie typischen Fragestellungen ermittelt werden.

Obwohl sie grammatisch für die Vollständigkeit eines Satzes nicht notwendig sind, tragen sie besondere Bedeutung für die *Genauigkeit* der zu übermittelnden Information. Sie können sich nur auf das **Verb** beziehen (*langsam* gehen) oder auf den gesamten **Satz** (*Morgen* wird es auch in der Stadt schneien.).

adverbial; lat. adverbium, adverbialis = das zum Verb gehörende Wort. Der grammatische Terminus wurde im 17. Jahrhundert entlehnt. Da es die genaueren Umstände beschreibt, wird es Umstandswort genannt.

Satzergänzung mit adverbialen Bestimmungen

Subjekt + Prädikat	Romy geht.
Subjekt + Prädikat + Ergänzung der Zeit (temporal)	Romy geht *nach dem Abendbrot.* – Wann?
Subjekt + Prädikat + Ergänzung der Art und Weise (modal)	Romy geht nach dem Abendbrot *leise.* – Wie?
Subjekt + Prädikat + Ergänzung des Raumes/Ortes (lokal)	Romy geht nach dem Abendbrot leise *in das Zimmer.* – Wohin?
Subjekt + Prädikat + Ergänzung des Grundes (kausal)	Romy geht nach dem Abendbrot leise in das Zimmer, *weil der kleine Bruder schon schläft.* – Warum?

Formen der adverbialen Ergänzungen

Die *adverbialen Bestimmungen* können durch verschiedene **Wörter, Wortgruppen** oder **Gliedsätze** realisiert werden:

1.	Adverbien	*Damals* hatte er mich belogen. (temporal) *Gestern Abend* hatte er mich belogen. (temporal)
2.	Adjektive	Er ging *schnell* nach Hause. (modal)
3.	Präposition + Substantiv	*Vor Wut* konnte er nicht sprechen. (kausal)
4.	Substantiv im Genitiv	*Des Morgens* kam er schlecht aus dem Bett. (temporal)
5.	Partizipialgruppe	*Total aufgeregt* stand er auf der Bühne. (modal)

6. Infinitiv mit zu — *Ohne zu zögern,* ergriff er ihre Hand. (modal)

7. Gliedsatz — *Als der Regen aufhörte,* konnten wir gehen. (temporal)

Weil ich gern turne, gehe ich zweimal wöchentlich in den Sportclub unserer Schule. (kausal)

Übersicht über die adverbialen Ergänzungen:

Adverbiale Ergänzungen	**Fragewort**	**Präpositionen (müssen nicht verwendet werden)**	**Beispiel**
Temporalbestimmung (adverbiale Bestimmung der Zeit): • Zeitpunkt • Wiederholung • Dauer	Wann? Wie oft? Wie lange? Seit wann? Bis wann?	nach, bis, seit, vor, während …	*Morgen* besuche ich dich. Er geht *jeden Tag* spazieren. Wir üben *noch eine Stunde.* *Seit gestern* regnet es. Du hast Zeit *bis Mittwochabend.*
Lokalbestimmung (adverbiale Bestimmung des Ortes): • Ort • Richtung • Herkunft • räumliche Ausdehnung	Wo? Wohin? Woher? Wie weit?	im, in, vor, auf, unter, dort, über, von, vom, zum, zwischen, bis	Die Mannschaft trainiert *in der Halle.* Wir gehen auch *dorthin.* Ich komme *vom Lande.* Der Weg führt *bis zum Wald.*
Modalbestimmung (adverbiale Bestimmung der Art und Weise): • Beschaffenheit • Quantität • Intensität • Differenz • Material	Wie? Wie viel? Wie sehr? Um wie viel? Woraus?	durch, mit, unter, um, aus	Wir unterhielten uns *vergnügt.* Er arbeitet *zu wenig* für die erfolgreiche Erfüllung der gestellten Aufgaben. Er war darüber *zu Tode* erschrocken. Sie ist *Sekunden schneller* als du. Ich kaufe eine Tasse aus *Porzellan.*

Adverbiale Ergänzungen	Fragewort	Präpositionen (müssen nicht verwendet werden)	Beispiel
Kausalbestimmung (adverbiale Bestimmung des Grundes):			
• Grund	Warum? Wodurch? Von wem?	aus, von, wegen, durch, weil	*Aus Liebe* vergab er ihr.
• Bedingung	Unter welcher Bedingung?		*Wenn die Straßen glatt sind,* fahre ich nicht mit dem Auto.
• Folge	Mit welcher Folge?		Der Kinderfilm war *zum Lachen.*
• Zweck	Wozu?		*Zum Schreiben* braucht man Ruhe.
• Einräumung	Trotz welchen Umstands?		*Obwohl die Arbeit schwierig war,* kamen sie gut voran.

Attribut – Kein Satzglied!

Das *Attribut* stellt *kein* **selbstständiges Satzglied** dar, sondern ist ein *Satzgliedteil.* Es lässt sich im Satz nur mit dem dazugehörigen Satzglied umstellen und wird nicht mithilfe des Prädikats erfragt.

Die Fragestellung nach den Attributen lautet: Was für ein/eine/einer ...?
Formen des Attributs:

1. Adjektive — Ich habe dir einen *schönen neuen* Mantel gekauft. (Akkusativobjekt)
2. Adverbien — In das Haus *dort* werde ich einziehen. (Lokalbestimmung)
3. Genitivattribut — Die Obstbäume *des Gartens* werden geschnitten. (Subjekt)
4. Präpositionales Attribut — Hier gibt es Schreibblöcke *mit Rand.* (Akkusativobjekt)
5. Attributsätze — Der Fuß, *den ich mir verstaucht hatte,* tat immer noch weh.
6. Infinitiv mit zu — Die Möglichkeit, *selber zu entscheiden,* war mir gegeben.
7. Apposition — Tom, *der Schülersprecher der Klasse,* redete mit uns.

2.5 Zeichensetzung und Rechtschreibung

Sowohl die **Zeichensetzung** als auch die **Rechtschreibung** beruhen auf **amtlichen Regelungen**. Alle Regeln und Hinweise sind im Duden „Die deutsche Rechtschreibung" ausführlich enthalten.

2.5.1 Zeichensetzung

Satzzeichen gliedern Sätze und ordnen Texte zum besseren Verständnis. Ebenso können sie eine besondere Aussageabsicht herausstellen – z.B. einen Ausruf oder eine Frage – und innerhalb des Satzes Wörter oder Textteile hervorheben.

Satzzeichen und ihre Funktion

Satzzeichen		Funktion
Punkt Ausrufezeichen Fragezeichen	. ! ?	Kennzeichnung des Satzschlusses
Komma Semikolon Doppelpunkt Gedankenstrich Klammern	, ; : – ( )	innere Gliederung von Sätzen
Anführungszeichen	„"	Kennzeichnen von Äußerungen oder Textstellen, Hervorheben von Wörtern oder Textstellen
Apostroph Ergänzungsstrich Auslassungspunkte	' - ...	Auslassungen markieren

Verwendung der Satzzeichen

Obwohl jedem Satzzeichen eine bestimmte Funktion zuzuordnen ist, kann der Verfasser eines Textes je nach **Aussageabsicht** oft zwischen den verschiedenen Zeichen auswählen.

Kennzeichnung des Satzschlusses

Der **Satzschluss** wird durch die Zeichen
- **Punkt,**
- **Ausrufezeichen** und
- **Fragezeichen** gekennzeichnet.

Heute Morgen war es sehr kalt.
Vorsicht bei Abfahrt des Zuges!
Warum bist du gestern nicht gekommen?

Mit **Punkt** kennzeichnet man den Schluss eines **Aussagesatzes.**

Aufforderungen, denen kein besonderer Nachdruck gegeben wird, werden statt mit einem Ausrufezeichen mit einem Punkt beendet.

Nehmen Sie bitte Platz.

Mit einem **Ausrufezeichen** gibt man einem Satz einen besonderen *Nachdruck,* z. B. bei Behauptungen, Aufforderungen, Grüßen, Wünschen oder Ausrufen.

Komm bitte morgen früh!
Hoffentlich sehen wir uns bald wieder!

Ein *Ausrufezeichen* kann auch *nach frei stehenden Zeilen,* wie der Anrede, stehen.

Sehr geehrter Herr Schmidt!

Ein Ausrufezeichen steht auch bei Sätzen, die die Form einer *Frage* haben, aber einen Nachdruck beinhalten.

Wie lange soll ich noch warten!

Ein **Fragesatz** wird mit einem **Fragezeichen** beendet.

Hast du schon den neuen Film gesehen?
Wann bist du fertig?

Auch nach *frei stehenden Zeilen,* z. B. nach einer Überschrift oder Werktiteln, kann ein *Fragezeichen* stehen.

Quo vadis?
Wer wird Präsident?

Bei aneinandergereihten Fragen können die Teilfragen durch Kommata verbunden werden. Das Fragezeichen steht am Ende der Aneinanderreihung.

Wo, wann, mit wem treffen wir uns morgen?
oder:
Wo treffen wir uns?
Wann treffen wir uns?
Mit wem treffen wir uns?

Komma

Das **Komma** dient der Gliederung von Sätzen. Es trennt **Teilsätze, Wortgruppen** und **Wörter** voneinander ab. In diesen Fällen spricht man vom einfachen Gebrauch des Kommas. Trennt das Komma eingeschobene Sätze oder Satzteile ab, wird es paarig gebraucht.

Einfacher Gebrauch:

Meine Freundin Tina sagt, *dass sie mich begleitet.*

Paariger Gebrauch:

Meine Freundin, *die Tina heißt,* begleitet mich.

Die Sonne versank hinter den hohen Bergen, Dunkelheit breitete sich aus.	gleiche Bedeutsamkeit beider Sätze, schwache Abtrennung
Die Sonne versank hinter den Bergen; Dunkelheit breitete sich aus.	stärkere Abtrennung
Die Sonne versank hinter den Bergen. Dunkelheit breitete sich aus.	stärkste Abtrennung
Die Sonne versank hinter den Bergen – Dunkelheit breitete sich aus.	gedankliche Pause, Hervorhebung

Ungleichrangigkeit der Adjektive liegt vor, wenn ein zweiteiliger Gesamtbegriff/eine begriffliche Einheit aus Adjektiv und Substantiv (italienischer Sportwagen) von einem vorangestellten Adjektiv näher bestimmt wird (schneller). Lassen sich die Adjektive ohne Sinnentstellung vertauschen bzw. mit *und* verbinden, ist die Verbindung gleichrangig. *Gleichrangige Glieder* einer Aufzählung werden mit einem Komma oder mit *und* getrennt, z. B.: Er trug eine dunkelblaue, lange Hose, ein langärmliges, weißes Hemd und einen roten, wollenen Schal.

Wichtige Kommaregeln

1. **Gleichrangige Teilsätze, Wortgruppen oder Wörter grenzt man mit Kommas voneinander ab.**

Teilsätze: Hauptsatz + Hauptsatz
Glaub mir, ich will nur dein Bestes.
Es war ganz still, nichts war mehr zu hören.
Der Wecker klingelte nicht, ich verschlief.

Wortgruppen: Am Nachmittag sollte er Hausaufgaben machen, das Zimmer aufräumen, den Freund anrufen.
Von der Sonne gebräunt, völlig erholt, glücklich und zufrieden kamen sie aus dem Urlaub zurück.
Das meiste hatte er aus dem Internet geholt, von Freunden abgeschrieben, sich vorsagen lassen.

Wörter: Kamm, Spiegel, Taschentuch und Schminke hat sie immer in ihrer Tasche.
Die Kinder johlten, lachten, kreischten und stampften mit den Füßen.

2. **Gleichrangige Teilsätze, Wortgruppen oder Wörter grenzt man mit Komma voneinander ab, wenn sie mit entgegenstellenden Konjunktionen (aber, jedoch, sondern) verbunden sind.**

Wir warteten geduldig, aber sie kamen nicht.
Das Haus war alt, aber nicht verkommen.
Das ist nicht die Elbe, sondern die Oder.

3. **Gliedsätze werden mit Komma vom Hauptsatz getrennt oder mit paarigem Komma eingeschlossen.**

Ich weiß genau, *dass ich es schaffe.*
Als er sich umdrehte, hatten sich alle schon versteckt.
Die Musik, *die leise ertönte,* nahm uns ganz gefangen.

4. **Zusätze und Nachträge werden mit Komma vom Hauptsatz abgetrennt oder mit paarigem Komma eingeschlossen. Bei stärkerer Abgrenzung ist auch ein Gedankenstrich möglich.**

Zusätze/Nachträge	Beispiel
Parenthesen (Einschaltungen)	Klaus, *er ist ein alter Schlaumeier,* wusste wieder einmal alles besser.
Appositionen (Substantivgruppen als Nachträge)	Wir treffen uns Montag, *20. Dezember,* zur wöchentlichen Besprechung. Der Beitrag aus der Zeitschrift „art“, *Jahrgang 1997, Heft 2,* behandelt das Thema.
nachgestellte Erläuterungen mit: also, besonders, das ist, das heißt, genauer, nämlich, insbesondere, und das, und zwar, vor allem, zum Beispiel	Sie liest gerne, *besonders Kriminalromane.* Ich liebe den Regen, *vor allem im Sommer.* Du solltest darüber nachdenken, *und zwar gründlich.*
angekündigte Wörter oder Wortgruppen	Daran, *vorschnell aufzugeben,* dachte sie nicht.
nachgetragene Partizip- oder Adjektivgruppen	Max, *von der Arbeit überfordert,* will Feierabend machen. Er nahm das Kätzchen in die Hand, *vorsichtig und behutsam.*
nachgetragene Infinitivgruppen	Er, *ohne Ahnung zu haben,* mischte sich in das Gespräch ein. Er, *statt nachzudenken,* verurteilte ihr Verhalten.

5. **Anreden, Ausrufe und Ausdrücke einer Stellungnahme grenzt man mit Komma ab bzw. schließt sie mit paarigem Komma ein.**

Anreden:	Ich wünsche dir, *liebe Denise,* alles Gute. *Kinder,* lasst mich auch mal zu Wort kommen. *Du,* kannst du dir vorstellen, wen ich heute getroffen habe?
Ausrufe:	*Was,* du kannst nicht kommen? *Oje,* das ist sehr bedauerlich. *Ach was,* lass es uns versuchen.
Stellungnahme: (Bejahung, Verneinung, Bitte, Bekräftigung)	*Nein,* das kannst du ihm nicht sagen. Ich musste es tun, *leider.* *Bitte,* sei morgen pünktlich.

6. **Infinitivgruppen werden mit Komma getrennt, wenn sie mit *um, ohne, statt, anstatt, außer, als* eingeleitet sind oder wenn sie von einem Substantiv oder einem Korrelat/Verweiswort abhängen.**

Sie geht ins Meer, *um* sich abzukühlen.

Ihr Wunsch, noch zu bleiben, war stärker.

Sie hat *es* nicht bereut, länger geblieben zu sein.

Regel zum Nichtsetzen von Kommas

Gleichrangige Teilsätze, Wortgruppen oder *Wörter,* die durch *und, oder, beziehungsweise, sowie* (in der Bedeutung von „und"), *wie* (in der Bedeutung von „und"), *entweder ... oder, sowohl ... als (auch), sowohl ... wie (auch)* oder durch *weder ... noch* verbunden sind, werden *nicht* durch Komma getrennt.

Wir saßen kaum auf den Plätzen und *das Theaterstück begann.* (HS + HS)

Er erkundigte sich, was es Neues gebe und ob Post gekommen sei. (HS+NS+NS)

Sie wollte entweder *einen Hund* oder *eine Katze.*

Freie Entscheidung über das Setzen des Kommas

In einigen Satzkonstruktionen bleibt es dem Verfasser von Texten überlassen, ein Komma zu setzen oder nicht. Wichtig bei dieser Entscheidung ist, dass das Komma helfen soll, den Satz übersichtlich und damit besser verständlich zu gestalten.

Ein **Komma** *kann* gesetzt werden, wenn dadurch die **Gliederung** der Satzkonstruktion *deutlicher* wird.

Ich fürchtete jeden Morgen wieder zu verschlafen.

Ich fürchtete**,** jeden Morgen wieder zu verschlafen.

Ich fürchtete jeden Morgen**,** wieder zu verschlafen.

Semikolon (Strichpunkt)

Mit dem **Semikolon** werden **gleichrangige Teilsätze** oder **Wortgruppen** stärker als mit dem Komma abgegrenzt.

Die Geschichte ist schon fast vergessen; ich möchte nichts mehr darüber hören.

Gedankenstrich

Merkmal	**Beispiel**
Der *Gedankenstrich* kündigt etwas Weiterführendes an. Meistens ist das Folgende unerwartet.	Die Tür öffnete sich und heraus trat – ein kleines Kind. Plötzlich – ein gewaltiges Beben!
Der *Gedankenstrich* nach dem Satzschlusszeichen macht einen erfolgten Themen-/Sprecherwechsel oder einen Zeitsprung deutlich.	Wir trennten uns nach der Schulzeit. – Jahre später ...
Der *Gedankenstrich* kann Zusätze, Nachträge oder Einschübe abgrenzen.	Die Universität – ein beeindruckendes Gebäude – wurde im 19. Jahrhundert gebaut.
Satzzeichen, die zu den Einschüben gehören, dürfen trotz *Gedankenstrichen* nicht weggelassen werden.	Sie versuchte – was für eine Gemeinheit! –, uns zu verdächtigen.

Klammer

Die **Klammer** schließt Zusätze oder Nachträge ein. Außerdem ist es möglich, mit Klammern **Ganzsätze** oder größere **Textteile** einzuschließen.
Ausrufe- und **Fragezeichen,** wenn sie zum Zusatz oder Nachtrag gehören, setzt man vor die abschließende Klammer.
Satzschlusszeichen, die zum **übergeordneten Satz** gehören, stehen hinter der letzten Klammer und dürfen nicht weggelassen werden.

Zusätze/Nachträge

Frankfurt (Oder), Frankenthal (Pfalz).
Sie beglich die Rechnung über 1500 € (in Worten: eintausendfünfhundert Euro) mit ihrer Visa-Karte.
Berlin (meine Geburtsstadt) werde ich nie vergessen.

Ganzsätze/Textteile

Das geliehene Buch (du hast es jetzt schon vier Wochen!) möchte ich wiederhaben.
An einem Sonntag (war es im Spätsommer oder Herbst?) sind wir nach München geflogen.
Damit wäre das Thema vorerst erledigt (weitere Angaben siehe Seite 225 der Vorlage).

Eckige Klammern werden meist bei Erläuterungen zu einem bereits eingeklammerten Zusatz verwandt.

(Mit dem Wort Bilanz [aus dem ital. bilancia = Waage] wird eine Kontenform bezeichnet.)

Doppelpunkt

Der **Doppelpunkt** steht vor
- **wörtlich wiedergegebenen Aussagen** oder Textstellen,
- angekündigten **Aufzählungen, Angaben, Erläuterungen** u. a.,
- *Sätzen,* die das vorher Gesagte **zusammenfassen** oder daraus eine **Schlussfolgerung** ziehen.

Wird die nach dem Doppelpunkt folgende Ausführung als Ganzsatz verstanden, so schreibt man das erste Wort groß (↗ S. 167).

Wörtlich wiedergegebene Aussage

Ludwig XIV. sagte: „Der Staat, das bin ich."
Die Klausel im Vertrag lautet: „Mündliche Absprachen sind nichtig."

Aufzählungen, Angaben, Erläuterungen

Bitte besorge Folgendes: Verteiler, Mischer, Dichtungen und Filter.
Name: Schmidt, Vorname: Petra
Familienstand: ledig
Man nehme: 300 g Mehl, 200 g Butter, 3 Eier, 150 g Zucker ...
Anleitung: Zuerst auf den roten Knopf ...

Zusammenfassungen und Schlussfolgerungen

Haus und Hof, Geld und Gut: Alles ist verspielt.
Durch seinen Jähzorn, seinen Egoismus und seine Trunksucht hatte er alles verloren: seine Frau, seine Kinder, sein ganzes Vermögen.

Anführungszeichen

Anführungszeichen, häufig auch „Gänsefüßchen" genannt, werden verwandt bei
- **wörtlicher Rede** und
- zur **Hervorhebung.**

Merkmal	**Beispiel**
wörtliche Rede • direkte wörtliche Rede	Sie seufzte: „Immer muss ich die schweren Taschen tragen!"
• wörtlich wiedergegebene Textstellen (Zitate)	Thomas Leinkauf schreibt über Elisabeth Mann Borghese (Professorin für Seerecht): „Sie wollte sich ein eigenes berufliches Leben aufbauen, ohne den großen Namen in die Waagschale zu werfen."
Hervorhebungen • Überschriften, Werktitel	Ich schreibe über Nick Bantocks Briefroman „Sabines Album".
• Sprichwörter, Äußerungen, die nachfolgend kommentiert werden	Das Sprichwort „Reden ist Silber, Schweigen ist Gold" hatte sie noch nie verstanden. Sein ewiges „Ich kann das nicht" wollte ich nicht mehr hören.
• Wörter oder Wortgruppen, über die eine Aussage getroffen wird	Über den Begriff „schuldlos" wird noch zu reden sein.
• ironisch gemeinte Wörter oder Wortgruppen	Das hast du aber „fein" hingekriegt.

Satzzeichen, die zum **wörtlich Wiedergegebenen** gehören, setzt man *vor* das *abschließende Anführungszeichen;* Satzzeichen, die zum **Begleitsatz** gehören, werden *nach* dem *abschließenden Anführungszeichen* gesetzt.
Sowohl der **angeführte Satz** als auch der *Begleitsatz* behalten ihre **Ausrufe-** und **Fragezeichen.**

„Kommst du jetzt endlich!", rief er.
„Kannst du mir morgen beim Saubermachen helfen?", fragte die Mutter.

Gefällt dir der Roman „Quo vadis?"?
Aber:
Er stellte fest: „Das muss jeder selbst entscheiden."

Ein **eingeschobener Begleitsatz** wird in *Kommas* eingeschlossen.

„Du siehst heute", sagte die Mutter, „sehr müde aus."

Auslassungspunkte

Auslassungspunkte *(...)* zeigen an, wo etwas ausgelassen wurde.

Breite Anwendung finden sie beim Zitieren von Texten, in denen nur ein bestimmter Abschnitt (nicht der vollständige Satz oder Text) wiedergegeben werden soll. Stehen die Auslassungspunkte am Ende eines Satzes, wird kein zusätzlicher Punkt gesetzt.

„Die Farbe ... ist dagegen sehr wirklich."
Und so kam es, wie es kommen musste ...

Apostroph

Der **Apostroph** ist ein Auslassungszeichen, welches das *Weglassen* eines oder mehrerer Buchstaben eines Wortes anzeigt.

In einigen Fällen muss der Apostroph gesetzt werden, in anderen kann der Schreiber selbst entscheiden, ob das Einsetzen des Zeichens sinnvoll ist.
Der Apostroph *muss* gesetzt werden:
- bei Substantiven im Genitiv, die im Nominativ auf -s, -ss, -ß, -tz, -z, -x oder -ce enden.

  Ines' Vorschläge werden wir berücksichtigen.
  Alice' neues Kleid gefällt mir.

- bei Auslassungen, die ohne Apostroph missverständlich sein können.

  Ein winz'ger Augenblick entschied über den Sieg.

- bei Auslassungen im Wortinneren.

  Gestern war ich auf dem Ku'damm. (Kurfürstendamm)

Der Apostroph *kann* gesetzt werden:
- bei schriftlicher Wiedergabe mündlich-umgangssprachlich gekürzter Ausdrücke.

  Wir sehen uns nach´m Kino
  Der Hefter liegt auf'm Tisch.

Bindestrich

Der **Bindestrich** kann zur
- *Hervorhebung* und Verdeutlichung,

  die Hoch-Zeit der Renaissance, Ist-Stärke, Soll-Stärke;

- bei **Zusammensetzungen** gleichrangiger Adjektive,

  süß-saure Suppe, grün-weiß gestreift;

- *Vermeidung* von *Missverständnissen* und zur besseren **Lesbarkeit** gesetzt werden,

  Druck-Erzeugnis, Drucker-Zeugnis; Schwimm-Meisterschaft;

Der *Bindestrich muss* gesetzt werden
- in *Zusammensetzungen* mit einzelnen Buchstaben und Ziffern,

  i-Punkt, y-Achse, 200-m-Lauf, 3-Tonner;

- vor **Suffixen,** wenn sie mit einem Einzelbuchstaben verbunden werden,

  n-fach, n-tel,
  aber:
  3fach oder 3-fach, die 68er;

- bei *Zusammensetzungen* mit **Ziffer** und *Suffix,*

  2fach-Belegung, 68er-Generation;

- als **Ergänzungsstrich** bei der Einsparung von Bestandteilen in Zusammensetzungen oder Ableitungen,

  Ein- und Ausgang, 2- bis 3-mal, Kinder- und Hausmärchen;

- bei *Aneinanderreihungen* und *Zusammensetzungen* mit Wortgruppen,

  Trimm-dich-Pfad, Magen-Darm-Entzündung, Mund-zu-Mund-Beatmung;

- bei substantivisch gebrauchten *Infinitiven* (mit mehr als zwei Bestandteilen),

  zum Aus-der-Haut-Fahren, das In-den-Tag-Hineinträumen;

- bei Zusammensetzungen mit **Abkürzungen** und Initialwörtern,

  km-Zahl, UV-Strahlung, Kfz-Papiere.

2.5.2 Worttrennung

Die **Trennung** der Wörter erfolgt nach *zwei Grundprinzipien:*
- Man trennt einfache Wörter nach Sprechsilben und
- man trennt zusammengesetzte Wörter und Wörter mit Vorsilben nach ihren erkennbaren Bestandteilen.

Trennung einfacher Wörter

Mehrsilbige einfache Wörter trennt man so, wie sie sich beim langsamen Vorlesen in Silben zerlegen lassen.

Ach-tel, Au-gen, Bes-se-rung, In-di-vi-du-a-list, Mül-le-rin, Na-ti-on, po-e-tisch

Am Wortanfang und am Wortende ist die Abtrennung eines einzelnen Vokals nicht sinnvoll.

Nicht: A-bend, E-gel, U-hu, Ö-dem, Ü-bel
und nicht: Au-e, Klei-e

Steht zwischen Vokalbuchstaben ein *einzelner Konsonant,* so kommt er bei der Trennung zumeist auf die neue Zeile. Von *mehreren Konsonanten* trennt man nur den letzten ab.

Gar-be, Fül-lun-gen, Hei-mat, Kas-ten, be-deu-tends-te, knusp-rig, flatt-rig

Stehen Buchstabenverbindungen wie *ch, ck, sch, ph, rh, sh* und *th* für einen Laut, so trennt man sie nicht.

Bü-cher, Fä-cher, Bä-cker, Zu-cker, Deut-sche, Sa-phir, Myr-rhe, Zither

Die Doppellaute (Diphthonge) *ai, au, äu, ei, eu, oi* werden nicht abgetrennt, auch nicht die stummen Dehnungsbuchstaben *e* und *i.* Das stumme **w** in der Namensendung „ow" wird wie andere Konsonanten behandelt.

Bai-ser, Kai-ser, Broi-ler, Spoi-ler, Räu-ber, Wie-se, Pre-ro-wer, Tel-to-wer

Trennung zusammengesetzter Wörter

Zusammengesetzte Wörter und *Wörter mit Präfixen* werden nach ihren Bestandteilen getrennt.

Ent-wurf, Ge-wäs-ser, kom-plett, syn-chron, Pro-gramm, Hard-ware, Soft-ware

Die *einzelnen Bestandteile* der zusammengesetzten Wörter trennt man wie einfache Wörter.

be-rich-ten, Kon-zert-di-rek-tor, Des-il-lu-si-on, Schwimm-meis-ter

Wird ein Wort nicht mehr als Zusammensetzung erkannt oder empfunden, kann man nach Sprechsilben trennen.

in-ter-es-sant oder in-te-res-sant, Main-au oder Mai-nau, voll-en-den oder vol-len-den

Irreführende Trennungen sollte man vermeiden.

Sprech-erziehung (nicht Sprecher-ziehung), Altbau-erhaltung (nicht Altbauer-haltung), Druck-erzeugnis (nicht Drucker-zeugnis)

Fremdwörter

Fremdwörter können entweder nach den deutschen oder nach den Regeln der Herkunftssprache getrennt werden.

Die **Konsonantenverbindungen** ph, rh, sh und th werden in Fremdwörtern nicht getrennt.

Stro-phe, Myr-rhe, Bu-shel, ka-tho-lisch

In Fremdwörtern können folgende **Konsonantengruppen** ungetrennt bleiben:
- bl, cl, fl, gl, kl, phl, pl
- br, cr, dr, fr, gr, kr, phr, pr, thr, tr, vr
- gn, kn

Pu-bli-kum/auch Pub-li-kum, Fe-bru-ar/auch Feb-ru-ar, Hy-drant/auch Hyd-rant, Ma-gnet/auch Mag-net

In Wörtern aus dem *Französischen* bleibt **oi** besser ungetrennt.

Poin-te, moi-riert, Me-moi-ren, Soi-ree,

Fremdwörter können aus zwei (Fremd-)Wörtern oder einer Vorsilbe und einem Fremdwort zusammengesetzt sein. In diesem Fall werden die Bestandteile voneinander getrennt.

kapital-intensiv, in-akzeptabel, Teen-ager, Joint-venture

2.5.3 Groß- und Kleinschreibung

Andere lebende Sprachen haben im Gegensatz zum Deutschen nicht die Besonderheit des **Großschreibens** von Substantiven.

In der *deutschen Sprache* entwickelte sich die **Großschreibung,** um Wörter spezieller Gruppen und den Anfang von Texteinheiten zu kennzeichnen und für den Leser hervorzuheben.

So wird die Großschreibung zur Kennzeichnung von
- Anfangswörtern von Überschriften, Titeln von Werken und dergleichen,
- Satzanfängen,
- Substantiven und Substantivierungen,
- Eigennamen mit nicht substantivischen Bestandteilen,
- bestimmten festen Verbindungen mit nicht substantivischen Bestandteilen,
- bestimmten Anredepronomen und Anreden

verwendet.

> Die Entwicklung und die Tradition der deutschen Rechtschreibung haben sich so herausgebildet, dass es notwendig ist, neben den **Regeln für die Großschreibung** auch **Regeln für die Kleinschreibung** aufzustellen.

Überschriften, Titel von Werken und dergleichen

> Jeweils das *erste Wort* einer **Überschrift,** eines **Werktitels,** einer **Anschrift** und dergleichen schreibt man *groß.*

- *Überschriften* und *Werktitel* (Bücher, Theaterstücke, Gedichte, Gemälde, Musiktitel, Filme u. a.)

  Die große Flatter
  Die weiße Löwin
  Ballade vom schweren Leben des Ritters Kauz vom Rabensee
  Blaue Pferde auf rotem Gras
  Er wollte nach London
  Der Club der toten Dichter
  Rot und Schwarz
  Der arme Poet

- *Titel* von Gesetzen, Gesetzbüchern, Verträgen, Vereinbarungen, Erklärungen und dergleichen sowie Bezeichnungen von Veranstaltungen, auch wenn diese innerhalb eines Textes gebraucht werden

  Bürgerliches Gesetzbuch
  Vertrag über die Wirtschafts-, Währungs- und Sozialunion
  Amerikanische Unabhängigkeitserklärung
  Zwei-plus-vier-Verhandlungen
  Europäischer Presse- und Funk-Ball
  Bereits 1948 verabschiedete die Vollversammlung der UNO eine „Allgemeine Erklärung der Menschenrechte“, die auch heute noch als Standard gilt.

– **Anschriften, Anreden, Datumsangaben, Grußformeln**

Mittwoch, 21. November 2001

Herrn Gerhard Munter
Schönbrunner Str. 27
14656 Brieselang

Sehr geehrter Herr Munter,

gemäß unserer Vereinbarung ...
... erwarte ich Ihr Bewerbungsschreiben.

Mit freundlichen Grüßen

Elfriede Sauber

– **Satzanfänge**

Jeweils das *erste Wort* eines *Ganzsatzes* schreibt man *groß.* Unter einem Ganzsatz versteht man eine textliche Einheit, die entweder aus einem oder mehreren grammatischen Sätzen (Satz, Ellipsen, satzartige Ausdrücke) besteht.

Ich werde morgen erst kommen. *Ist* dir das recht? *Ruf* doch mal zurück!

Nachdem er sich vergewissert hatte, dass er kommen durfte, plante er seine Reise.

Er packte Folgendes sorgfältig ein: die Gläser, die neue Vase, die Geschenke.

Zu beachten ist:

- Wenn nach dem **Doppelpunkt** die folgende Ausführung als **Ganzsatz** betrachtet wird, dann schreibt man das *erste Wort groß.*

  Bitte beachten Sie: *Das* Füttern der Tiere ist verboten.

- In der *wörtlichen Rede* wird das *erste Wort großgeschrieben.* Die wörtliche Rede gibt wörtlich wieder, was jemand gesagt hat, oder zitiert wörtlich etwas aus einem Text.

  Er sagte: „*Bestimmt* sehen wir uns heute."
  Sie fragte: „*Bist* du dir da sicher?"
  Er antwortete blitzschnell: „*Na* klar!"

  In der Menschenrechtserklärung der Vereinten Nationen lautet der Artikel 1: „*Alle* Menschen sind frei und gleich an Rechten geboren."

- Ist der **wörtlichen Rede** der **Begleitsatz** oder ein Teil von ihm *nachgestellt,* so wird das *erste Wort* nach den abschließenden **Anführungszeichen** *kleingeschrieben.*

  „Teile mir bitte mit, ob du kommst", *bat* er sie.

  „Warum", *wollte* sie wissen, „fragst du mich?", *und* schaute ihm dabei in die Augen.

Parenthese; lat. parenthesis = einfügen. Gedankenstriche, Klammern, auch Kommas, die eine Einfügung vom übrigen Satz abheben.

- Von **Parenthesen** schreibt man das *erste Wort klein,* wenn es keinen anderen Regeln der Großschreibung folgt.

  Er sagte – *kaum* zu glauben –, dass er es nicht gewesen sei.

  Ich fand es (*du* weißt schon, was!) unter meinem Bett.

  Ich denke, *und* das sage ich nur Ihnen, so kann es nicht weitergehen.

- **Gliederungsangaben** wie Ziffern, Paragraphen, Buchstaben gehören nicht zum nachfolgenden Ganzsatz. So schreibt man das *folgende Wort groß;* dies gilt ebenfalls für Überschriften, Titel von Werken und dergleichen.

  1. *Die* Literatur der Aufklärung

  1.1 *Zur* internationalen Aufklärungsbewegung

  § 3 *Der* Sitz des Vereins

  b) *Den* Inhalt einer Kurzgeschichte wiedergeben

- **Auslassungspunkte, Apostrophe** oder **Zahlen,** die zu Beginn eines Ganzsatzes stehen, gelten als *Anfang* eines Satzes. Die Schreibung des nachfolgenden Wortes richtet sich somit nach den *Regeln der* **Groß- und Kleinschreibung.** Dies gilt ebenfalls für Überschriften, Titel von Werken und dergleichen.

  ... *und* schwieg weiter.

  's ist nicht weiter schlimm.

  12 *ganze* Tage hatte ich in diesem Monat damit zu tun.

Substantive und Substantivierungen

Substantive

Substantive schreibt man *groß.*

Abklatsch, Unterkunft, Klugheit, Tradition, Simone, Thomas, Afrika, London, Harz.

Die Großschreibung gilt auch

- für *einzelne Buchstaben* und *nicht substantivische Wörter,* wenn sie zu Beginn einer *Zusammensetzung* mit **Bindestrich** stehen, die als Ganzes betrachtet die Eigenschaften eines Substantivs hat.

  die U-Bahn, die X-Strahlen, die UV-Strahlen, die O-Beine, die As-Dur-Tonleiter, die Als-ob-Philosophie, das Um-den-Bart-Gehen, die Schlaf-dich-gesund-Methode.

  Abkürzungen für Maßeinheiten etc., und **zitierte Wortformen** sowie **einzelne Buchstaben** und dergleichen bleiben *unverändert.*

  das cm-Maß, die kg-Waage, die pH-Wert-Tabelle, die y-Achse.

- für *Substantive* und für **Initialwörter** und *Einzelbuchstaben,* die nicht als Kleinbuchstaben zitiert sind und die als *Teile* von *Zusammensetzungen mit Bindestrich* auftreten.

  die Schwefel-Wasserstoff-Verbindung
  das 7-Tage-Rennen
  zum In-die-Luft-Gehen
  X-Strahlen-arm
  UV-intensiv
  EDV-gestützt

- für *Substantive aus anderen Sprachen,* wenn sie nicht zitiert werden. Wenn sie *mehrteilig* sind, wird der *erste Teil großgeschrieben.*

  das Team, das Restaurant, die Fairness, der Knock-out,
  die Quantité négligeable, das Tête-à-tête.

  Substantivische Bestandteile werden auch im *Innern* mehrteiliger Fügungen *großgeschrieben,* die als Ganzheit die Funktion von Substantiven haben.

  der Soft Drink, das Corned Beef, der Fulltime-Job.

  Diese Beispiele setzen voraus, dass man *fremde substantivische Bestandteile erkennen* kann. Sofern möglich (hier wenn Betonung vorn), sollte man der *Zusammenschreibung* den *Vorrang* geben.

  der *Softdrink,* das *Cornedbeef,* der *Fulltimejob.*

- für Substantive, die *Bestandteile fester Gefüge* sind und nicht mit anderen Teilen des Gefüges zusammengeschrieben werden.

in Kürze, zu Händen von, im Grunde, etwas in Betracht ziehen, fest im Sattel sitzen, die Segel streichen, Nase und Mund aufsperren, die Kurve kratzen, einen Abflug machen, den Mund vollnehmen, zum ersten Mal, zum wiederholten Mal, eines Tages, schlechter Dinge, guten Willens, Angst haben, Leid erfahren, Schuld haben
aber:
angst und bange sein, leid sein, schuld sein, pleite sein, gram sein, willens sein

- für **Zahlsubstantive** (ab einer Million schreibt man alle Zahlangaben groß).

ein *Dutzend* (= 12 Stück), ein *Paar* (= 2 Stück), das erste *Hundert*, eine *Million*.

- für Bezeichnungen von *Tageszeiten* nach Adverbien, wie vorgestern, gestern, heute, morgen, übermorgen.

vorgestern Abend, gestern Nacht, heute Morgen, morgen Nachmittag, übermorgen Mittag.

Wörter, die ihre Aufgabe als Substantiv verloren haben und die Aufgabe einer anderen Wortart übernehmen, werden kleingeschrieben. Man spricht hier auch von *Desubstantivierung*.

Wörter, die ihre substantivischen *Merkmale verloren* haben, schreibt man *klein*.

Dies betrifft:

- *Wörter,* die mit *sein* oder *werden* als **Adjektive** gebraucht werden.

angst werden, bange sein, gram sein, leid sein, schuld sein, pleite sein.

- **zusammengesetzte Wörter,** deren *erster Bestandteil* in getrennter Stellung auftritt.

teilnehmen: Er nimmt daran *teil.*
stattfinden: Es findet morgen *statt.*

- **Adverbien, Konjunktionen, Präpositionen** auf -s und -ens.

namens, mittels, anfangs, angesichts, seitens, falls.

- folgende **Präpositionen:**
dank (dir), *kraft* (ihrer Position), *laut* (seiner Aussage), *statt* (einer Einladung), *an* (Kindes) *statt, trotz* (Verbots), *wegen* (schlechten Wetters), *von* (Amts) *wegen, um* (seines Sohnes) *willen, zeit* (seines Lebens).

- folgende *unbestimmte Zahlwörter:*
ein *bisschen* (Tinte), ein *paar* (Leute).

– **Bruchzahlen** auf -tel und -stel:

vor **Maßangaben:**
ein *viertel* Kilogramm, ein *drittel* Gramm, sechs *hundertstel* Sekunden, nach drei *viertel* Stunden;
vor **Uhrzeitangaben** *unmittelbar vor* **Kardinalzahlen:**
um *viertel* vor sechs, gegen drei *viertel* neun, fast *viertel* nach acht.

Substantivierungen

Wörter **anderer Wortarten** schreibt man **groß,** wenn sie als Substantive gebraucht werden **(Substantivierungen).**
Man erkennt sie im Text an mindestens einem *typischen Merkmal* von Substantiven (vorausgehender **Artikel,** vorangestelltes adjektivisches **Attribut** oder nachgestelltes Attribut, Funktion als **kasusbestimmtes Satzglied** oder **kausales Attribut**).

Er brachte eine Platte mit *Gebratenem.* – kasusbestimmtes Satzglied
Er ignorierte *das Gesagte* – vorausgehender Artikel
Sein Vortrag hatte *wenig Anschauliches.* – vorangestelltes adjektivisches Attribut
Nach *langem Hin* und *Her* sah er seinen Fehler ein. – vorangestelltes Attribut
Er ist wirklich *kein Kleiner* unter den *Großen.* – kausales Attribut

– Substantivierungen von **Adjektiven** und adjektivisch gebrauchten **Partizipien,** besonders auch in Verbindung mit Wörtern wie *alles, allerlei, etwas, genug, nichts, wenig, viel, vieles*

alles Gute, viel Neues, wenig Sehenswertes, etwas Billiges.

Ordnungszahladjektive: am *Ersten* des Monats, der *Zweite* des Laufes, vom *Hundertsten* ins *Tausendste.*

Unbestimmte Zahladjektive: alles Übrige, jeder Einzelne, die *Einzige,* alles *Mögliche.*

– Substantivierungen von **Verben**

Das *Notieren* der Fakten ist notwendig.
Das nervige *Fragen* bleibt ihr nicht erspart.
Mehrteilige Fügungen mit **Bindestrich** (erstes Wort, Infinitiv und substantivische Bestandteile werden großgeschrieben):
das *Von*-der-*Hand*-in-den-*Mund-Leben,* das *Haare*-zu-*Berge-Stehen,* das *Aus*-den-*Latschen-Kippen.*

– Substantivierungen von **Pronomen**

Das *Du* anbieten.
Er ist einer der *Unseren.*

- Substantivierungen von **Grundzahlen** als Bezeichnung von **Ziffern**

  Sie bekam eine *Eins.*
  Er fürchtet die *Dreizehn.*
  Sie entschied sich für die *Drei.*

- Substantivierungen von **Adverbien, Präpositionen, Konjunktionen, Interjektionen**

  Für dich gibt es kein *Morgen.*
  Das *Miteinander* ist hier sehr wichtig.
  Das *Auf* und *Nieder* störte mich am meisten.
  Dieses ewige *Aber* kann einen nerven.
  Das *Ah* aller war laut zu hören.

In folgenden Fällen schreibt man **Adjektive, Partizipien** und **Pronomen** *klein,* auch wenn sie die *formalen Merkmale* der **Substantivierung** aufweisen:

- *Adjektive, Partizipien* und *Pronomen,* die sich *auf* ein *vorhergehendes* oder *nachstehendes Substantiv* beziehen

  Sie war die *beste aller Läuferinnen.*
  Der *rote von den Pullovern* gefiel mir am meisten.
  Wir fanden die *älteren der Schüler* sehr nett.
  Wir fanden *jenes schöner.*

- **Superlative** mit „am", nach denen mit *„Wie?"* gefragt werden kann

  Der Läufer war am *schnellsten.* (Wie war er?)
  Der Schüler schrieb am *langsamsten.* (Wie schrieb er?)

- *bestimmte feste Verbindungen* aus Präposition und dekliniertem oder nicht dekliniertem Adjektiv *ohne vorangestellten Artikel*

  Sie kamen von *nah* und *fern.*
  Das kann sie ohne *weiteres.* (Bei dekliniertem Adjektiv auch groß: *ohne Weiteres)*

- *Pronomen,* auch als **Stellvertreter** von Substantiven

  Schon *mancher* ist hier gescheitert.
  Das muss *jeder* selbst wissen.
  Wir werden die *beiden* fragen.

- folgende **Zahladjektive** mit allen Flexionsformen: viel, wenig, (der, die, das) eine, (der, die, das) andere

  Peter hat schon *vieles* gesehen.
  Nur noch *weniges* war zu erledigen.
  Die *einen* denken so, die *anderen* so.

- **Kardinalzahlen** unter einer Million

> Die *zwei* sind meine Freunde.
> Sie wollte sich um *sechs* melden.
> Menschen über *neunzig* können noch sehr rüstig sein.

Eigennamen mit nicht substantivischen Bestandteilen und Ableitungen von Eigennamen

> **Eigennamen** schreibt man *groß.*
> Sie identifizieren bestimmte *einzelne Gegebenheiten* (eine Person, eine Straße, ein Land, eine Zeitung usw.). Man unterscheidet *einfache* und *mehrteilige Eigennamen.*

Die **einfachen Eigennamen** können einfache, zusammengesetzte oder abgeleitete Substantive (Martin, Kirchstraße, England, Computerbild) sein.
Für **mehrteilige Eigennamen,** die oft auch *nicht substantivische Bestandteile* haben (Alexander der Große, Unter den Linden, Vereinigtes Königreich von Großbritannien und Nordirland, Bild der Frau) werden weiterführende Regelungen notwendig.

1. In *mehrteiligen Eigennamen,* die *nicht substantivische Bestandteile* haben, schreibt man das *erste Wort groß* und *alle weiteren ebenfalls,* wenn es sich nicht um Artikel, Präpositionen und Konjunktionen handelt.

   Passend zu dieser Regel gelten als *Eigennamen:*
   - Personennamen, Spitznamen, Eigennamen aus der Religion.

     > Annette von Droste-Hülshoff, Charles de Gaulle, Leonardo da Vinci, Karl der Erste, Klein Fritz, Jacobus der Ältere.

   - *Namen von Objekten* unterschiedlicher Klassen, wie Sterne, Sternbilder und andere Himmelskörper:

     > der *Große* Bär, der *Kleine* Wagen.

   - *Namen von Fahrzeugen, Bauwerken* und *Örtlichkeiten:*

     > der *Rasende* Roland (Eisenbahnzug), die *Große* Mauer (in China), der *Französische* Dom (Berlin), das *Rote* Rathaus (Berlin), das *Blaue* Wunder (Brücke in Dresden).

   - *Namen* von einzeln benannten *Tieren, Pflanzen* und auch von anderen *Einzelobjekten:*

     > der *Fliegende* Pfeil (ein bestimmtes Pferd), die *Alte* Eiche (ein bestimmter Baum).

- *Namen* von *Orden* und *Auszeichnungen:*

  das *Blaue* Band des Ozeans, die *Goldene* Schallplatte, die *Goldene* Himbeere (schlechtester Film), *Deutscher* Fernsehpreis, *Silbernes* Lorbeerblatt (für besondere sportliche Leistungen).

- *Namen* von *Institutionen* und *Einrichtungen* wie *Dienststellen, Behörden* und *Gremien, Bildungs-* und *Kulturinstitutionen:*

  Deutscher Bundestag, *Statistisches* Bundesamt, *Deutscher* Industrie- und Handelstag, Museum für *Deutsche* Geschichte (Berlin), Akademie für *Alte* Musik (Berlin), *Altes* Museum (Berlin).

- *Namen* von *Organisationen, Parteien, Verbänden, Vereinen:*

  Vereinte Nationen,
  Sozialdemokratische Partei Deutschlands,
  Deutscher Leichtathletikverband,
  Diakonisches Werk,
  Deutsches Rotes Kreuz.

- *Namen* von *Betrieben, Firmen, Genossenschaften, Gaststätten, Geschäften:*

  Deutsche Post, *Deutsche* Bahn, *Berliner* Konsumgenossenschaft, *Zum Wilden* Teufel (Gaststätte).

- *Namen* von *Zeitungen, Zeitschriften:*

  Neues Deutschland, *Junge* Welt, *Süddeutsche* Zeitung, *Märkische* Rundschau.

2. *Geografische* und *geografisch-politische Eigennamen*

- von *Erdteilen, Ländern, Staaten, Bundesländern/-staaten* usw.:

  der *Schwarze* Erdteil, *Vereinigte Arabische* Emirate, Gemeinschaft *Unabhängiger* Staaten, *Slowakische* Republik, *Freie* und Hansestadt Hamburg.

- von *Straßen, Plätzen, Städten, Dörfern* usw.:

  An der *Alten* Försterei, Platz des *Himmlischen* Friedens, Platz der *Deutschen* Einheit, *Lütten* Klein, *Stille* Zeile, *Alter* Markt, *Alt* Bork, *Groß* Ziethen.

- von *Landschaften, Wäldern, Wüsten, Gebirgen* usw.:

  Sächsische Schweiz, *Märkische* Schweiz, *Hohe* Tatra, *Bayerischer* Wald, *Altes* Land, *Bayerische* Alpen.

– von *Meeren, Meeresstraßen* und *-buchten, Flüssen, Seen, Inseln, Küsten* usw.:

Südchinesisches Meer, *Japanisches* Meer, *Stiller* Ozean, *Rotes* Meer, *Totes* Meer, *Große Australische* Bucht, *Große* Schlote, *Schwarze* Elster.

3. *Inoffizielle Eigennamen und Kurzformen* sowie *Abkürzungen* von *Eigennamen*

Naher Osten, *Schwarzer* Kontinent, *Vereinigte* Staaten, Gemeinschaft Unabhängiger Staaten (GUS), das Grüne Trikot.

A. Friedrich, Anne F. (= Anne Friedrich), *CDU* (Christlich-Demokratische Union), *ZDF* (Zweites Deutsches Fernsehen), SZ (Süddeutsche Zeitung).

– bestimmte *historische Ereignisse* und *Epochen:*

der *Erste* Weltkrieg, die *Goldenen* Zwanziger, die *Goldene* Bulle, die *Napoleonischen* Kriege, der *Dreißigjährige* Krieg, die *Französische* Revolution.

Ableitungen von **geografischen Eigennamen** auf *-er* schreibt man *groß.*

der *Dresdner* Stollen, der *Wiener* Wald, die *Rostocker* Einwohner, das *Berliner* Wahrzeichen, die *Magdeburger* Börde, die *Schwarzwälder* Kirschtorte.

Adjektivische Ableitungen von *Eigennamen* auf *-isch* werden *kleingeschrieben* (Ausnahme: Die Grundform des *Personennamens* wird durch einen *Apostroph* verdeutlicht).

napoleonischer Eroberungsdrang, darwinsche/Darwin'sche Evolutionstheorie, *kopernikanisches* Weltsystem, *englischer* Tee, *schottisches* Muster.

Feste Verbindungen aus Adjektiv und Substantiv

In **substantivischen Wortgruppen,** die zu festen Verbindungen geworden sind, aber keine Eigennamen darstellen, schreibt man **Adjektive** *klein.*

ungarische Salami, das *schwarze* Schaf, das *olympische* Feuer, die *türkische* Pizza, die *grünen* Klöße, die *schwäbischen* Spätzle, der *kandierte* Apfel.

In bestimmten *substantivischen Wortgruppen* werden *Adjektive großgeschrieben,* obwohl keine Eigennamen vorliegen.

Das betrifft

- *Titel, Ehren-, Amts-* und *Funktionsbezeichnungen:*

  der *Heilige* Vater, seine *Königliche* Hoheit, der *Regierende* Bürgermeister.

- *Bezeichnungen* aus *Fachsprachen* bestimmter Klassifizierungseinheiten (z.B. Arten, Unterarten, Rassen aus Zoologie und Botanik):

  die *Gemeine* Wespe, die *Schwarze* Witwe, *Afrikanische* Speikobra, *Indische* Lotosblüte, *Weißer* Holunder, *Rote* Riesen, *Gelbe* Karte, *Kleine* Anfrage (Parlament), *Erste* Hilfe.

- besondere *Kalendertage:*

  der *Erste* Mai, der *Heilige* Abend, der *Weiße* Sonntag.

Anredepronomen und Anreden

Das **Anredepronomen** *Sie,* das entsprechende **Possessivpronomen** *Ihr* und alle flektierten Formen schreibt man *groß.*

Könnten *Sie* bitte dorthin gehen? Das wäre sehr nett von *Ihnen.*
Ist das *Ihre* Tasche?
Haben *Sie Ihrerseits* noch Fragen?

Die *Anredepronomen du* und *ihr,* die entsprechenden *Possessivpronomen dein* und *euer* und alle flektierten Formen schreibt man *klein.*

Kannst *du* mir vielleicht *deine* Hausaufgaben zeigen?
War *euer* Vater sehr wütend gestern?
Warum nehmt *ihr* das so tragisch?

In Briefen kann man die Anredepronomen *du* und *ihr* mit ihrem Possessivpronomen auch großschreiben.

Lieber Nico, vielen Dank für *deinen/Deinen* Brief. Über *euer/Euer* Foto habe ich mich sehr gefreut.
Alle guten Wünsche für dich/Dich sowie liebe Grüße an Jana
deine/Deine Mannheimer.

2.5.4 Getrennt- und Zusammenschreibung

Die Neuregelungen in der Rechtschreibung versuchen, den komplizierten Bereich der Getrennt- und Zusammenschreibung zu systematisieren.

1. **Zusammenschreibung** bei Verbindungen mit einer neuen, idiomatisierten Gesamtbedeutung:

   - krankschreiben,
   - kürzertreten (sich einschränken),
   - heiligsprechen.

2. **Wahlfreiheit** in verschiedenen Fällen:

   - Adjektiv = das Resultat des Ausdrucks (blank putzen/blankputzen),
   - unflektiertes Adjektiv als graduierende Bestimmung (allgemein gültig/allgemeingültig, eng verwandt/engverwandt).

Substantiv und Verb

Verbindungen aus **Substantiv** und **Verb** werden in der Regel *getrennt geschrieben.*

Klavier spielen, Ball spielen, Maschine schreiben, Rad fahren.

Die **Substantivierungen,** die ein festes Kompositum aus *Substantiv* und *Verb* bilden, werden weiterhin *zusammengeschrieben:*

Das *Maschineschreiben* fällt mir schwer.

Zusammenschreibung gilt z.B. in folgenden Fällen:

- fehlgehen,
- feilbieten,
- heimreisen, heimsuchen und andere Verbindungen mit heim-,
- irreführen, irreleiten, irrewerden,
- kundtun,
- preisgeben,
- wahrnehmen,
- wettmachen.

↗ S. 122, 123

Da es sich um *trennbar zusammengesetzte Verben* handelt, wird der *erste Bestandteil* auch bei einer *Trennung* im Satz *kleingeschrieben:*

Sie *gab* ihr Geheimnis *preis.*

Untrennbare Zusammensetzungen aus Substantiv und Verb werden immer *zusammengeschrieben.*
- brandmarken
- schlafwandeln
- schlussfolgern

2.5.5 Schreibung der s-Laute

Aussprachebezeichnungen stehen in eckigen Klammern. Die Lautschrift entspricht dem Zeichensystem der International Phonetic Association (IPA).

Die **s-Schreibung** gilt als einer der schwierigen Bereiche der **Rechtschreibung.** Das kommt vor allem dadurch, dass für ein Phonem (gesprochener Laut) verschiedene Schreibweisen möglich sind (der Mist, er misst).
In der deutschen Sprache gibt es folgende s-Laute:

[ʃ] wie in: Schule, schuldig, geschafft, Verschwendung ..., aber auch Spule, Strand
[z] wie in: Wiese, reisen, Sommer, Sand, Besen ...
[s] wie in: Maße, Wasser, Gast, Riss ...

s-Schreibung

Das einfache „s" kann sowohl **stimmhaft** (Süden) als auch **stimmlos** (Hast) gesprochen werden.
Steht das stimmhafte „s" in der Wortmitte, folgt es meistens auf einen langen Vokal oder einen Diphthong.

> **Vor** einem **Konsonanten** spricht man das einfache „s" ***stimmlos.*** Steht ein stimmloses „s" am Wortende, wird es in der **Pluralform** oft wieder ***stimmhaft.***
> Am **Wortanfang** vor *p* und *t* steht ein einfaches *„s"*, obwohl ein *„sch"* gesprochen wird.

Einfaches „s"

Stellung im Wort	stimmlos
vor einem Konsonanten	Durst, Hast, knusprig, meist, Raspel, rasten, Westen, Wurst, Lust, Wespe, lispeln, Hasky, Knospe
am Wortende	das Gas – aber: die Gase das Gras – aber: die Gräser die Maus – aber: die Mäuse
am Wortanfang vor p und t = [ʃ]	Spannung, spinnen, Spule, staubig, Stimme, Strahl, sträuben

Stellung im Wort	stimmhaft
am Wortanfang	Salbe, Salz, Satz, segeln, setzen, sicher, sind, sonnig
in der Wortmitte	Hose, Masern, rasen, reisen, Riese, rosig, Wiese

ß-Schreibung

Das *„ß"* ist ein **stimmloser s-Laut,** der nach einem langen Vokal oder nach einem Diphthong geschrieben wird, wenn kein weiterer Konsonant folgt. Auch in der Pluralbildung bleibt der s-Laut stimmlos (das Maß – die Maße).
Nach au, äu, ei, eu steht niemals ss.

Füße, Muße, Soße, Gruß, Maß, Fraß, Straße, außen, reißen, weiß, meißeln, süß, draußen.

ss-Schreibung

Folgt einem *kurzen Vokal* ein s-Laut, schreibt man in der Regel *ss.*

Stellung im Wort	Beispiel
in der Wortmitte	bisschen, Kasse, Kissen, müssen, Rasse, Risse, Wasser, wissen, wusste
am Wortende	(er) biss, Fluss, Hass, Kuss, lass, muss, nass, Riss, Schluss, schmiss

Die Endungen -as, -is, -nis, -os und -us werden mit „s" geschrieben, obwohl sie kurz gesprochen werden: Atlas, Krisis, Gefängnis, Albatros, Globus.

Vergleich einiger Wörter in ihrer Lautung und Schreibung

langer Vokal **ß-Schreibung oder s-Schreibung**	**kurzer Vokal** **ss-Schreibung**
Wiese Maße Rasen Straße Buße Schoß Mus (Brei)	Wissen Masse Rassen Strass (Edelsteinimitation) Busse (er) schoss (er) muss

Schreibung von das und dass

Handelt es sich bei dem Wort „das" um den *sächlichen Artikel* oder um ein Pronomen wird es mit einem *einfachen „s"* geschrieben. Handelt es sich um die *Konjunktion* „dass", wird *„ss"* geschrieben.

Eine kleine Hilfe ist die *Ersatzprobe* mit den Wörtern ein, dieses, jenes, welches. Können diese Wörter anstelle von „das" eingesetzt werden, schreibt man ein einfaches „s".

Das Kind? *Das* habe ich auch gesehen.
(Dieses habe ich auch gesehen. – Demonstrativpronomen)

Das Bild, *das* du gemalt hast, ist schön.
(..., welches du gemalt hast, ... – Relativpronomen)

Ich wusste, *dass* du nicht kommst.
(nicht ersetzbar – Konjunktion)

↗S. 115, 116

2.5.6 Gebräuchliche Abkürzungen

In jedem größeren **Regelwerk** der deutschen Sprache findet man Angaben über **Abkürzungen,** die auf allgemeinen Absprachen basieren und so in Texten verwendet werden dürfen. Viele Abkürzungen werden aus den *ersten Buchstaben* (Sp. = Sport) oder bei **Komposita** aus den *ersten Buchstaben der einzelnen Wörter* gebildet (mhd. = mittelhochdeutsch). Je nach Wortart werden sie in den meisten Fällen groß- oder kleingeschrieben und mit einem Punkt abgeschlossen. Ausnahmen bilden zum Beispiel die Länderabkürzungen, wie US[A] = United States [of America].

Eine Auswahl von Abkürzungen

Allgemeine Abkürzungen

a. a. O	am angeführten/angegebenen Ort
Abk.	Abkürzung
allg.	allgemein
bes.	besonders
Bez.	Bezeichnung
bzw.	beziehungsweise
eigtl.	eigentlich
erg.	ergänze!
geb.	geboren
Ggs.	Gegensatz
i. e. S.	im engeren Sinne
i. w. S.	im weiteren Sinne
jmd.	jemand
jmdm.	jemandem
jmdn.	jemanden
jmds.	jemandes
o. Ä.	oder Ähnliche[s]
scherzh.	scherzhaft
u.	und
u. a.	und anderes, unter anderem
u. Ä.	und Ähnliche[s]
übertr.	übertragen
u. dgl.	und dergleichen
ugs.	umgangssprachlich
usw.	und so weiter
vgl.	vergleiche

Abkürzungen aus dem Fachgebiet deutsche Sprache

Adv.	Adverb
ahd.	althochdeutsch
Akk.	Akkusativ
Dat.	Dativ
dt.	deutsch
Ez.	Einzahl
fachspr.	fachsprachlich
Gen.	Genitiv
Gramm.	Grammatik
idg.	indogermanisch
intr.	intransitiv
Konj.	Konjunktion
Kunstw.	Kunstwort
Kurzw.	Kurzwort
Lit.	Literatur
m.	männlich
mhd.	mittelhochdeutsch
Mz.	Mehrzahl
ndh.	niederhochdeutsch
Nom.	Nominativ
Part.	Partizip
Plur.	Plural
Pron.	Pronomen
refl.	reflexiv
s.	sächlich
Sing.	Singular
Spr.	Sprache
Sprachw.	Sprachwissenschaft
w.	weiblich

Geografische Abkürzungen und Sprach- bzw.Länderbezeichnungen

afrik.	afrikanisch
amerik.	amerikanisch
argent.	argentinisch
bayr.	bayerisch
chin.	chinesisch
dt.	deutsch
Dtld.	Deutschland
engl.	englisch
europ.	europäisch
Frk.	Frankreich
frz.	französisch
griech.	griechisch
Hst.	Hauptstadt
ital.	italienisch
lat.	lateinisch
port.	portugiesisch
russ.	russisch
schweiz.	schweizerisch

skand.	skandinavisch
tschech.	tschechisch
VR	Volksrepublik

Abkürzungen aus dem Bereich Religion und Geschichte

Astrol.	Astrologie
A. T.	Altes Testament
ev., evang.	evangelisch
hebr.	hebräisch
hl.	heilig
Jh.	Jahrhundert
kath.	katholisch
lat.	lateinisch
luth.	lutherisch
MA	Mittelalter
Myth.	Mythologie
natsoz.	nationalsozialistisch
n. Chr.	nach Christus
N. T.	Neues Testament
Philos.	Philosophie
prot.	protestantisch
relig.	religiös
Relig.	Religion
Theol.	Theologie
v. Chr.	vor Christus

Abkürzungen aus anderen Wissenschaftsbereichen

Anat.	Anatomie
Archit.	Architektur
Astron.	Astronomie
Biol.	Biologie
Bot.	Botanik
Chem.	Chemie
Geol.	Geologie
Math.	Mathematik
Med.	Medizin
Meteor.	Meteorologie
Phys.	Physik
Psych.	Psychologie
Soziol.	Soziologie
Wiss.	Wissenschaft
Zool.	Zoologie

Andere Abkürzungen

Bankw.	Bankwesen
Bgb.	Bergbau
Elektrot.	Elektrotechnik
Forstw.	Forstwesen

Fot.	Fotograf[ie]
Landw.	Landwirtschaft
Mio.	Million
Mrd.	Milliarde
Rechtsw.	Rechtswesen
Seew.	Seewesen
Sp.	Sport
Tech.	Technik[er]
Wirtsch.	Wirtschaft

2.5.7 Gleich und ähnlich klingende Wörter

In der deutschen Sprache gibt es eine Reihe von Wörtern, die gleich gesprochen und gleich geschrieben werden, aber trotzdem unterschiedliche Bedeutung tragen. Diese Wörter nennt man **Homonyme** (griech. homonymos = gleichnamig). Eine andere Gruppe von Wörtern (meistens handelt es sich um Wortpaare) bilden die **Homophone** (griech. phon = Laut, Stimme). Sie werden zwar gleich gesprochen, unterscheiden sich aber in ihrer Schreibung und in der Bedeutung. Bei diesen Wörtern ist es für den Schreiber besonders wichtig, die Bedeutung des Wortes zu kennen und daraus die richtige Schreibung abzuleiten.

Homograph bezeichnet ein Wort, das sich in der Aussprache (Lautung) und Bedeutung von einem anderen gleich geschriebenen unterscheidet.

	Homophone	**Homonyme**	**Homographe**
Schreibung	unterschiedlich	gleich	gleich
Lautung	gleich	gleich	unterschiedliche Betonung
inhaltliche Bedeutung	unterschiedlich	unterschiedlich	unterschiedlich
Beispiel	man – Indefinitpronomen Mann – der, Substantiv	das Schloss – das Bauwerk das Schloss – der Türverschluss	Tenor – Haltung Tenor – Sängerstimme

Entstehung von Homonymen und Homophonen

Wesentliche Entwicklungen in der Entstehung der **neuhochdeutschen Schriftsprache** (etwa 1350–1650) führten unter anderem auch zu der Herausbildung von *Homophonen.* Bei den *Homonymen* dagegen handelt es sich um gleichlautende Wörter, die sich aber in ihrer Bedeutung und Herkunft unterscheiden, z. B. Bremse – das Insekt oder Bremse – die Hemmvorrichtung.

1. **Monophthongierung**
   Der Zwielaut „ie" (gesprochen li-ebe) verliert im (Früh)neuhochdeutschen seine Lautfunktion und wird das Längenzeichen für ein langes i.

	das Lid	das Lied
Bedeutung	Verschluss des Auges	Melodie mit Text
Herkunft	mhd. lit = Deckel	mhd. liet = Strophe

2. **Diphthong beim Homophon**
   Gleich klingende Diphtonge werden unterschiedlich geschrieben.

	heute	die Häute
Bedeutung	an diesem Tag	Hülle, gegerbtes Fell
Herkunft	mhd. hiute = an diesem Tag	mhd. hût = Hülle, Haut

3. **Verstummung des Reibelautes h (gesprochen wie in ach), aber Erhalt im Schriftbild**
   Herausbildung als **Längenzeichen** für vorhergehende Vokale, das so genannte **„Dehnungs-h".** Es stellt kein verlässliches Längenzeichen dar; es gibt weiterhin Wörter mit langen Vokalen ohne Dehnungs-h.

	die Wahl	der Wal
Bedeutung	Abstimmung	das Säugetier
Herkunft	mhd. wal(e)	mhd. wal

4. **Bezeichnung des vorhergehenden kurzen Vokals durch einen Doppelkonsonanten**

	das Hemd	hemmt (hemmen)
Bedeutung	Kleidungsstück	behindern
Herkunft	mhd. hemede, hemde	mhd. hamen, hemmen

Schreibung gleich und ähnlich klingender Wörter

> Die richtige *Zuordnung* von *Lauten* und *Buchstaben* setzt in den meisten Fällen das Wissen um den **Aufbau der Wörter** und ihre *Zugehörigkeit zu Wortfamilien* voraus.

So ist es zum Beispiel von Bedeutung, ob es sich um das **Basismorphem** (auch Wortstamm) „end(e)" handelt oder um das **Präfix** ent-. Erst dann kann der Schreiber sicher über die richtige Schreibweise entscheiden.
Viele Homophone bilden **gleichlautende Wortpaare** mit gebeugten Formen (Held und hält – von halten). Deshalb ist es oft eine Hilfe, die **Wortart** zu bestimmen und gebeugte Formen in den Nominativ, Verben auf die Stammformen zurückzuführen. **Wortstämme** (Basismorpheme) werden in der Regel *gleich geschrieben.*

Basismorphem end(e)	Präfix ent-
das Ende, die Endung; beenden, endlos, unendlich, verenden ...	der Entschluss, die Enttäuschung; entbehrlich, entgegen, entgeistert, entgleisen, enthalten, entnehmen

Sie *küssten* sich zum Abschied.

küssten (Verb, 3. Pers. Plural Prät.)
küssen – küsste – geküsst, Basismorphem: *küss*

aber:

Irlands *Küsten* sind wunderschön.

Küsten (Substantiv, fem., Plur.)
die Küste – die Küsten, Küste (lat. costa); Basismorphem: *küste*

Konsonantendoppelung nach kurzem Vokal

Er *merkte* sich das Ziel genau.
merkte (Verb, 3. Pers. Sing. Prät.)
merken – merkte – gemerkt, Basismorphem: *merk*

aber:

Ich schlendere gern über die *Märkte.*
Märkte (Substantiv, mask., Plur.)
die Märkte – der Markt (mhd. market); Basismorphem: *markt*

Als eine weitere Schwierigkeit stellt sich heraus, dass bestimmte Wörter, die mit den Buchstaben b, d, g enden, gesprochen werden wie p, t, k **(Auslautverhärtung).**
Hier bietet es sich ebenso an, beim **Verb** die **Stammformen** zu bilden. Beim **Substantiv** sollte man den **Plural** bilden, da beim Plural b, d, g auch weich gesprochen werden (vgl. Feld, Felder). Ein **Adjektiv** kann entweder *gesteigert* oder *dekliniert* werden.

Sie kaufte ein *Bund* Möhren.

Bund (Substantiv, Neutrum, Sing.)
Plural: die Bunde
Partizip II: gebunden; Basismorphem: bund

aber:

Das Kleid war ziemlich bunt.
bunt (Adjektiv, Positiv)
Steigerung: bunt – bunter – am buntesten; Basismorphem: bunt

Er *hält* sie immer noch fest.

hält (Verb, 3. Pers. Sing. Präs.)
halten – hielt – gehalten, Basismorphem: *halt*

aber:

Er wurde wie ein *Held* verehrt.

Held (Substantiv, mask., Sing.)
der Held, die Helden, Basismorphem: *held*

Das **Stammprinzip** wird nach der **neuen Rechtschreibung** mehr denn je umgesetzt.

alte Schreibung	neue Schreibung	Herleitung
das As	das Ass	die Asse
der Mop	der Mopp	moppen
der Tip	der Tipp	tippen
behende	behände	Hand
Stengel	Stängel	Stange
überschwenglich	überschwänglich	Überschwang
Numerierung	Nummerierung	Nummer
plazieren	platzieren	Platz

2.5.8 Gebräuchliche Fremdwörter

Fremdwörter sind Wörter, die ihren *Ursprung* in einer *anderen Sprache* haben und durch ihre Schreibung, Aussprache und/oder Flexion noch als solche erkennbar sind.
Lehnwörter dagegen haben sich in ihrer Schreibung, Flexion und/oder Aussprache der übernehmenden Sprache *angepasst.*

Fremd- und Lehnwörter lassen sich nicht immer deutlich voneinander unterscheiden. Sie werden häufig verwendet, wenn es in der deutschen Sprache keine wörtliche Entsprechung für den auszudrückenden Sachverhalt gibt oder er nur umständlich beschrieben werden kann.

der Film:
biegsamer, mit einer lichtempfindlichen Schicht versehener Acetat-

oder Cellulosestreifen als fotografisches Aufnahme- und Kopiermaterial.

der Diskus:
eine flache Wurfscheibe aus Holz mit Metallring und Metallkern als Sportgerät.

Der Einfluss von Lehn- und Fremdwörtern auf den deutschen Wortschatz

Die wohl ältesten „fremden Wörter" in der deutschen Sprache stammen aus den ersten nachchristlichen Jahrhunderten, als die Römer unter Kaiser AUGUSTUS (31 v. Chr. bis 14 n. Chr.) das Land zwischen Alpen und Donau eroberten. Mit den römischen Bräuchen hielten auch viele **lateinische Begriffe** Einzug in das Leben der Germanen. Die meisten von ihnen wurden der deutschen Sprache angepasst, und es ist ohne die Kenntnis des Lateinischen nicht mehr möglich, ihren Ursprung zu erkennen.
Das *Lateinische* gewann großen Einfluss als **Sprache** der **Kirche** und der **Schulen** und der *Gebildeten.*

secula	Sichel
molina	Mühle
moneta	Münze
corbis	Korb

Bis in das 16. Jahrhundert blieb **Lateinisch** die Sprache der **Wissenschaft** und der **Religion.** Noch viele lateinische Wörter fanden Eingang in das deutsche Sprachgut und werden von uns selbstverständlich gebraucht.

Häufig war das (Alt)griechische der Ursprung, z. B. bei „Gymnasium, Mathematik". Das Lateinische nahm auf dem Entlehnungsweg lediglich eine Vermittlerrolle ein.

Gymnasium, Mathematik, addieren, Geometrie, Verb, Lektionen, Zensur, Professor, Minute.

Auch in den folgenden Jahrhunderten fand immer wieder, verbunden mit den gesellschaftlichen Entwicklungen, **fremdes Wortgut** Eingang in die deutsche Sprache. Zum Beispiel werden mit dem **Dreißigjährigen Krieg** (1618–1648) viele militärische Begriffe, wie Soldat (italienisch: soldato), Pistole (tschechisch: pištala) und andere, aufgenommen. Mit dem Sieg Frankreichs wurde mit der **Kunst** und **Literatur** auch die **französische Sprache** Vorbild an deutschen Fürstenhöfen. Schon damals gab es Kritik am übertriebenen Gebrauch der romanischen Fremdwörter. Trotzdem haben sich viele französische Bezeichnungen im Sprachgebrauch bis heute durchgesetzt.

deutsch	*französisch*
Mutter	Mama
Vater	Papa
Muhme	Tante (la tante)
Oheim	Onkel (l´oncle)
geschmackvoll	elegant (élégant)
Wohlgeruch	Parfum, Odeur

Vor allem die **politischen** und **technischen Entwicklungen** erweiterten den deutschen **Wortschatz** erheblich, wie an den folgenden Beispielen deutlich sichtbar wird:

radikal frz. radical, lat. radicalis	– gründlich, von Grund auf
Revolution frz. révolution, lat. revolutio	– Umdrehung, Umwälzung
Parlament engl. parliament	– Unterhaltung, Erörterung
Sozialismus frz. socialisme, lat. socialis	– die Allgemeinheit betreffend, gemeinnützig
Lokomotive lat. locus (Ort), engl. locomotive engine	– Maschine, die sich von der Stelle bewegt
Telegramm altgriech. tele und gramma	– fern, weit und Geschriebenes
Telefon altgriech. tele und phone	– fern, weit und Stimme

Im 19. und 20. Jahrhundert nahm mit der wachsenden politischen und wirtschaftlichen Rolle *Großbritanniens* und der *USA* auch die **englische Sprache** einen größeren Einfluss auf die Sprachgestaltung in Deutschland. Vor allem im modernen Gesellschaftsleben waren die englischen Begriffe nicht mehr wegzudenken (Wie sagte man auf Deutsch „Baby"?).

chartern, Bowle, Gentleman, Komfort, Lift, Snob, Sport, Start, trainieren, Frack, Shorts, Toast ...

Die *Trennung Deutschlands* nach dem Zweiten Weltkrieg bewirkte eine in Teilen unterschiedliche Entwicklung des Sprachschatzes. Während in dem russisch besetzten Gebiet (spätere DDR) aus dem *Russischen entlehnte Wörter* Einzug hielten, wurde der Einfluss des *Englischen* in den von den Westmächten besetzten Gebieten (spätere BRD) immer stärker. Die aus der amerikanischen und englischen Sprache übernommenen Wörter werden auch als **Amerikanismen** und **Anglizismen** bezeichnet. Bei den *russischen Lehn- und Fremdwörtern* handelt es sich meistens um Wörter mit lateinischem oder altgriechischem Ursprung.

Amerikanismen/Anglizismen	*russische Lehn- und Fremdwörter*
Job Management Laser Aftershave	Aktiv (gesellschaftlich oder wirtschaftlich tätige Gruppe) Kollektiv (Arbeitsgemeinschaft) Kosmonaut

Look (Safari-Look)
Boots
Jeans
Comics
Hit
Headline (Überschrift)
Spot (Werbefilm)
Reklame
Spray
Teenager

Datsche (Wochenendgrundstück)
Kombinat (Großbetrieb)
Kader (Gruppe von Nachwuchskräften)
Subbotnik (unentgeltl. Arbeitseinsatz)
Sputnik
Kommissar (Beauftragter des Staates)
Apparatschik (politischer Funktionär)
Pionier (Mtgl. einer Kinderorg.)
Politbüro (Führungsgremium der KP)
Timurtrupp (Gruppe helfender Kinder)

KP = Kommunistische Partei

Die *Entwicklung von* **Sprache** schließt bis heute auch immer die Verwendung *neuer Wörter* aus anderen Sprachen mit ein. Allein der wissenschaftlich-technische Fortschritt bringt mit den neu zu bezeichnenden Sachverhalten neue Begriffe, die mit der Verflechtung der Wirtschaft auch international durchgesetzt werden. Dass die *Fremdwörter* besonders die Bereiche Wissenschaft und Technik oder Medien und Musik besetzen, liegt zum Teil auch daran, dass viele neue Entwicklungen und Tendenzen aus den USA kommen. Dementsprechend werden sie natürlich zuerst mit angloamerikanischen Ausdrücken bezeichnet.

Hat in den Nachkriegsjahren auch die allgemeine Bewunderung der Deutschen für den „American Way of Life" zu einer überdurchschnittlichen Verwendung der Anglizismen und Amerikanismen geführt, so muss man in der Gegenwart die Entwicklung der **englischen Sprache** als **„Weltverkehrssprache"** mit in die Sprachbetrachtung einbeziehen.

Brainstorming	Methode zur Ideengewinnung
Computer	elektronische Rechenanlage
Software	Gesamtheit der Programme der elektronischen Datenverarbeitung
Feed-back	Rückmeldung, Reaktion des Publikums
Fastfood	schnelles Essen, schnell verzehrbare Gerichte
downloaden	herunterladen von Daten aus dem Internet
Industrial Design	Gestaltung industriell hergestellter Erzeugnisse
Braintrust	wirtschaftlicher oder politischer Beraterausschuss
cash and carry	Verkauf ohne Bedienung
Investment	Wert- oder Geldanlage
Copyright	Urheberrecht
Know-how	das Wissen, wie man mit einem Minimum an Aufwand eine Sache praktisch verwirklicht
Manager	Leiter eines Unternehmens
Marketing	Ausrichtung auf die Verbesserung der Absatzmöglichkeiten durch Werbung
Pipeline	Rohrleitung für Gas oder Erdöl
Statement	öffentliche Erklärung
Team	Arbeitsgruppe
Terminal	Abfertigungshalle für Fluggäste
Walkie-Talkie	tragbares Funksprechgerät
Workshop	Seminar, Arbeitsgruppe

Medien und Popmusik

Actionfilm	Spiefilm mit spannender Handlung und knappen Dialogen
Background	klanglicher Hintergrund vor einem Solisten
Camcorder	Videokamera und Videorekorder in einem Gerät
Charts	Hitliste der meistverkauften Tonträger, Bücher, Filme usw. in einem bestimmten Zeitraum
Come-back	Wiederauftreten eines Politikers, Künstlers oder Sportlers nach längerer Pause
Comic	Bildergeschichte
Daily Soap	täglich ausgestrahlte Fernsehsendung mit fortlaufender Handlung
Flyer	Handzettel mit Informationen oder Werbung
Headline	Aufmacher, Hauptüberschrift, Schlagzeile einer Zeitung
Hit	eine erfolgreiche Produktion in der Musikbranche, Verkaufsschlager
Interview	Unterredung von Journalisten mit Persönlichkeiten über aktuelle Tagesfragen
Paging	Seitennummerierung in Zeitungen und Zeitschriften
Show	Unterhaltungssendung
Spotlight	Scheinwerferlicht
Star	erfolgreiche Person im Showgeschäft
Story	kurze Geschichte, Erzählung
VIP (very important person)	Ehrengast in einer öffentlichen Veranstaltung
zoomen	den Aufnahmegegenstand näher heranholen oder weiter wegrücken

Die Anpassung der Fremdwörter an die deutsche Sprache

Einige **Fremdwörter,** die schon *lange* in den *deutschen Sprachgebrauch* eingegangen sind, dürfen so geschrieben werden, *wie man sie spricht.* Die bisherige Schreibung kann auch beibehalten werden. Dabei betrifft eine generelle Integrationsmöglichkeit die Morpheme phon, phot, graph, -tial und -tiell.

Schreibung von Fremdwörtern:

	oder	
charmant	–	scharmant
Portemonnaie	–	Portmonee
Ski	–	Schi
Mayonnaise	–	Majonäse
chic	–	schick

Spaghetti	–	Spagetti
Stenographie	–	Stenografie
Thunfisch	–	Tunfisch
Waggon	–	Wagon

Viele *Fremdwörter,* die in der *Lautung* mit „f" gesprochen werden und ein „ph" als Graphem haben, dürfen jetzt auch mit „f" geschrieben werden. Nach diesem Beispiel können auch Schreibungen wie, „gh", „rh" und „th" vereinfacht werden.

Der weitaus größte Teil der Fremdwörter behält jedoch die fremde Schreibung bei.

Schreibung von ph zu f (besonders bei den Wortstämmen phon, phot und graph)

Delphin	–	Delfin
Orthographie	–	Orthografie
Mikrophon	–	Mikrofon
Saxophon	–	Saxofon
polyphon	–	polyfon

erhalten bleiben: Philosophie, Metapher, Phänomen, Physik, Sphäre.

Schreibung von gh zu g

Joghurt	–	Jogurt
Spaghetti	–	Spagetti
Ghetto	–	Getto

Schreibung von rh zu r

Hämorrhoiden	–	Hämorriden
Katarrh	–	Katarr
Myrrhe	–	Myrre

erhalten bleiben: Rhapsodie, Rhesusfaktor, Rhythmus.

Schreibung von th zu t

Panther	–	Panter
Thunfisch	–	Tunfisch

erhalten bleiben: Rhetorik, Apotheke, Ethos, Diskothek, Leichtathletik, Mathematik, Theater, Theke, These, Orthographie.

Fremdwörter auf -anz oder -enz bilden bei den Adjektiven die Endungen -tial bzw. -tiell. Neben dem Wechsel von „z" zu „t" (Potenz – potentiell) ist heute auch die *Schreibung ohne* den **Konsonantenwechsel** möglich.

Differenz (differentiell)	–	differenziell
Potenz (potentiell)	–	potenziell, Potenzial
Substanz (substantiell)	–	substanziell
Essenz (essentiell)	–	essenziell

Bekannte Wortbausteine bei Fremdwörtern

bio: Leben	–	Biotop, Biologie, Biosphäre, Bionik
com/con: zusammen, mit	–	komponieren (zusammenstellen), kompatibel, Kompanie, Konserve
contra/kontra (konter-): gegen	–	Konterrevolution, Konterfei, Konterfußball
dis/di/des: auseinander, un-	–	Disharmonie, Divergenz, Desinteresse
ex: heraus, hinaus, aus	–	exportieren, Exil, exhumieren, Exkurs, exogen
geo: Erde	–	Geografie, Geologie, Geometrie
graph/graf: schreiben	–	Grafik, Graphem, Grafit, Telegraf
in: nicht	–	indiskutabel, indiskret, intolerant
inter: zwischen	–	international, Interaktion, interlinear, Intermezzo
kata: hinab	–	Katastrophe, Katapult, Katarakt
logie: Lehre von der Wissenschaft	–	Astrologie, Biologie, Typologie, Technologie
makro: groß	–	Makrokosmos
mikro: klein	–	Mikrobiologie, Mikrobe, Mikrofilm
mono: allein	–	Monografie, Monarch, Monotonie
phon/fon: Ton, Klang	–	Mikrofon, Megafon, Telefon
poly: viel	–	Polymer, polyphon, polygam, polytechnisch
pseudo: falsch	–	Pseudowissenschaft, Pseudonym
super: über	–	Superstar, Supermarkt, Supernova, Superlativ
tele: fern	–	Telefon, Telepathie, Teleskop
trans: hinüber	–	Transport, Transaktion, Transfer, Transit
uni: ein	–	Uniform, Unikat, Unikum
ultra: über ... hinaus	–	Ultraschall, Ultrakurzwelle, ultramarin

Deutsche Sprache – fremde Sprache?

Machen Fremdwörter in der deutschen Sprache uns die deutsche Sprache fremd?

Dass die Diskussion um die **Reinheit** der deutschen Sprache wieder oder immer noch aktuell ist, beweisen allein die Veröffentlichungen zu diesem Thema. Der „Verein Deutsche Sprache e. V." führt für das Jahr 2001 (aktueller Stand 22.11.2001) 297 Veröffentlichungen in Zeitschriften und im Hörfunk an, nicht mitgezählt die zahllosen Texte im Internet.

Die Diskussion über die Beeinflussung bzw. Veränderung des **Sprachschatzes** durch Fremdwörter ist keine typisch deutsche Problematik und auch nicht auf die unmittelbare Gegenwart beschränkt.

Bereits im *Zeitalter des Barock* gab es Bestrebungen von **Sprachgesellschaften** (Basiswissen Literatur), die die Beeinflussung der deutschen Sprache durch Fremdwörter einzudämmen versuchten. Der 1885 gegründete **Allgemeine Deutsche Sprachverein** verband die **Verfremdung** der deutschen Sprache sogar mit der Frage nach der nationalen Identität.

Natürlich ist die Sprache Ausdruck einer kulturellen Zugehörigkeit und der persönlichen Einstellung zu der den Sprecher unmittelbar beeinflus-

1933 richtete der **Allgemeine Deutsche Sprachverein** aus „heißer Vaterlandsliebe" Bitten an den „Führer" und die Partei, Fremdwörter wie Propaganda, Organisation, Garant, avisieren, Konzentrationslager, Sterilisation usw. zu vermeiden. Man hoffte mit dieser Sprachkritik dazu beitragen zu können, „dass die Gedanken unseres Führers dem Volke immer klarer erkennbar werden".

senden Umgebung. Aber gerade deshalb ist die Sprache auch besonders geeignet, die sich ständig entwickelnden Verhältnisse abzubilden, wie andere Medien, z.B. bildende Kunst, darstellende Kunst und Musik, auch. Die zunehmenden internationalen Verflechtungen unserer Gesellschaft werden natürlich auch durch die aufgenommenen *Fremd-* und *Lehnwörter* widergespiegelt.
So wie in früheren Epochen gegen die „Verunreinigung" der deutschen Sprache durch lateinische und französische Wörter gekämpft wurde, sind es heute die **Anglizismen,** gegen die sich vielfältige Proteste richten. Diesbezügliche Diskussionen werden mittlerweile weniger von Sprachwissenschaftlern geführt, sondern eher auf politischer Ebene. So forderte der ehemalige Berliner Innensenator ECKART WERTHEBACH eine Art *„Sprachreinigungsgesetz",* womit er sich an einem schon existierenden Gesetz in Frankreich orientiert. Er führte unter anderem aus:
„Von den Bürgern wird sehr genau unterschieden zwischen den Vorteilen, sich in mehreren fremden Sprachen ausdrücken zu können, und der Gefahr, durch eine genauso massenhafte wie überflüssige Übernahme von Begrifflichkeiten aus dem Amerikanischen die eigene Sprache aufzugeben. Hier sind die Länder über ihre Kulturhoheit ebenso wie die Bundesregierung gefordert, die Mittel der freiheitlichen Demokratie auch dort einzusetzen, wo Bürger- und Verbraucherbelange in Bezug auf die Sprache geschützt werden müssen.
... Unsere Nachbarländer Frankreich und Polen verfügen bereits über Sprachschutzgesetze, die zum Verbraucherschutz und zur Bewahrung der kulturellen Identität und Landessprache beitragen sollen. ... Wenn zukunftsweisende Erfindungen wie das Internet allen Bevölkerungsschichten nahegebracht werden sollen, kann das nur in der Landessprache erfolgen. Wie sind Zuwanderer für die deutsche Sprache zu begeistern, wenn die Deutschen selbst keinen Wert auf ihre sprachliche Zukunft legen? ..."

Bereits 1973 bemerkte der damalige Bundespräsident GUSTAV HEINEMANN anlässlich der Einweihung des Deutschen Literatur-Archivs in Marbach:
„Die seit Kriegsende bei uns in alle Bereiche des Lebens eingedrungene Flut von Amerikanismen muß endlich wieder zurückgedrängt werden."

Das Gesetz zum Schutz der französischen Sprache, 1994 vom damaligen Kulturminister JACQUES TOUBON erlassen, beschränkte die Anzahl der zu verwendenden Fremdwörter auch im Bereich der Wirtschaft so stark, dass sich ein Rückgang ausländischer Investoren abzeichnete und man die Limitierung in diesem Bereich wesentlich zurücknehmen musste.

Der **deutsche (allgemeine) Wortschatz** umfasst heute etwa zwischen 400 000 und 500 000 Wörter – etwa 3 500 bis 4 000 davon sind Fremdwörter, die seit 1945 dazugekommen sind. Davon sind die Mehrzahl *Fachwörter,* die vorrangig im Bereich der **Wirtschaft** und **Wissenschaft** von Spezialisten verwendet werden.
Viele in der Umgangssprache verwendete Fremdwörter unterliegen auch einem so genannten „Zeitwert"; das heißt, man kann davon ausgehen, dass sie mit der Mode, aus der sie entstanden, auch wieder verschwinden.
Letztlich befinden die Bürger darüber, welche Fremdwörter in den Sprachgebrauch integriert werden.
Ein großer Teil der Bevölkerung gebraucht nach Untersuchungen ca. 3 000 Wörter in der mündlichen Kommunikation. Je nach Bildungsniveau wird ein Gebrauchswortschatz von etwa 50 000 Wörtern verwendet.

2.6 Vom Wort und Satz zum Text

2.6.1 Was ist Text?

Text: lat. textus = Gewebe, Geflecht, zusammenhängender Inhalt einer Rede, einer Schrift.

Ein **Text** ist ein Ergebnis mündlicher oder schriftlicher Sprachhandlung.

Sprachhandlungen können sprachlich *direkt* und *indirekt* dargestellt werden:
- direkte Sprachhandlung: Torsten sagt: „Der Text ist schwer!"
- indirekte Sprachhandlung: Torsten sagte, der Text sei schwer.

Produkt einer Sprachhandlung ist die inhaltlich *zusammenhängende Folge* von **Aussagen.** Diese bestehen aus geschriebenen oder gesprochenen Wörtern. Aussagen mit einer bestimmten Form sind: Befehl, Anweisung, Beschreibung.
Mündlicher Text wird in Kommunikationsformen geäußert, z. B.:
- Referat,
- Rede,
- Rollenspiel,
- Interview,
- Rundgespräch,
- Streitgespräch etc.

Schriftlicher Text ist an die geschriebene Sprache gebunden.
Man unterscheidet hier **Sach-** und **Gebrauchstexte** und **literarische Texte.**

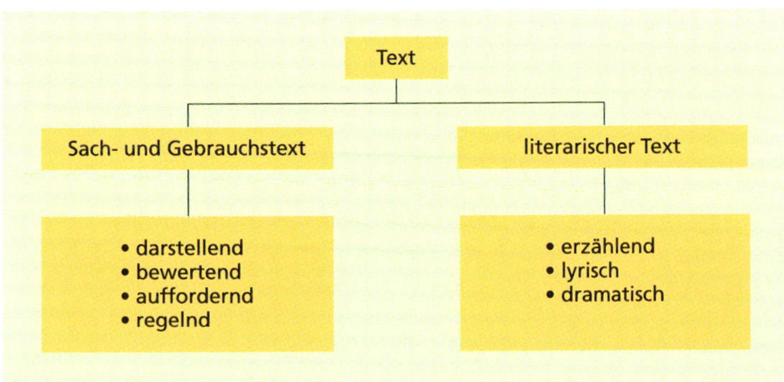

2.6.2 Sprach- und Textfunktionen

Die **Sprach-** und **Textfunktionen** ergeben sich aus dem Zusammenhang eines Textes.

Sprachfunktionen fragen nach der Verständigung über etwas in der Welt.

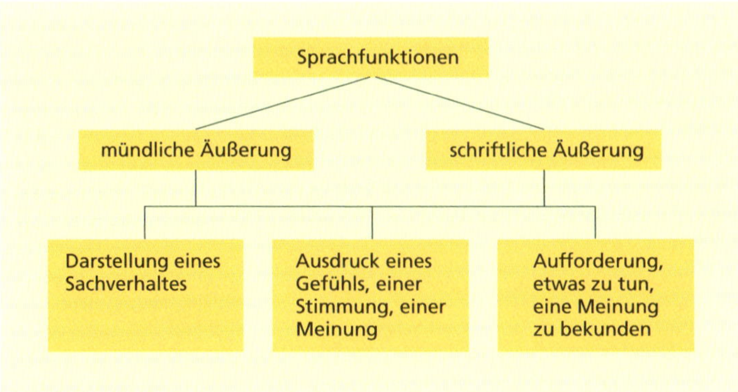

Als **Textfunktion** werden die vorherrschende *Aufgabe eines Textes* im sprachlichen Handeln, seine beabsichtigte *Wirkung* auf die Zuhörer/Leser und seine tatsächlich eintretenden *Folgen* bezeichnet.

Nach Karl Bühler unterscheidet man folgende Textfunktionen:

1. **Informationsfunktion** (Wissensübermittlung, z. B. durch Sachbuch, Nachricht, Bericht, Beschreibung),
2. **Appellfunktion** (Meinungsbeeinflussung, z. B. durch Werbeanzeige, Kommentar, Antrag, Bittschrift),
3. **Obligationsfunktion** (Verpflichtung zum Vollzug von Handlungen, z. B. durch Vertrag, Gelöbnis, Garantieschein),
4. **Kontaktfunktion** (Herstellen und Aufrechterhalten von persönlichen Beziehungen, z. B. durch Beileids- und Glückwunschschreiben),
5. **Deklarationsfunktion** (explizite Einführung eines Tatbestandes, z. B. durch Bevollmächtigung, Schuldspruch, Testament, Ernennungsurkunde).

Karl Bühler lebte von 1879 bis 1963. Er war Sprachtheoretiker und Psychologe. Bekannt ist sein **Organon-Modell.**

Textsorte

Als **Textsorte** bezeichnet man eine Gruppe von Texten, die Bündel von Eigenschaften aufweisen, die alle anderen Texte so nicht besitzen. Textsorten lassen sich klassifizieren nach:

- textinternen Kriterien:
  - lautlich-paraverbale bzw. grafische Ebene,
  - Wortwahl,
  - Art und Häufigkeit von Satzbaumustern,
  - Themenbindung und Themenverlauf,
  - Thema,
  - Textstrukturmuster;

- textexternen Kriterien:
  - Textfunktion,
  - Kommunikationsmedium, das den Text trägt,
  - Kommunikationssituation, in die ein Text eingebettet ist.

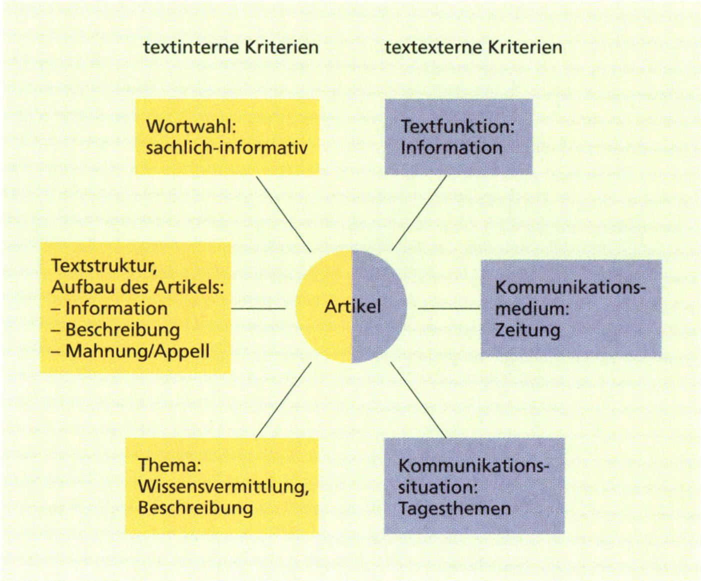

Grundsätzlich unterscheidet man zwischen Fakt und Fiktion. Ein fiktionaler Text beruht auf der Fantasie und den Vorstellungen eines Schriftstellers. Ein faktualer Text will die Tatsachen erfassen.

Eine Gliederung in fiktionale und faktuale Texte ist jedoch nicht immer eindeutig. Auch in Tatsachenberichten kann mit Techniken gearbeitet werden, die man eigentlich bei Dichtungen verwendet.
Diese können sein:
Rückblenden, vorausschauende Passagen, Gedankenwiedergabe, Reflexionen.

Dichtungen verarbeiten dagegen häufig sehr viel Fakten (Orte, Sachverhalte). So kann man in einem fiktiven Roman Lebensläufe von realen Personen verarbeiten, wie im historischen Roman oder der Romanbiografie. Auch dürfen Sachtexte in Romanen montiert werden (Montagetechnik).

Verschiedene Textsorten (Auswahl):

Sachtext	literarischer Text
Argumentation, Brief, Diskussion, Gebrauchsanweisung, Gerätebeschreibung, Interview, Predigt, Reklame, Rezept, Rundfunknachricht, Stellenausschreibung, Stellungnahme, Vorlesung, Wetterbericht, Zeitungsnachricht.	Ballade, Detektivgeschichte, Fabel, Gedicht, Komödie, Krippenspiel, Kurzgeschichte, Legende, Märchen, Novelle, Roman, Sage, Trauerspiel, Volksbuch.

DARSTELLUNGSFORMEN VON TEXTEN | 3

3.1 Geschriebene Texte

Texte sind Folgen von **Sätzen** oder **Äußerungen.** Texte sind meistens, aber nicht immer schriftlich. Sie verfolgen eine *Absicht* und bilden eine mehr oder weniger **strukturierte Einheit** von **Inhalt** und **Form.**

Fast alle Arten von schriftlichen Darstellungsformen werden im Deutschunterricht als Aufsatz formuliert. Die unterschiedlichen Textformen eines Aufsatzes können sein:

Märchen werden nacherzählt.

Erzählende Texte
- Bildergeschichte
- Erlebniserzählung
- Fortsetzungsgeschichte
- Fantasiegeschichte
- Nacherzählung

Beschreibende und berichtende Texte
- Beschreibung
  - Gegenstandsbeschreibung
  - Vorgangsbeschreibung
  - Personenbeschreibung
- Inhaltsangabe/Précis
- Bericht/Schilderung
- Protokoll

Zeitungen informieren, aber lösen auch Emotionen aus.

Auseinandersetzung mit Themen und Texten
- Erörterung
- Textanalyse und Interpretation
- Verstehen von Sachtexten
  - Zeitungsartikel
  - Kommentar
  - Kritik
  - Werbetexte

Gebrauchstexte
- Brief
- Antrag/Gesuch
- Bewerbung: Anschreiben und Lebenslauf

Alle Formen von Texten sind traditionell vorgegeben. Sie sind bewährte kommunikative Muster. So zeichnen sich **Gebrauchstexte,** also Texte, die im öffentlichen wie auch privaten Leben häufig auftreten, durch Vereinheitlichung der Form, eine Festlegung des Inhalts und eine weitestgehende Vorgabe der zu verwendenden sprachlichen Mittel aus.
Jede Textform hat also spezifische **äußere Merkmale** und unterschiedliche **Ausdrucksformen.** Trotzdem ist eine klare Abgrenzung zwischen den einzelnen Textformen nicht immer möglich. Teilweise sind die Übergänge zwischen den Formen fließend.

Zur **Vorbereitung** eines jeden **Aufsatzes** gehört:

1. Kenntnis über die **Darstellungsform** und den **Stoffbereich.** Das Thema muss genau gelesen werden und die Aufgabe erfasst werden.
2. Gedanken/Ideen zum Thema in Stichpunkte fassen und gliedern.
3. **Gliederung** und eine sinnvolle Reihenfolge erarbeiten:
   Einleitung: Einführung in das Thema
   Hauptteil: inhaltlich wichtigste Ausführung
   Schluss: Zusammenfassung der Ergebnisse, eventuell eigene Wertung oder Meinung
4. Der erste Satz sollte *immer* eine Einführung sein. Hier erfolgt noch keine Antwort auf die Frage.
5. Im Hauptteil ist Folgendes zu beachten:
   - nicht vom Thema abweichen (Leitfrage ist stets: Worum geht es in der Vorlage und Aufgabenstellung?)
   - keine Wiederholungen, Widersprüche vermeiden
   - nicht plötzlich aufhören, sondern abrundenden Schluss formulieren
   - Zeitform beachten
   - Stilebenen einhalten (z. B. im Bericht keine Umgangssprache verwenden)
   - Perspektive einhalten (z. B. ich *oder* wir *oder* man ...)
   - vollständige Sätze formulieren
   - Absätze vorsehen für neue Gedankengänge
   - Grammatik/Orthografie und die äußere Form prüfen

Diese Vorgehensweise kann im Detail bei den einzelnen Darstellungsformen abweichen.

Das sind immer die ersten Schritte:
- Überlegungen zum Thema – was ist Hauptaufgabe
- Notieren von Stichworten
- Entwerfen der Gliederung

Stilistische Hilfsmittel

Soll etwas erzählt, über etwas berichtet, etwas beschrieben oder etwas erörtert werden, so ist stets **Sachkenntnis** die erste Voraussetzung. In jedem Satz ist zu überlegen, durch welches Wort bzw. Wendung ein Gegenstand oder Vorgang, eine Person oder eine Eigenschaft am treffendsten bezeichnet werden kann.
Die **Bezeichnungen** sollen nicht nur den Sachverhalt richtig wiedergeben und den Standpunkt des Verfassers zum Ausdruck bringen; sie sollen auch so gewählt sein, dass sie vom Leser oder Hörer entsprechend verstanden werden.
Daraus ergeben sich folgende **Hilfsmittel:**
- **Nominalstil** *vermeiden,* d.h. Verben verwenden und die Umschreibung mit Substantiven unterlassen.

  „sich einigen" anstatt „zur Einigung bringen"

- Nicht versuchen, zu viel mit einem Satz sagen zu wollen. *Klare,* einfache *Sätze* formulieren!

  Er handelte, *ohne über die Folgen nachzudenken.*
  Besser:
  Er handelte *unbedacht/unüberlegt.*

- **Hervorhebungen** *sparsam* einsetzen, da sonst der Eindruck der Übertreibung aufkommen kann.

„Er hatte eine wahnsinnig coole Idee, die ..."
besser:
„Er hatte eine sehr gute Idee, die ..."

- Die richtige **Stilebene** wählen. Sie kann von der **Art des Gebrauchstextes,** von der Kommunikationssituation (Zeitung, Referat, E-Mail) oder vom Leser bzw. Zuhörer (Alter, soziale Stellung, Geschlecht) abhängen.
- Mit **Modewörtern** *sparsam* umgehen. Besonders Texte, die sich auf Neuentwicklungen beziehen (Mode, Musik, Gesellschaft etc.), eine bestimmte Leserschaft ansprechen sollen, können durchaus Modewörter enthalten.
  Es ist aber zu beachten, dass diese Wörter häufig sehr schnell ihre Aktualität verlieren.
- **Mundarten, Jargons** nur *gezielt* verwenden.
- *Keine Häufung* von **Fremdwörtern.**

„Philosophisch betrachtet, stellt die künstlerische Abstrahierung des Neokultes eine klassische Intention ..." (Verständlich?)

- Gedanken verknüpfen. Oft werden in einem Aufsatz die Gedanken nicht miteinander verbunden. Schon bei der Gliederung kann darauf geachtet werden, dass *gleichartige Gedanken* aufeinanderfolgen, so werden *inhaltliche* Brüche und *Unverständlichkeit* vermieden.
  Einige Möglichkeiten der Überleitung, d.h. der Gedankenverknüpfung:

„Im Gegensatz dazu steht ..."
„Anders verhält es sich mit ..."

- Varianten der Aneinanderreihung:

„Demzufolge scheint die Nachricht ..."
„Darüber hinaus stellen wir fest, ..."
„Nicht zu vergessen ist, dass ..."

Die äußere Form des Aufsatzes

Durch die **äußere Form** kann man die **inhaltliche Aussage** eines Textes zum „Klingen" bringen oder zerstören. Da Aufsätze **Sachinformationen** enthalten, sollte auch das **Schriftbild** möglichst sachlich, ohne besonderen ornamentalen Anspruch, erscheinen.

Allerdings ist auf **Übersichtlichkeit** und **Lesbarkeit** zu achten, indem man deutliche **Abschnitte, Teilüberschriften** und **Überschriften** hervorhebt. Weiterhin ist es sinnvoll, eine **Schriftart** (wenn am Computer geschrieben wird) zu verfolgen und genügend Rand für Korrekturen oder Notizen zu lassen.

Übersicht zur Aufsatzgestaltung:

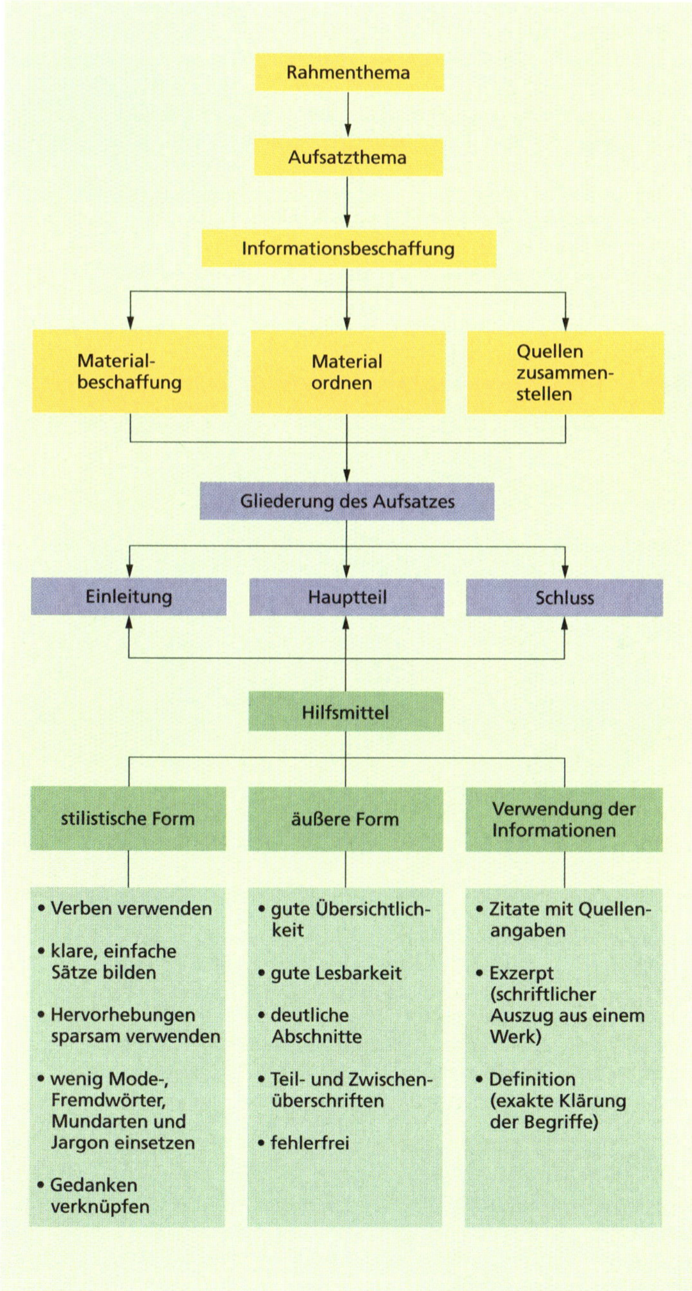

Das **Rahmenthema** ist z. B. die „Interpretation von Gedichten".

Das **Aufsatzthema** heißt: „Mit welchen stilistischen Mitteln wird in dem Gedicht ... die herbstliche Stimmung hervorgerufen?"

3.1.1 Bildergeschichte

Die einfachste Form der erzählenden Texte ist die **Bildergeschichte.** Anhand eines Bildes oder einer Bilderfolge kann eine kleine Erzählung verfasst werden. Die Bilder geben den **Inhalt** anschaulich wieder. Man muss sie nur genau betrachten und die richtigen Worte finden.
Zuerst muss geprüft werden, was auf dem **Bild** oder der **Bildfolge** abgebildet ist. Was für Personen, Tiere, Gegenstände sind zu sehen und was tun sie?
Handelt es sich um ein Bild, so werden meist Zusatzinformationen gegeben, die die Aufgabe erleichtern. Ein einzelnes Bild veranschaulicht oft nur den Ausgangspunkt für eine Geschichte. Es ist nun Aufgabe, sich den Fortgang und den Höhepunkt der Geschichte selbst auszudenken.

Beispiel für die Erarbeitung einer Bildergeschichte anhand *eines Bildes:*

Das ist ein Bild aus der Geschichte „Die verschwundenen Noten“ von M. H. ZIMMERMANN und G. LATTKE.

Hinweise/Zusatzinformationen:
Die Noten sind aus einem Kinderlied geflohen, weil die Kinder das Lied nicht üben wollten. Sie waren lange unterwegs und sind sehr müde. Da treffen sie ein Hamsterpaar.
Thema: Erfinde eine kurze Geschichte zu dem Bild.
Eigene Notizen zum Thema:
Welche Figuren sind auf dem Bild?
Eine Hamsterfrau und ein Hamstermann. Zwei Noten schlafen im Stroh.
Wo befinden sich die Figuren?
Im Hamsterbau unter der Erde.
Was machen die Figuren?
Das Hamsterpaar verlässt den Bau, damit die Noten schlafen können. Außerdem sind Hamster nachts aktiv – sie gehen sicher auf Nahrungssuche. Die Noten schlafen ruhig.

Wie könnte die Geschichte enden?

Nachdem sich die Noten ausgeruht haben, gehen sie wieder nach Hause. Sie gehen zurück in ihr Liederbuch.
Die Kinder waren sehr betrübt, als die Noten weg waren. Sie wollen nun immer fleißig üben, um den Eltern ein Ständchen vorzutragen.

Beispiel für die Erarbeitung einer Bildergeschichte anhand einer **Bildfolge:** Jessicas schönstes Geburtstagsgeschenk

Viele Kinderzeitschriften sind auf der Basis von Bildfolgen gestaltet. Hier wird das Geschehen anhand von Bildern und häufig Sprechblasen oder Unterschriften dargestellt.

Eigene Notizen zum Thema:

Bild 1: Was tut Jessica?
Wer mögen die anderen Mädchen sein?
Bild 2: Wem zeigt Jessica die vielen Geschenke?
Bild 4: Was haben Oma und Opa in der Hand?
Bild 5: Was geschieht auf dem Bild?
Was tut Jessica?
Was tun die Gäste?
Was sagen sie?
Wie findet Jessica den Teddybären?
Bild 6: Was ist auf dem Bild zu sehen?
Vergleiche das sechste und das zweite Bild!

So könnte die **Bildergeschichte** erzählt werden:
Jessica hatte alle ihre Freundinnen zu ihrem Geburtstag eingeladen. Sie stand vor ihrer Geburtstagstorte und schaffte es, alle zwölf Kerzen auf einmal auszublasen. Dann zeigte sie ihrer besten Freundin die vielen Geschenke: Bücher, CDs, schicke Sportkleidung, einen Fotoapparat ...
„Wirklich, du hast viele schöne Geschenke bekommen, Jessica!"
Da klingelte es. Jessica machte auf. Vor der Tür standen Oma und Opa mit einem großen Geschenk, das in grünes Papier eingepackt war. Es war mit einer leuchtend roten Schleife verschnürt. Alle Mädchen wollten wissen, was in dem Karton war.
„Pack das Geschenk endlich aus!", sagte die beste Freundin. Jessica löste die Schleife und machte das Papier auf. Sie holte aus dem Karton ... einen Teddybären, den süßesten Teddybären, so richtig zum Liebhaben! Die Freundin wollte ihn auf den Arm nehmen. Aber das ließ Jessica nicht zu! Ihren Teddybären wollte sie nicht hergeben. Sie nahm ihn später mit ins Bett und dachte:
„Du bist mein schönstes Geburtstagsgeschenk!"

3.1.2 Erlebniserzählung

Eine Wanderung kann Inhalt einer Erlebniserzählung sein.

Eine **Erlebniserzählung** wird selbstständig gestaltet ohne Hilfe von Bildern. Ein Rahmenthema oder eine typische Situation können vorgegeben werden.
Typische Rahmenthemen sind:
- Erlebnisse mit Tieren
- Erlebnisse in den Ferien
- Erlebnisse in der Schule
- Erlebnisse beim Sport
- Mein Geburtstag

Typische Situationen können sein:
Ich habe etwas verloren
Ich warte auf meinen Freund/Freundin
Man verdächtigt mich ...
Eine große Überraschung
Ich war in großer Gefahr

Wie schreibt man eine Erlebniserzählung?
Um gut zu erzählen, sollte Folgendes beachtet werden:
- die wörtliche Rede verwenden,
- in der Vergangenheit erzählen,
- an geeigneten Stellen Absätze machen, so wird die Erzählung übersichtlicher,
- anschaulich und spannend erzählen,
- auf langatmige Einleitungen verzichten,
- beachten, dass jede Erzählung einen Höhepunkt haben soll.

Mein schönstes Geburtstagsgeschenk

Geburtstag! Endlich hatte ich Geburtstag! Ich hatte den Tag kaum erwarten können. Das schönste Geburtstagsgeschenk war nicht das ferngesteuerte Auto, auch nicht die Inlineskates. Das schönste Geburtstagsgeschenk war in einem größeren Karton mit Luftlöchern. Ich öffnete den Karton: „Ein Kaninchen! Das ist ja ein Kaninchen!“ Ich nahm das Zwergkaninchen vorsichtig auf den Arm. Es war fast weiß und hatte große schwarze Ohren. Ich streichelte es, das Fell war warm und weich. Mein kleiner Bruder wollte es auch streicheln. Da bekam das Kaninchen wohl Angst. Jedenfalls sprang es auf den Fußboden und hoppelte schnell unter den Bücherschrank. Dort war es sicher.
Wie sollten wir es wieder hervorbekommen? Mein kleiner Bruder lief in die Küche und holte eine Mohrrübe. Er hielt sie unter den Bücherschrank. Aber das Kaninchen bewegte sich nicht. Wir waren ratlos. Da hatte ich die richtige Idee. Ich holte mein neues, ferngesteuertes Auto. Ich ließ es langsam unter den Bücherschrank fahren und schob das Kaninchen vorsichtig hervor.
Da hatten wir es wieder!

3.1.3 Fortsetzungsgeschichte

Bei einer **Erzählung** ist der Anfang das Schwierigste. Wenn jedoch eine Fortsetzung geschrieben werden soll, wird der Anfang erzählt oder es liegt der Beginn einer Geschichte vor. Aufgabe ist es nun, die Geschichte fortzusetzen mit eigenen Ideen. Man muss sich also immer fragen: Wie könnte die Geschichte zu Ende gehen? Dabei ist zu beachten:
- Die Fortsetzung muss zum Anfang passen.
- Die Personen müssen sich in der Fortsetzung in ihrer Grundhaltung genauso verhalten wie am Anfang.
- Bei der Fortsetzung der Geschichte muss der Höhepunkt richtig gestaltet werden.
- Alle Vorgänge sind genau zu beschreiben.
- Durch Verwendung von Adjektiven und adverbialen Bestimmungen wird die Geschichte anschaulich.

Erzählanfang:
Ich habe meine Oma sehr lieb. Sie hat nur einen Fehler: mich beim „Mensch ärgere dich nicht“ zu beschummeln, wo sie nur kann ...

Ich habe meine Oma sehr lieb. Sie hat nur einen Fehler: mich beim „Mensch ärgere dich nicht" zu beschummeln, wo sie nur kann.
So war es auch am letzten Sonntag. Nachdem wir das Spiel aufgebaut und einige Spielzüge gemacht hatten, sagte sie zu mir: „Max, ich habe vergessen, meine Herztabletten zu nehmen. Geh bitte in die Küche und hol mir ein Glas Wasser!"
Als ich schnell ins Wohnzimmer zurückkam, sah ich gerade noch, wie Oma eine Figur umstellte.
„Hast du schon wieder gemogelt, Oma!", rief ich empört.
„Aber Max, was denkst du von mir", sagte Oma lächelnd.
Wir spielten weiter. Nach kurzer Zeit stieß Oma ungeschickt eine Figur auf den Boden. Ich bückte mich, um sie aufzuheben. Schon wieder! Ich konnte gerade noch sehen, wie Oma eine von meinen roten Figuren verschwinden ließ. Aber weil ich meine Oma so gern habe, sagte ich nichts. Ich passte jetzt höllisch auf! Trotzdem siegte meine Oma. Sie sagte zu mir: „Schon wieder verloren, Max! Du lernst es wohl nie!"
Obwohl sie zweimal geschummelt hatte, ärgerte ich mich sehr, zeigte es aber nicht.

3.1.4 Fantasiegeschichte

Bei einer Fantasiegeschichte muss man sich nicht an die Wirklichkeit halten.

Die **Fantasiegeschichte** kann in der Zukunft spielen, in der Vergangenheit oder in der Märchenwelt.

In einer Fantasiegeschichte können Tiere, ja sogar Gegenstände reden, kann gezaubert, gebeamt werden, sind den Ideen keine Grenzen gesetzt.
Fantasieerzählungen müssen vor allem anschaulich, spannend bis spektakulär sein. Sie haben eine kurze Einleitung und einen Höhepunkt.
Eine Fantasieerzählung kann zum Beispiel ein Traum sein:

Nun gelangen die Prozentaufgaben.

Sandras Traum
Mathematik ist nicht mein Lieblingsfach. Vorgestern hatte ich wieder die schlechteste Klassenarbeit geschrieben. Meine Mutter schimpfte den ganzen Nachmittag. Mein Vater sagte mir nur noch beim Zubettgehen: „Wenn du die Prozentrechnung nicht lernst, wirst du nie eine gute Geschäftsfrau werden."
Verdrießlich schlief ich ein. – Da fand ich mich wieder in einem bequemen Sessel zusammen mit einem blassen, aber netten Mädchen.
„Oh, du bist neu hier?", fragte sie. „Warum siehst du so verdrießlich aus?"
„Ich habe eine Sechs in Mathematik geschrieben. Ich verstehe das Prozentrechnen nicht!"
„Du gehörst wohl noch zu den Menschen, die alles selbst lernen mussten? Jetzt haben wir es einfacher."

Sie nahm einen kleinen Apparat, der so aussah wie ein Handy, und programmierte ihn auf „Prozentrechnen". Dann sagte sie: „Halte den Apparat an deinen Kopf. Dann werden deine Gehirnzellen auf Prozentrechnen programmiert."
Ich tat es. Plötzlich verstand ich alles! Im Kopf konnte ich ausrechnen: 5,5 Prozent von 45 000 ... 2 475. Ich war darüber so erstaunt, dass ich aufwachte.
Meine neuen Fähigkeiten blieben mir auch in der Schule erhalten. Mein Mathelehrer staunte. Er stellte mir eine Aufgabe nach der anderen. Ich konnte sie alle richtig ausrechnen. Er musste mir eine Eins geben.
Nach dem Unterricht ärgerte ich mich, dass ich mit dem Zauberhandy nicht gleich das Mathematikbuch des nächsten Schuljahres in meinen Kopf einprogrammiert hatte. Aber vielleicht träume ich noch einmal.

3.1.5 Nacherzählung

In einer **Nacherzählung** wird eine vorgegebene Geschichte mit eigenen Worten erzählt. Die Grundidee, Personen, der Handlungsablauf und das Ergebnis stimmen mit der Vorlage überein.

Erzählung ist der Sammelbegriff für alle Formen des Erzählens. Erzählungen sind meist Kurzformen. Wesentlich für die Art der Nacherzählung ist das Erkennen des **Aufbaus** und des **Inhalts** der Erzählung. Dabei sind zu beachten:
1. die Erzählperspektive,
2. die Erzählsituation und
3. der Erzählkern.

Genaues Lesen erleichtert die Erarbeitung einer Nacherzählung.

Erzählperspektive

Die **Erzählperspektive** ergibt sich vor allem aus der Position des Erzählers zum Geschehen. Dabei ist die **Erzählhaltung** bestimmend, d. h., wie der Erzähler die Geschehnisse und Figuren sieht. Die Erzählperspektive macht aber auch die **Wechselbeziehungen** zwischen Erzähler und Publikum sowie Geschehen und Publikum deutlich.
Es gibt zwei erzählperspektivische Grundentscheidungen:
1. den Autorenstandpunkt (Erzähler tritt in den Vordergrund und gestaltet den Text) und
2. den Figurenstandpunkt (andere Personen als der Erzähler gestalten den Text aus ihrer Sicht).

Die Erzählperspektive bestimmt den **Standpunkt,** mit dem ein Geschehen dargestellt wird. Es werden unterschieden der auktoriale Erzähler, der Ich-Erzähler und der personale Erzähler.

- **Auktorialer Erzähler**
  Der auktoriale Erzähler, d. h. der **allwissende Erzähler,** tritt aus dem

Geschehen der Erzählung heraus. Er spricht in einer Art Anrede direkt zum Leser. Das Geschehen wird von ihm oft unterbrochen. Er lässt den Leser aus dem Geschehen treten und bietet ihm Wissen über die Erzählung hinaus.

Der **auktoriale Erzähler** kennt die Gedanken und Gefühle der Figuren, wertet deren Verhalten nach moralischen Maßstäben. Der auktoriale Erzähler wird in modernen Erzählungen wenig verwendet, da er die Illusion und das Erleben des Textes beeinträchtigt. Heute übernehmen diese Funktion die **handelnden Figuren,** indem ihnen die erzählerische Aufgabe übertragen wird. Ihre Einstellungen und Meinungen werden durch ihr Handeln deutlich. Der auktoriale Erzähler kann also im Rahmen des Handlungsverlaufs

- in die Vergangenheit und in die Zukunft schauen,
- die Gefühle, Gedanken, Vorstellungen unterschiedlicher Personen darstellen,
- Geschehen und Handlungen kommentieren und bewerten.

Auktorial ist ein Begriff aus der Literaturwissenschaft und bedeutet „aus der Sicht des Autors dargestellt". (↗ BWS Literatur)

Textbeispiel:

Die ehrliche Jemima dagegen hatte die Oberaufsicht über die Rechnungen, das Waschen und Ausbessern, die Puddings, das silberne und das einfache Geschirr sowie über die Dienerschaft. Aber warum sprechen wir von ihr: wahrscheinlich werden wir bis in alle Ewigkeit nichts mehr von ihr hören, und weder sie noch ihre ehrfurchtgebietende Schwester wird jemals wieder in der kleinen Welt unserer Geschichte auftauchen, wenn sich erst einmal das große, verschnörkelte, eiserne Tor geschlossen hat.
Da wir indessen Amelia noch oft begegnen werden, kann es nichts schaden, wenn wir gleich zu Anfang unserer Bekanntschaft sagen, dass sie eines der besten und liebenswürdigsten Geschöpfe war, die je lebten, und es ist ein Segen, dass wir, da es sowohl im Leben als auch in Romanen (und in diesen besonders) von Bösewichten der finstersten Sorte nur so wimmelt, solch einen ehrlichen und gutherzigen Menschen zur Seite haben. Da sie keine Heldin ist, brauchen wir ihre Person nicht zu beschreiben; ich befürchte sogar, dass ihre Nase etwas zu klein und ihre Wangen viel zu rund und rot für eine Heldin waren; aber ihr Gesicht strahlte von blühender Gesundheit, und auf ihren Lippen lag das munterste Lächeln; sie hatte ein Paar Augen, die von lebhafter und ehrlicher guter Laune blitzten, wenn sie sich nicht gerade mit Tränen füllten, und das geschah in der Tat viel zu oft, denn das einfältige Ding konnte über einen toten Kanarienvogel oder über eine Maus, die die Katze gefangen hatte, oder über den Schluss eines Romans, war er auch noch so ungereimt, weinen; und sagte man ihr ein unfreundliches Wort – vorausgesetzt, es fand sich jemand, der so hartherzig war –, um so schlimmer war es dann für diesen.

(aus: William Makepeace Thakeray, „Jahrmarkt der Eitelkeit. Ein Roman ohne Held!")

Neben Charles Dickens ist W. M. Thackeray der wichtigste englische Schriftsteller der Mitte des 19. Jahrhunderts.

William Makepeace Thackeray lebte von 1811 bis 1863. Nach „Die Memoiren des Junkers Barry Lyndon" schaffte er mit dem Fortsetzungsroman „Jahrmarkt der Eitelkeit. Ein Roman ohne Held!" den literarischen Durchbruch.

- **Ich-Erzähler**
  Der Ich-Erzähler übernimmt das Erzählen. Er kann selbst an der Handlung beteiligt sein oder als eine Figur das Geschehen mit mehr oder weniger Distanz darstellen. Durch diese **Erzählperspektive** findet eine Begrenzung der Sichtweisen statt. Nur die **persönlichen Erfahrungen** und Empfindungen des erzählenden Ichs werden verdeutlicht. Der Ich-Erzähler, der in die Handlung mit eingreift, erzählt nicht mehr, als er von seinem Alter, Geschlecht und Bildungsgrad her wissen kann. Der Leser wird mit dieser Art des Erzählens besonders angesprochen, da er unmerklich in dieses „Ich" schlüpft und sich damit der innere Abstand zum Geschehen verringert.

Textbeispiel:

Falls Sie wirklich meine Geschichte hören wollen, so möchten Sie wahrscheinlich vor allem wissen, wo ich geboren wurde und wie ich meine verflixte Kindheit verbrachte und was meine Eltern taten, bevor sie mit mir beschäftigt waren, und was es sonst noch an David-Copperfield-Zeug zu erzählen gäbe, aber ich habe keine Lust, das alles zu erzählen. Erstens langweilt mich das alles, und zweitens bekämen meine Eltern pro Nase je zwei Schlaganfälle, wenn ich so persönliche Auskünfte über sie geben würde. Sie sind in der Hinsicht sehr empfindlich, besonders mein Vater. Sie sind sehr nette Leute und so – ich sagte nichts gegen sie –, aber höllisch empfindlich. Außerdem will ich nicht meine ganze verfluchte Autobiographie oder etwas Ähnliches schreiben. Ich will nur die verrückten Sachen erzählen, die sich letzte Weihnachten abspielten, bevor ich vollkommen zusammenklappte und hierher gebracht wurde, um mich zu erholen. Das alles habe ich schon D. B. erzählt, der mein Bruder ist und so. Er ist in Hollywood. Das ist nicht weit von diesem elenden Nest hier, und er besucht mich fast an jedem Wochenende. Er wird mich auch nach Hause bringen, falls ich nächsten Monat heimfahre.

(aus: J. D. SALINGER, „Der Fänger im Roggen")

„Der Fänger im Roggen" des amerikanischen Schriftstellers J. D. SALINGER wurde in aller Welt zu einer Art Bibel. Anhand der Geschichte des Ich-Erzählers schildert er die Probleme Jugendlicher auf dem Weg zum Erwachsensein. ANNEMARIE und HEINRICH BÖLL übersetzten den Roman ins Deutsche.

J. D. SALINGER wurde 1919 in New York geboren. Mit „Der Fänger im Roggen" erzielte er seinen literarischen Durchbruch.

- **Personale Erzählperspektive**
  Bei der personalen Erzählperspektive wird das Geschehen aus der Sicht der im Text genannten Personen neu betrachtet und erzählt. Aus der Sicht der Personen (Figuren) der Handlung erlebt der Leser direkt, was diese denken oder fühlen. Durch innere Monologe der jeweiligen Figur kann der Leser besonders intensiv an deren Gefühlen und Vorstellungen teilnehmen. Die vermittelnde Aufgabe der Erzählfigur ist bei einer solchen Erzählperspektive nicht mehr wahrzunehmen.

Erzählsituation

Die Erzählsituation ergibt sich aus der **Erzählperspektive.** Es werden unterschieden die **auktoriale Erzählsituation,** die **Ich-Erzählsituation** und die **personale Erzählsituation.** Die personale Erzählsituation wird auch **neutrale Erzählsituation** genannt.

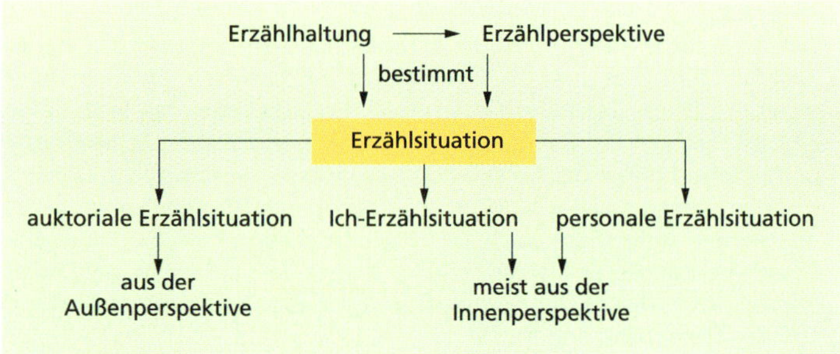

Erzählkern

Der **Erzählkern** beinhaltet das Wichtigste einer Geschichte.

> Unter dem **Erzählkern** versteht man den **Haupthandlungsstrang** einer Erzählung.

Nach der Art der Erzählvorlage richtet sich nun die Nacherzählung. Eine **Nacherzählung** soll anschaulich und spannend sein.

Hinweise zur Gestaltung einer Nacherzählung	
1. Inhalt	In der Nacherzählung muss sich der **Inhalt** genau an die Vorlage halten. Es dürfen keine neuen Personen hinzugefügt werden. Der Handlungsablauf ist mit eigenen Worten wiederzugeben. Zu beachten ist der **Erzählkern,** er muss in der Nacherzählung deutlich werden. Wertungen und Meinungen sollten unterbleiben.
2. Zeitform	Die Nacherzählung erfolgt in der Zeitform der Vorlage, das ist meist das **Präteritum.**
3. Sprache und Stil	Eine Nacherzählung hat unterhaltenden Charakter. Dazu ist eine lebendige, abwechslungsreiche Sprache nötig. Beschreibende **Adjektive** und **treffende Verben** unterstützen die Anschaulichkeit. Die **Stilebene** ist dem Gegenstand der Erzählung anzupassen, z. B. sollte eine stimmungsvolle, romantische Passage nicht mit umgangssprachlichen Formen nacherzählt werden.

Hinweise zur Gestaltung einer Nacherzählung	
4. Umfang	Den Umfang bestimmt der Nacherzähler (wenn vom Lehrer nichts anderes vorgegeben wird). Er kann bestimmte Stellen der Erzählung ausdehnen, andere wiederum raffen. Der Unterhaltungswert sollte im Vordergrund stehen – also *keine langatmigen Ausschmückungen.*

Die vier Erzählschritte sind:
- **Einleitung** (wer ist beteiligt, wann und wo spielt die Geschichte)
- **Hauptteil** (ausführlich, Schritt für Schritt zum Höhepunkt führen)
- **Höhepunkt** gestalten
- **Schluss**

Beispiel für eine **Erzählung:**

EDGAR ALLAN POE: Hopp-Frosch (Auszug):

Als die beiden kleinen Freunde der Ladung des Königs Folge leisteten, fanden sie ihn mit den sieben Mitgliedern seines Kabinettsrates beim Weine sitzen; doch ganz offenbar war der Monarch sehr übler Laune. Er wusste, dass Hopp-Frosch den Wein scheute; denn dieser regte den armen Krüppel fast bis zum Wahnsinn auf; und Wahnsinn ist ja nicht eben ein angenehmes Gefühl. Doch der König liebte nun einmal derbe Scherze und machte sich ein Vergnügen daraus, Hopp-Frosch zum Trinken und (wie's der König nannte) zum „Lustigsein" zu zwingen.

Beispiel für eine **Nacherzählung** (Auszug):

Die kleinen Freunde folgten der Ladung des Königs. Dieser saß mit seinen Mitgliedern des Kabinettsrates beim Wein und war äußerst schlecht gelaunt. Obwohl er wusste, dass Hopp-Frosch keinen Wein vertrug, zwang er ihn Wein zu trinken. Solche derben Scherze liebte der König. Sie bereiteten ihm geradezu größtes Vergnügen. ...

Mit Nacherzählungen wachsen die meisten Kinder auf.
Wer kennt nicht die Märchen, die häufig Großmutter (nach-)erzählte?

3.1.6 Inhaltsangabe/Précis

In einer **Inhaltsangabe** werden in knapper **Berichtsform** die wichtigsten Stationen einer Handlung und die Hauptprobleme eines Textes zusammengefasst. Es wird ein **Gesamtüberblick** ohne persönliche Wertung geschrieben.

Eine Form der Inhaltsangabe ist der Klappentext eines Buches.

Die Inhaltsangabe gibt das Geschehen, das Gehörte oder Gelesene in seinem *wesentlichen Handlungszusammenhang* wieder. Der Leser soll ohne Kenntnis des Originals über die wichtigsten Informationen und Gedanken der Vorlage unterrichtet werden. Es wird ein Gesamtüberblick ohne persönliche Wertung gegeben.

Eine **Inhaltsangabe** antwortet auf folgende *Leitfragen:*

1. Worum geht es im Text? (Thema, Haupthandlung und Hauptproblem nennen)
2. Über welche wichtigen Stationen und Personen läuft die Handlung? (zwischen Haupthandlung = Erzählkern und Nebenhandlung unterscheiden)
3. Welche Sachaussagen lassen sich treffen?
4. Zu welchen Ergebnissen führt der Handlungsablauf?

Die Inhaltsangabe besteht aus einer **Einleitung**, einem **Hauptteil** und eventuell einem **Schlussteil.**
In der **Einleitung** werden genannt:
- Textsorte/Textgattung, z. B. Märchen/Gedicht,
- Titel,
- Verfasser,
- Thema,
- Aussageabsicht des Verfassers.

Im **Hauptteil** der Inhaltsangabe wird das *Wesentliche* des *Inhalts,* wie Hauptpersonen, Ereignisse, Schauplatz und der zeitliche Rahmen, beschrieben. Darüber hinaus müssen **Handlungszusammenhänge** oder Gedankengänge (z. B. Voraussetzungen, Ursachen, Folgen, Ergebnisse) erklärt werden.
Der **Schlussteil** kann entfallen oder eine kurze persönliche (subjektive) Deutung hinsichtlich der Absicht, Wirkung und der sprachlichen Mittel der Textvorlage enthalten. In der Inhaltsangabe wird auf wörtliche Rede verzichtet. Grundsätzlich steht die Inhaltsangabe im **Präsens.**

Mögliche Struktur für eine Inhaltangabe von einer schriftlichen Vorlage:

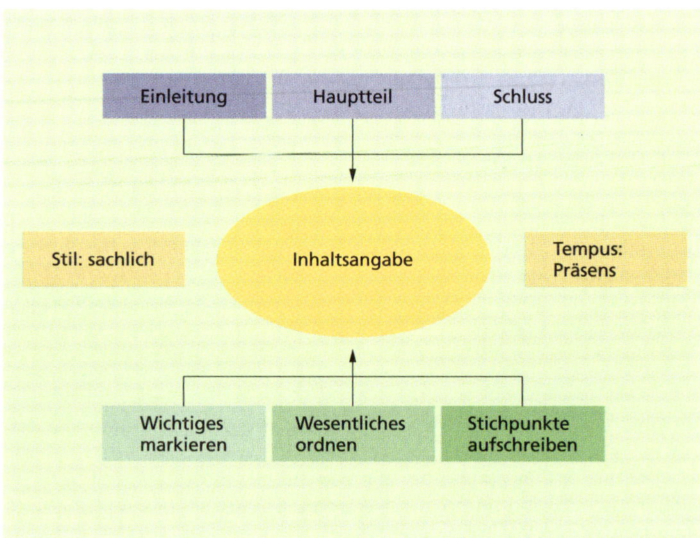

Zusammenfassende Hinweise für die Gestaltung

Sprache	Die Sprache ist sachlich, knapp und informierend.
Umfang	Der Umfang sollte auf eine Seite begrenzt werden.
Zeitform	Die Inhaltsangabe erfolgt im Präsens.
Wortschatz/Stil	Hier wird auf Ausschmückungen verzichtet, also wenig beschreibende Adjektive oder „spannende" Verben verwenden. Es sollte der Abstand zum Text gewahrt werden, „jetzt", „nun", „es war einmal" nicht verwenden. Keine wörtliche Rede, keine Zitate verwenden. Für wichtige Äußerungen wird die **indirekte Rede** verwendet. Gedankliche Zusammenhänge können mit Verknüpfungswörtern deutlich gemacht werden, wie, weil, obwohl ..., daraus folgt.
Oberbegriffe	Um die Inhaltsangabe kurz zu halten, können *Oberbegriffe* gewählt werden statt einer ausführlichen Beschreibung. Beispiel: „Es kommt zur Auseinandersetzung, es kommt zu einem ausführlichen Disput." Diese Oberbegriffe führen zum Kern der Inhaltsangabe.

In der **indirekten Rede** wird grundsätzlich der **Konjunktiv I** verwendet. Stimmen die Formen des Indikativs mit dem Konjunktiv I überein, benutzt man in der indirekten Rede als Ersatzform den Konjunktiv II (↗ S. 66 ff.). In der indirekten Rede stehen die **Pronomen** in der *3. Person.*

Beispiel für eine Inhaltsangabe (Auszug)

In dieser **Inhaltsangabe** ist es von Vorteil, in der Einleitung kurz den Erzählstil des Dichters zu nennen, zumal nur ein Auszug betrachtet wird.

EDGAR ALLAN POE ist ein Erzähler von unheimlichen, grausig-fantastischen und bizarr-humoristischen Kurzgeschichten und Detektiverzählungen.
In der Erzählung „Hopp-Frosch" erzählt er die Geschichte eines verkrüppelten Narren, der bei einem König seinen Dienst versieht. Dieser König spielt dem armen Narren oft böse mit. So muss der Hopp-Frosch, obwohl er keinen Wein verträgt, auf Geheiß des Königs Wein trinken. ...

Précis

Unter **Précis** ist die Kürzung eines Textes (etwa auf ein Drittel seines Umfangs) auf die wichtigsten Aussagen (präzise) zu verstehen. Man beschränkt sich auf das zur Information *Wesentlich(st)e.*

Précis, franz. précis = genau, bestimmt, Abriss, Hauptinhalt

Auch hier werden die Leitfragen zur Inhaltsangabe beachtet. Der Text wird in **Sinnabschnitte** gegliedert. Die **Zeitform** entspricht der Textvorlage.
Voraussetzung für einen **Précis** ist das genaue Verständnis der Textvorlage. Die Arbeit erfolgt exakt am Text entlang. Dabei ist darauf zu achten, dass gleichmäßig gekürzt wird. So bleibt das Verhältnis zur Vorlage etwa gleich. Der Précis bildet nach Inhalt, Satzbau, Wortwahl und Stilebene ein geschlossenes Ganzes.

Précis zur Erzählung EDGAR ALLAN POES (Auszug):
Ein König, der derbe Scherze liebte, quälte seinen Narren, indem er ihn nötigte, Wein zu trinken. (Der König wusste genau, dass der Narr keinen Wein vertrug.)

Häufig ist es erforderlich, nur wichtige, wesentliche Gedanken eines Textes *herauszupflücken* (zu exzerpieren) und zusammenzufassen (zu resümieren). Das geschieht meist, indem Textstellen wörtlich wiedergegeben werden (Zitat) oder sinngemäß die Gedanken des Autors erläutert werden. In beiden Fällen ist die Quellenangabe erforderlich.

Exzerpt: Das Exzerpt ist ein schriftlicher **Auszug** aus einem Buch oder Schriftstück.
(lat. excerpo = sich einen Auszug machen)

Resümee: Das ist eine abschließende Zusammenfassung oder Übersicht. In einem **Resümee** fasst man **Kerngedanken** eines Textes zusammen und gibt sie wieder, ähnlich einer knappen Inhaltsangabe. Im Unterschied zur Inhaltsangabe enthält diese besondere Zusammenfassung *eigene* **Schlussfolgerungen.**
(franz. résumé = Zusammenfassung)

3.1.7 Beschreibung

Eine **Beschreibung** ist eine vorwiegend *informierende, sachbetonte* und *wirklichkeitsnahe* Darstellungsform.

Die **Beschreibung** enthält im Gegensatz zur Erzählung *keine Geschichte,* sondern sie informiert über einen Vorgang, einen Gegenstand oder eine Person. Danach werden unterschieden:
- die Gegenstandsbeschreibung,
- die Vorgangsbeschreibung und
- die Personenbeschreibung.

Die Beschreibung dient also dazu, einen *Gegenstand, Vorgang,* ein *Bild* oder eine *Person* mit sprachlichen Mitteln so darzustellen, dass der Adressat eine genaue Vorstellung davon gewinnt. Dabei werden die Merkmale der äußeren Beschaffenheit und die räumliche, zeitliche und funktionale Anordnung logisch und systematisch erfasst.
Vorgänge werden immer dynamisch dargestellt, Gegenstände und Zustände dagegen vor allem ruhend/statisch.
Die Beschreibung von Vorgängen kann dem Bericht (↗ S. 224) sehr nahe kommen. Im Unterschied zum Bericht geht es jedoch beim Beschreiben von Vorgängen um *Wiederholbares.*

Eine **Beschreibung** ist klar gegliedert, genau, anschaulich und sachlich. Sie verwendet Fachwörter. Der **Satzbau** ist einfach und übersichtlich. Das **Tempus** ist das **Präsens.**

Gegenstandsbeschreibung

Die **Gegenstandsbeschreibung** stellt die Merkmale und Eigenschaften eines Gegenstandes (auch Zustandes) sachlich dar.

Raum- und Landschaftsbeschreibungen zählen auch zu den Gegenstandsbeschreibungen.

Um Zusammenhänge darzustellen, müssen die funktionalen Beziehungen einzelner Teile beachtet werden. Alle Merkmale müssen genau und eindeutig beschrieben und in einer räumlichen Reihenfolge angeordnet werden.

Möglichkeiten der Gliederung

Der Schreiber soll den inneren Blick des Lesers so leiten, dass dieser den Gegenstand schrittweise erfassen kann. Je nach Gegenstand sollte so vorgegangen werden:
- von außen nach innen (Fotoapparat, Truhe),
- von unten nach oben (Bäume, Sträucher),
- von oben nach unten (Schaufensterpuppe),
- vom Auffallenden zum Gewohnten (Kleidung),
- vom Vordergrund zum Hintergrund (Bühnendekoration),
- von links nach rechts oder umgekehrt (Fotografie),
- vom Allgemeinen zum Besonderen (Wohnungseinrichtung),
- vom Großen zum Kleinen (Fahrrad, Auto, Flugzeug),
- von der Mitte zu den Seiten (...).

Vor allem technische Geräte werden von außen nach innen beschrieben. (Fotoapparat)

Literarisches Beispiel einer Beschreibung:

Die Nadeln sind eggenartig angeordnet, auch wird das Ganze wie eine Egge geführt, wenn auch bloß auf einem Platz und viel kunstgemäßer. Sie werden es übrigens gleich verstehen. Hier auf das Bett wird der Verurteilte gelegt. ... Auch ist ein Zahnrad im Zeichner zu stark abgeschliffen; es kreischt sehr, wenn es in Gang ist; man kann sich dann kaum verständigen. Ersatzteile sind hier leider nur schwer zu beschaffen. Also hier ist das Bett, wie ich sagte.
Es ist ganz und gar mit einer Watteschicht bedeckt; den Zweck dessen werden Sie noch erfahren. Auf diese Watte wird der Verurteilte bäuchlings gelegt, natürlich nackt; hier sind für die Hände, hier für die Füße, hier für den Hals Riemen, um ihn festzuschnallen.

(aus: FRANZ KAFKA, „In der Strafkolonie")

Vor allem im naturwissenschaftlichen Unterricht (Biologie, Physik, Chemie) werden häufig Beschreibungen vorgenommen.

Beispiele von **Tierbeschreibungen** aus dem Biologieunterricht (Stichpunkte):

Eichelhäher: etwa taubengroß (ca. 34 cm), rosabrauner Körper, Flügelzeichnung aus blauen und schwarzen Streifen, weißer Flügelfleck, schwarzer Bartstreifen und schwarzer Schwanz. Sein Lebensraum ist der Wald, auch Obstgärten. Nahrung sind Insekten, Würmer, Schnecken, Spinnen, auch Eicheln, Beeren und Getreidekörner sowie junge Vögel und Vogeleier. Weibchen brütet 3–7 Eier.

Wildschwein: 110 bis 180 cm lang, plumper Körper, bedeckt mit dichtem Fell aus borstigen Haaren, schlanke Pfoten und lange rüsselartige Schnauze. Keiler hat Eckzähne als Stoßzähne ausgebildet. Lebensraum sind Wälder, sumpfiges Dickicht. Wühlen nach Knollen, Erdsprossen, Nüssen, Insektenlarven, Pilzen, Feldfrüchten wie Kartoffeln, Mais, Getreide. Bis zu 10 Junge mit gestreiftem Fell. Im Schlafraum „suhlen", um Ungeziefer im Fell zu vernichten. Sie sind scheu, vor allem nachts und morgens aktiv, leben in kleinen Gruppen („Rotten"), Keiler oft Einzelgänger.

Rothirsch: 160 bis 250 cm lang, rotbraunes Sommerfell, graubraunes Winterfell, Männchen: Geweih, im Herbst und Winter am Hals dichte Mähne. Lebensraum sind größere Waldgebiete. Ernähren sich von Gras, Sträuchern, Blättern, Knospen. Meistens ein Junges. Vor allem am späten Nachmittag oder am frühen Abend aktiv. Im Herbst Kämpfe zwischen Männchen um Revier oder Weibchen. Leben in Rudeln.

Eine Form der Gegenstandsbeschreibung ist die **Bildbeschreibung.**

Die **Bildbeschreibung** ist eine in Sprache umgesetzte bildliche Darstellung (eines gemalten Bildes, einer Grafik usw.), die genaue **Nachzeichnung** dessen, was auf dem Bild zu sehen ist.

Der Künstler hat etwas gestaltet, er will etwas mitteilen. Deshalb sollte Folgendes beachtet werden:
- Bildinhalt
- Aussageabsicht
- Bildkomposition
- Maltechnik
- kunstgeschichtliches Wissen
- Biografisches zum Künstler

} Sonderwissen, das verwendet werden kann

Methodisches Vorgehen:

1. Genaue **Bildbetrachtung**

2. Notizen:
   a) Worum geht es? (Porträt, Landschaftsbild ...)
   b) Stimmung (froh, düster, Ruhe, Mitleid ...)
   c) Welche Dinge fallen auf?
   d) Wo ist das Bildzentrum?
   e) Welche Farben fallen auf? (im Zusammenhang mit der Form)
   f) Welche Mittel sind zu erkennen? (Kontraste, Spiegelungen, Maltechnik ...)
   g) Was drückt das Bild aus?
   h) Wie wirkt das Bild auf den Betrachter?

3. Beschreibung:
   – Einleitung (Künstler, Entstehungszeit, Maltechnik, Format ...)
   – **Gesamteindruck** (Was ist dargestellt, worum scheint es zu gehen?)
   – Darstellung des **Bildinhalts** (Was fällt auf, was ist im Einzelnen zu sehen? Vorder-, Mittel-, Hintergrund)

4. Darstellung der **Bildkomposition**
   (Wie sind die Einzelheiten zum Ganzen zusammengefügt? Einteilungen, Kontraste, Achsen, Diagonalen, Senkrechte, Waagerechte, Größenverhältnisse, Hell-Dunkel, Spiegelungen, genaues Zeichnen oder verwischt, Schattierungen, Farben ...)

Die Bildkomposition wird vom Maler zuerst grob skizziert.

5. Versuch des Erfassens der Bildaussage und Bildwirkung.

Eine Bildbeschreibung erfolgt im **Präsens.** Bei der Beschreibung ist darauf zu achten, dass keine **Blicksprünge** vorkommen. **Aufzählungen** und **Wiederholungen,** z. B. links, rechts, oben, unten sollen vermieden werden. Nicht Eindeutiges sollte benannt werden (scheint, könnte, wirkt wie, als ob ...). Die verwendeten Farben müssen genau beschrieben werden, wie zartes Rosa, mattes Blau, sanftes, giftiges Grün, tiefes Schwarz.

Auf dem Bild „Mondaufgang am Meer" von C. D. FRIEDRICH sieht man eine Küstenlandschaft am Meer in der friedlichen Stimmung des Mondaufgangs, eines Ereignisses, das mehrere Menschen am Ufer offenbar in seinen Bann zieht. Der Vordergrund, der etwa ein Drittel des Bildes einnimmt, wird von einer felsigen Uferlandschaft bestimmt. Ein großer dunkler Felsbrocken ragt hier ins Bildzentrum hinein. Dahinter sieht man das Meer, auf dem zwei Segelschiffe, ein näheres und ein ferneres, zu erkennen sind. Es ist nicht genau auszumachen, ob sie ankern, ankommen oder wegfah-

ren. Sie bringen eine gewisse Bewegung in das sonst ruhige Bild. Den das ganze Bild bestimmenden Hintergrund bildet der abendliche Himmel, an dem als eigentliches Bildzentrum der in ganz intensivem Licht aufgehende Mond steht. Sein Licht spiegelt sich in vielen Schattierungen und Brechungen im bewegten Wasser.
Genau im Angesicht des Mondes oben auf dem großen Felsen des Vordergrundes heben sich die Silhouetten dreier Menschen, zweier Frauen und eines Mannes, scharf gegen das Mondlicht und den Abendhimmel ab. Sie scheinen in geradezu andächtiger Betrachtung versunken.
Das Bild hat eine große Tiefendimension; man meint direkt hineinzublicken. Dies wird unter anderem dadurch erreicht, dass nichts auf dem Bild ganz klar und fest umrissen gezeichnet ist. Alle Übergänge sind fließend: Ufer und Meer, Meer und Himmel, Mond und Horizont verschwimmen, als gäbe es einen unendlichen Raum, in den sich das Bild öffnet. Das Bild wirkt ruhig und friedlich; Meer und Himmel haben nichts Bedrohliches. Die drei Menschen fühlen sich offenbar geborgen.

(aus: EVA-MARIA-KABISCH, „Aufsatz kurz gefasst“ – leicht geändert)

Vorgangsbeschreibung

Vorgangsbeschreibungen beziehen sich auf **wiederholbare Vorgänge,** die stets in gleicher Weise ablaufen können. Sie sollen den Adressaten über die *wesentlichen Merkmale* des Vorgangs (Tätigkeiten, Bewegungen, Veränderungen) und seiner Teil- bzw. Einzelvorgänge informieren.

Dabei werden die einzelnen **Teilvorgänge** so dargestellt, dass deren Funktion im Gesamtvorgang, der Zusammenhang von Ursache und Wirkung, das zeitliche Mit- und Nebeneinander von Einzelvorgängen und die Einheit von Gegenstand und Vorgang deutlich werden.

Zu Spielen gibt es Anleitungen, die Vorgangsbeschreibungen sind – auch zum Roulette.

Vorgangsbeschreibungen findet man als
- Bedienungsanleitungen
- Gebrauchsanweisungen
- Bastel- und Bauanleitungen
- Kochrezepte
- Spielbeschreibungen
- wissenschaftliche Abhandlungen über Vorgänge u. Ä.

Im Unterschied zur Gegenstandsbeschreibung muss bei der Vorgangsbeschreibung ein *zeitliches Nacheinander* erfasst werden. Für die Gestaltung sind deshalb folgende Fragen zu beantworten:
- Was wird zuerst gemacht? Was geschieht danach?
- Was läuft möglicherweise gleichzeitig ab?

Jedes Vertauschen oder Verwechseln der einzelnen Schritte kann zu einer falschen Vorgangsbeschreibung führen.

Weitere Hinweise zur Gestaltung einer Vorgangsbeschreibung:
- In sachlicher Sprache schreiben, mit Fachwörtern genau bezeichnen.
- Die einzelnen Schritte deutlich kennzeichnen, die genaue Abfolge beachten.
- Die Sätze kurz und klar formulieren.
- Den Stil dem Vorgang anpassen, nicht immer gleiche Formulierungen verwenden, wie „Dann machte er ...", sondern „Nachdem ...", „Im Anschluss an ..." und dann ein Verb verwenden, das den Vorgang genau kennzeichnet.
- Im Präsens schreiben.

Das Auswechseln von Glühlampen
Zunächst wird die Lampe ausgeschaltet und die Sicherung herausgedreht bzw. ebenfalls ausgeschaltet, da sonst die Gefahr eines Stromschlags besteht. Nun löst man die defekte Glühlampe sehr vorsichtig durch leichte Linksdrehung aus der Fassung. Die neue Glühlampe wird daraufhin mit einer entsprechenden Rechtsdrehung – nicht zu fest – eingeschraubt.

Personenbeschreibung

Die **Personenbeschreibung** dient dem **Erkennen** und **Wiedererkennen** eines Menschen. Deshalb werden die unmittelbar wahrnehmbaren und überprüfbaren **Merkmale** eines Menschen genau, sachlich und anschaulich beschrieben. So entsteht ein wahrheitsgetreues „Bild" mit Worten.

Nach der Nennung von *Geschlecht, Alter* und *Größe,* der allgemeinen Erscheinung der Person und deren Auffälligkeiten erfolgt die Beschreibung von oben nach unten:
- Kopfform und Gesicht
- Haarfarbe und Frisur
- Körperbau und Gestalt
- Bekleidung
- Gang und Haltung sowie mitgeführte Gegenstände
- Auffälligkeiten der Person (Brillenträger u. Ä.)

Hinweise zur Gestaltung

- Dem Blick folgen. Die Merkmale sollen nicht nur aneinandergereiht werden, sondern in Beziehung gesetzt werden. So entsteht für den Leser ein „Bild".
- Es sollten klare, eindeutige **Aussagesätze** gebildet werden. *Beziehungen,* die zwischen den Merkmalen bestehen, sollten auch im Zusammenhang beschrieben werden. So gelingt ein flüssiger Stil und langweilige Aufzählungen werden vermieden.
- Es sollten sehr genaue, treffende *Adjektive* gewählt werden. Bildhafte Ausdrücke können ein Merkmal verdeutlichen.
- Im *Präsens* schreiben.

Personenbeschreibung eines Kindes:

asiatisches Mädchen

dunkelbraunes Haar

fröhliches, längliches Gesicht

roter Pullover (langärmlig)

schlanke Gestalt

blaue Shorts

rötliche Söckchen

weiße Schuhe

ca. 1,55 m groß

Vermisstenanzeige:

Seit dem 10. April 2002 wird A. Sch. vermisst. Er ist 15 Jahre alt, 1,70 Meter groß und hat einen auffallenden Bürstenhaarschnitt. Zuletzt war er nur mit einer dunklen Hose und einem Pullover bekleidet. Eine Brille trug er nicht, obwohl er Brillenträger ist. Es ist möglich, dass sich der psychisch kranke Junge irgendwo im

Raum abc oder xyz versteckt hält. Er ist hilflos und braucht dringend medizinische Hilfe. Hinweise nimmt die nächste Polizeidienststelle entgegen.

Selbstporträt

Diese Art der Beschreibung wird vom Beschreibenden über sich selbst formuliert. Dabei geht man neben dem **äußeren Erscheinungsbild** auch auf eigene Gedanken, Gefühle, Wünsche, Hobbys und Vorlieben, auf charakterliche Eigenschaften und auf familiäre Verhältnisse ein.
Das **Selbstporträt** dient der Vorstellung der eigenen Person. So findet es auch Anwendung bei der Suche nach Brieffreundschaften.

Personencharakteristik

In dieser Beschreibung wird ein Mensch in seiner **Persönlichkeit** gezeigt. Es kommt darauf an, ihn in seinem Wesen zu erfassen, in seinem Gesamtbild vorstellbar zu machen. Dabei werden neben den äußeren Merkmalen auch die inneren Merkmale erfasst. Die Aussagen des Beschreibenden basieren auf den Beobachtungen des äußeren **Erscheinungsbildes** und des Verhaltens des zu Beschreibenden in bestimmten Situationen oder über einen längeren Zeitraum.
Zu beachten sind dessen
- Verhaltensweisen,
- charakteristische Eigenschaften,
- Gewohnheiten,
- Vorlieben und Schwächen.

Charakter: Gesamtheit der wesentlichen, relativ konstanten Eigenschaften eines Menschen.
Charakteristik: Schilderung kennzeichnender Merkmale.

Die **Personencharakteristik** kann auch eine Wertung des Beschreibenden über die dargestellte Person beinhalten. Dabei sind Übertreibungen zu vermeiden.

Erst als wir alle drei die Treppe zum Dachboden hinaufstiegen, konnte ich den Mann genauer ansehen. Er war nicht sehr groß, hatte aber den Gang und die Kopfhaltung von groß gewachsenen Menschen, er trug einen modernen bequemen Wintermantel und war im Übrigen anständig, aber unsorgfältig gekleidet, glatt rasiert und mit ganz kurzem Kopfhaar, das hier und dort ein wenig grau flimmerte. Sein Gang gefiel mir anfangs gar nicht, er hatte etwas Mühsames und Unentschlossenes, das nicht zu dem scharfen, heftigen Profil und auch nicht zum Ton und Temperament seiner Rede passte. Erst später merkte und erfuhr ich, dass er krank war und dass das Gehen ihm Mühe machte. Mit einem eigentümlichen Lächeln, das mir damals ebenfalls unangenehm war, betrachtete er die Treppe, die Wände und Fenster und die alten hohen Schränke im Treppenhaus, dies alles schien ihm zu gefallen und schien ihm doch zugleich irgendwie lächerlich. Überhaupt machte der ganze Mann den Eindruck, als komme er aus einer fremden Welt, etwa aus überseeischen Ländern, zu uns und finde hier alles zwar hübsch, aber ein wenig komisch. Er war, wie ich nicht anders sagen kann, höflich, ja freundlich,

Herrmann Hesse wurde am 2. Juli 1877 in Calw geboren. 1927 wurde sein Roman „Der Steppenwolf" veröffentlicht. Dieses Werk begründete Hesses Weltruf.

er war auch mit dem Haus, dem Zimmer, dem Preis für Miete und Frühstück und allem sofort und ohne Einwände einverstanden, und dennoch war um den ganzen Mann herum eine fremde und, wie mir scheinen wollte, ungute oder feindliche Atmosphäre. Er mietete das Zimmer, mietete noch die Schlafkammer zu, ließ sich über Heizung, Wasser, Bedienung und Hausordnung unterrichten, hörte alles aufmerksam und freundlich an, war mit allem einverstanden; bot auch sogleich eine Vorauszahlung auf die Miete an, und doch schien er bei alledem nicht recht dabei zu sein, schien sich selber in seinem Tun komisch zu finden und nicht ernst zu nehmen, so als sei es ihm seltsam und neu, ein Zimmer zu mieten und mit Leuten Deutsch zu sprechen, während er eigentlich und im Innern mit ganz anderen Sachen beschäftigt wäre. So etwa war mein Eindruck, und er wäre kein guter gewesen, wenn er nicht durch allerlei kleine Züge durchkreuzt und korrigiert worden wäre. Vor allem war es das Gesicht des Mannes, das mir von Anfang an gefiel; trotz jenem Ausdruck von Fremdheit gefiel es mir, es war ein vielleicht etwas eigenartiges und auch trauriges Gesicht, aber ein waches, sehr gedankenvolles, durchgearbeitetes und vergeistigtes. Und dann kam, um mich versöhnlicher zu stimmen, dazu, dass seine Art von Höflichkeit und Freundlichkeit, obwohl sie ihm etwas Mühe zu machen schien, doch ganz ohne Hochmut war, im Gegenteil, es war darin etwas beinah Rührendes, etwas Flehendes, wofür ich erst später die Erklärung fand, das mich aber sofort ein wenig einnahm.

(aus: Hermann Hesse, „Der Steppenwolf")

3.1.8 Bericht/Schilderung

In einem **Bericht** werden **Beobachtungen** eines tatsächlichen Geschehens knapp und in sachlicher Sprache dargestellt.

Formen von Berichten können Unfallberichte, Korrespondentenberichte, Arbeitsberichte während der Lehrzeit, Rechenschaftsberichte u. a. sein.
Zweck und **Inhalt** eines Berichts sind, dem Leser alle **Tatbestände** lückenlos zu melden. Der Leser muss das Geschehene nachvollziehen können. Der Berichtende verzichtet dabei auf alles, was der Leser nicht braucht, um sich das Ereignis vorzustellen. Auch seine persönliche Meinung hält der Berichtende zurück und überlässt dem Leser das Bewerten.
Vor dem Schreiben eines Berichts sollten folgende Fragen beantwortet werden:

1. Was muss der Empfänger des Berichts unbedingt wissen?
2. Welchen Zweck hat der Bericht?
   (Ist er z. B. für eine Versicherung [= Unfallbericht], soll er über ein Ereignis die Allgemeinheit informieren? ...)

Ein Unfallbericht muss lückenlos sein.

Dabei sind vom Berichtenden folgende **Leitfragen** zu beachten:

1. *Was* habe ich *wo* beobachtet?

2. *Wann* hat sich das Geschehen ereignet?
3. *Wer* war in *welcher Weise* am Geschehen beteiligt?
4. In *welcher Reihenfolge* hat sich das Beobachtete ereignet?

Hinweise für die Gestaltung eines Berichts

1. **Voraussetzung:** Das Geschehen genau beobachten, wichtige Einzelheiten in *zeitlicher Abfolge* präzise benennen.
2. **Sprache:** In klarer, nüchterner, *sachlicher,* knapper *Sprache* schreiben. Es darf *keine eigene Meinung* und *Wertung* einfließen. Auf jegliche Ausschmückung und Übertreibung verzichten.
3. **Zeitform:** Es werden die Zeitformen der **Vergangenheit** verwendet.

Immer daran denken: Ein Bericht ist eine Meldung über Vorkommnisse. Deshalb lückenlos, genau, nachvollziehbar berichten.

Schritte beim Aufschreiben

Entsprechend den *vier Leitfragen* werden
1. die *Beobachtungen* nach der zeitlichen Reihenfolge und bei Sachverhalten (Rechenschaftsbericht) nach deren Wichtigkeit *geordnet;*
2. die *Beobachtungen* präzise *dargestellt* – vor allem die entscheidenden Vorkommnisse.
3. die Erarbeitung nochmals überprüft, ob objektiv, klar gegliedert, in zeitlich genauer Reihenfolge *ohne eigene Meinung* der Leser sich ein genaues Bild vom Geschehen machen kann.

Unfallbericht (Berliner Kurier vom 25.03.2002)

A9: Reisebus in Flammen

Rauch, Flammen, Angst – ein Berliner Reisebus brannte in der Nacht auf der A9 bei Gefrees (Oberfranken) aus. Die 27 Passagiere kamen mit dem Schrecken davon.
Der Bus der Firma Düsentrieb war auf dem Weg von der Schweiz nach Berlin. „Unsere Gäste kamen aus dem Ski-Urlaub", sagte Geschäftsführer Ralph Kostrzewski. Kurz nach Mitternacht bemerkte der Fahrer (45) nahe der Ausfahrt Gefrees Rauch, stoppte und ließ die Fahrgäste aussteigen. Dann musste er zusehen, wie der gesamte Bus in Flammen aufging. „Die Hitze war so groß, dass die Fahrbahndecke der Brücke schmolz", sagte ein Polizeisprecher – 180 000 Euro Schaden.
Die Fahrgäste wurden in der Stadthalle der Ortschaft vom Deutschen Roten Kreuz betreut, konnten gegen 2 Uhr die Heimreise antreten. Ein Bus der Firma Holiday auf einer Leerheimfahrt nahm sie mit.

Schilderung

Im Gegensatz zu einem Bericht wird in einer **Schilderung** ein Ereignis oder ein Erlebnis anschaulich und *persönlich gefärbt* dargestellt.

Eine Schilderung zeigt immer die **persönliche Sicht** eines Erlebnisses oder Geschehens. Darum ist sie immer anschaulich, bildhaft und farbig. Ihr Ziel ist nicht die sachliche Information, sondern die *Vermittlung* von *Stimmungen* und *Empfindungen.* Die Wirkung des Geschehens und die Atmosphäre sind wesentlich.
Deshalb kann mit einer Schilderung der **Wortschatz** bedeutend erweitert werden.

Zum Vergleich zwei Beispiele:

Die Silvesternacht (Bericht)

Die diesjährige Silvesternacht war sehr kalt. Das hielt die Bürger nicht ab, wie jedes Jahr Raketen und Leuchtkugeln in den Himmel zu schießen. Sie begrüßten wieder mit Feuerwerk und Böllerschüssen für einige Tausende Euro das neue Jahr.

Silvesternacht (Schilderung) aus dem Roman „Holunderzeit" von LEONIE OSSOWSKI:

Zum Abend hin wurde es immer kälter. Der Schnee vor der Bushaltestelle, festgetreten und grau, ließ sich nicht mehr von der Straße kehren, war mit Sand überstreut und bildete kleine, gefrorene Wülste, die den Bürgersteig holprig machten. Ein weißgelber Mond verbreitete frostiges Licht, das lange, scharf gezeichnete Schatten warf. Wie Scherenschnitte, dachte Anna und suchte durch das blattlose Geäst der Platanen den Winterhimmel nach dem Großen Bären ab, suchte das kleine Reiterlein, das sie wegen seiner Unscheinbarkeit liebte und das zu sehen sie sich heute, in der letzten Stunde des alten Jahres, wünschte. Aber der allesbeherrschende Vollmond ließ in dieser Nacht ein so kleines Sternenlicht nicht zu.
Da waren die Leuchtkugeln schon etwas anderes. Rot und grün schossen sie in großen Abständen lautlos hinter den Häusern hervor, schwebten als Vorboten der Silvesterknallerei wie in den Himmel gehängte Weihnachtskugeln über den Dächern und hätten nach Annas Meinung genügt, um das neue Jahr zu begrüßen.

Hinweise zum Schreiben einer Schilderung

1. **Inhalt:** Der *Kern* der Darstellung ist stets ein *wirkliches Ereignis* oder Erlebnis. Die *persönliche Sicht,* sie kann packend-dramatisch oder nachdenklich, betroffen oder überlegen-humorvoll, idyllisch bis sentimental sein. Äußere Ereignisse oder Zustände werden mit *eigenen Empfindungen* und *Gedanken* verknüpft. Der Leser soll *Anteilnahme* und *Gefühle* spüren und nachempfinden können.
2. **Sprache:** Die *Sprache* ist *individuell* geprägt. Der Satzbau ist abwechslungsreich. Zum Ausmalen dienen farbige und wertende Adjektive und Verben der Bewegung. Besonders wirkungsvoll ist es, **Sprachbilder** und **Vergleiche** heranzuziehen.

3. **Zeitform:** Es sind sowohl Formen der **Gegenwart** als auch der **Vergangenheit** möglich. Zu beachten ist, dass das Präsens direkter und unmittelbarer wirkt.

3.1.9 Protokoll

Protokolle sind besondere Formen des **Berichts.** In einem Protokoll werden die *wesentlichen Schritte* eines *Ablaufs* und die *Hauptergebnisse* einer Verhandlung, einer Versammlung, Besprechung, Diskussion, eines Vortrags oder eines Experiments wiedergegeben.

Mit einem Protokoll wird das Ziel verfolgt, Informationen für Abwesende bereitzustellen oder den Teilnehmern eine **Gedächtnisstütze** zu geben. Je nach Situation und Verwendungszweck wird das **Verlaufsprotokoll** oder das **Ergebnisprotokoll** bevorzugt. Beim Anfertigen eines Protokolls muss sich der Schreiber an ganz bestimmte Vorgaben zu Inhalt und Form halten. In jedes Protokoll gehören
- der Ort,
- das Datum und die Zeit,
- die Anwesenden,
- das Thema und
- der Protokollant.

Verlaufsprotokoll

Neben den genannten Punkten enthält das **Verlaufsprotokoll** die wichtigsten Stellen eines Verlaufs in der korrekten zeitlichen **Reihenfolge** der einzelnen **Teilschritte.** Die Redebeiträge werden stichpunktartig in ihren Hauptpassagen wiedergegeben. Das Ergebnis wird schriftlich festgehalten. Diese Art des Protokolls ist sehr aufwendig und verhältnismäßig umfangreich.

Mögliche Form eines Verlaufsprotokolls:

Thema:
Datum:
Ort/Zeit:
Teilnehmer/innen:
Protokollant/in:
Tagesordnung:
1. ...
2. ...
3. ...
Verlauf:
1. Redner (Name):
2. Redner (Name):
3. Redner (Name):
Ergebnis/Beschluss:
Unterschrift Protokollant/in:

Die Beratung der Schülervertretung wird protokolliert. Es kann ein Verlaufs- oder Festlegungsprotokoll sein.

In der Agenda 21 wurden die wesentlichen Beschlüsse der Umweltkonferenz von Rio de Janeiro festgehalten.
Die Agenda ist sowohl Programm als auch **Ergebnisprotokoll.**

Ergebnisprotokoll

Neben den bereits genannten Punkten hält das **Ergebnisprotokoll** die endgültigen **Beschlüsse** oder **Ergebnisse** einer Gesprächsrunde fest. Dabei werden **Zwischenergebnisse** zusammengefasst und notiert. Wie diese Ergebnisse zustande kamen, ist für den Adressaten nicht mehr nachvollziehbar, denn Redebeiträge oder Meinungen werden nicht erfasst.
Das Ergebnisprotokoll ist relativ kurz, da es das Wesentliche, z.B. das Ergebnis eines Experimentes im Physikunterricht, wiedergibt.

Mögliche Form eines Ergebnisprotokolls:

Thema:
Datum:
Ort/Zeit:
Teilnehmer/innen:
Protokollant/in:
Zwischenergebnisse/Teilbeschlüsse:
Ergebnisse/Beschlüsse:
1. ...
2. ...
3. ...
Unterschrift Protokollant/in:

Eine besondere Form des Protokolls in der Schule ist das **Gruppenarbeits-/Projektprotokoll.**

Gruppenarbeits-/Projektprotokoll

Schüler haben eine Projektarbeit erfüllt und werden nun ein Projektprotokoll erarbeiten.

Das **Gruppenarbeitsprotokoll** gibt die einzelnen Teilnehmer der Gruppe, die Aufgabenverteilungen, festgelegte Termine, Arbeitsschritte sowie die Organisation der Arbeit wieder. Es erfasst neben dem eventuellen *Verlauf* der **Gruppenarbeit** wesentliche **Ergebnisse** einzelner und die Endergebnisse aller Beteiligten. Die **Auswertung** der Ergebnisse erfolgt in zusammenhängenden Sätzen. Aus dieser Art Protokoll wird ersichtlich, welchen *Anteil jedes einzelne Mitglied* der Gruppe bei der Lösung des Auftrages hatte.

Mögliche Form eines Gruppenarbeitsprotokolls:

Thema:
Teilnehmer der Gruppe:
Aufgabenverteilung:

Name	Aufgabe	Termin
...	...	...
...	...	...

Arbeitsschritte:
Organisation der Arbeit:
Arbeitsergebnisse:

Name	Teilergebnisse
...	...
...	...

Endergebnisse:
Auswertung:

Versuchsprotokoll (Experiment)

Das **Versuchsprotokoll** enthält neben der *konkreten Aufgabenstellung* alle benötigten Geräte, Hilfsmittel und Stoffe/Stoffgemische. Der **Versuchsaufbau** wird gegebenenfalls skizziert und beschriftet. Eine inhaltliche Vorbetrachtung unterstützt die Nachvollziehbarkeit des Versuchs.

Vor dem Versuch stellt der Protokollant Vermutungen über den *Verlauf* und das *Ergebnis* an und notiert diese im Versuchsprotokoll. Die Durchführung des Versuchs wird stichpunktartig festgehalten, und die Beobachtungen und erzielten Messwerte während des Versuchs werden aufgeschrieben. Am Ende wird der Versuch ausgewertet, und in zusammenhängenden Sätzen wird auf die Aufgabenstellung eingegangen und das Ergebnis festgehalten.

Mögliche Form eines Versuchsprotokolls:

Thema:
Aufgabenstellung:
Vorbetrachtung:
Vermutung:
Geräte/Hilfsmittel:
Benötigte Stoffe:
Versuchsaufbau/Experimentieranordnung/Skizze:
Versuchsverlauf/Durchführung:
Beobachtungen:
Messwerte:

Zusammenfassende Hinweise

Zeitform: Für das Protokollieren kann sowohl das Präsens als auch das Präteritum verwendet werden.
Gliederung: Sie erfolgt entsprechend den einzelnen Phasen des Ablaufs – bei Konferenzen z. B. auf Grundlage der Tagesordnung.
Sprache: Genaue, sachliche Sätze ohne persönliche Wertung.

Versuchsprotokoll zur Untersuchung der Flamme eines Gasbrenners:

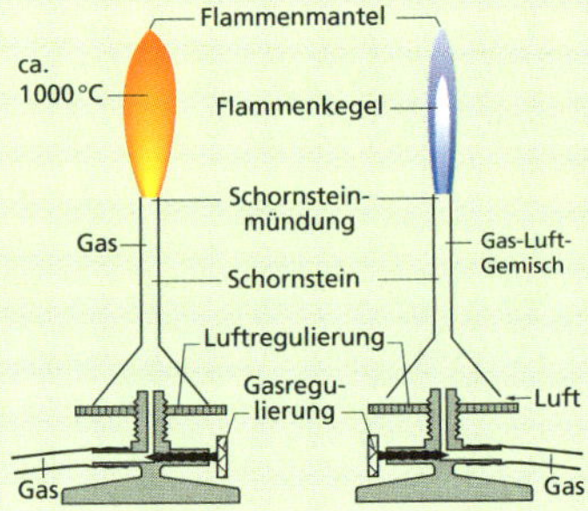

Auswertung:

Die Brennerflamme im Experiment

Aufgabe:
Untersuche die Flamme eines Gasbrenners!

Vorbereitung:
Geräte: Gasbrenner, Streichhölzer, Magnesiastäbchen, Tiegelzange
Chemikalien: Stadtgas, Propangas oder Butangas

Durchführung:
Das Magnesiastäbchen wird nahe an der Schornsteinmündung in die Brennerflamme gehalten, sodass es an beiden Seiten der Flamme herausragt. Anschließend wird es langsam nach oben geführt.

Beobachtung:
a) Ohne Luftzufuhr
- Die Brennerflamme flackert und leuchtet gelb;
- in der Flamme glüht das Magnesiastäbchen schwach gelblich;
- hält man das Magnesiastäbchen an den oberen Flammenrand, wird es schwarz.

b) Geöffnete Luftzufuhr
- Die Brennerflamme ist eine entleuchtete blaue Flamme, die bei starker Luftzufuhr rauscht. Ein innerer und ein äußerer Flammenkegel sind sichtbar.
- Im Innenkegel erfolgt keine Farbänderung. Das Magnesiastäbchen bleibt weiß.
- Direkt über dem Innenkegel glüht das Magnesiastäbchen rot.

Auswertung:

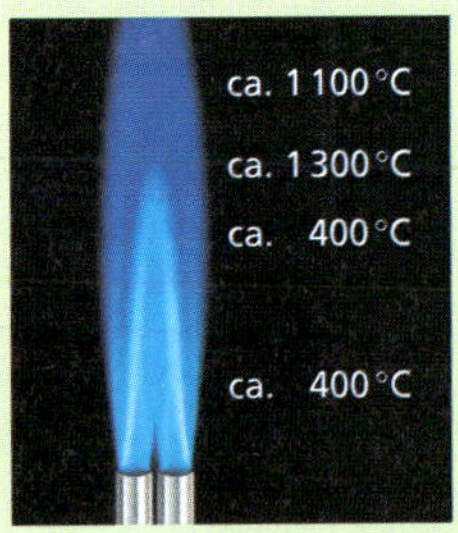

Durch die unterschiedliche Luftzufuhr entstehen zwei unterschiedliche Brennerflammen. Da die leuchtende Flamme eine niedrigere Temperatur besitzt als die nicht leuchtende (rauschende) Flamme, glüht das Magnesiastäbchen noch schwächer auf. Die Leuchtflamme weist eine Temperatur von ca. 1 000 °C auf.
Die Heizflamme entsteht bei Luftzufuhr. In dieser Flamme sind unterschiedliche Temperaturzonen vorhanden (Abb.). Das erkennt man an der Farbänderung des Magnesiastäbchens in b).

3.1.10 Erörterung

Eine **Erörterung** ist eine schriftliche Form der *gedanklichen Auseinandersetzung* mit einem Thema oder einem Text. Entscheidend sind einleuchtende **Argumente** und eine schlüssige *Gedankenentwicklung* oder *Beweisführung.*

Es werden zwei *Formen* von Erörterungen unterschieden:
- die **Pro-Kontra-Erörterung** (dialektische Erörterung) und
- die **lineare** oder **steigernde Erörterung.**

In der **Pro-Kontra-Erörterung** geht es darum, zwei gegensätzliche Positionen im Detail zu erfassen und sie gegeneinander abzuwägen. Im Aufsatz muss deutlich werden, wo nach Meinung des Schreibers die stärkeren *Argumente* liegen, auf welche Seite sich die Waage neigt (pro oder kontra). Für den Leser muss das gefundene begründete Urteil nachvollziehbar sein.
Bei **linearen** bzw. **steigernden Erörterungen** werden die Argumente der Wichtigkeit nach aufeinander aufgebaut. So kommt eine gewisse **Steigerung** der **Argumente** zustande, daher auch der Name lineare oder steigernde Erörterung. Die **lineare Erörterung** erkennt man oft daran, dass sie mit einer **W-Frage** eingeleitet wird (z. B. **W**arum ist es sinnvoll, jeden Tag Zeitung zu lesen?). Bei der linearen Erörterung wird nur die Darstellung *einer Seite* eines Problems verlangt. Die **steigernde Erörterung** beschäftigt sich intensiv mit allen im Thema enthaltenen Problemen. Es werden Argumente mit Beispielen gesammelt.

Arbeitsschritte

Um eine nachvollziehbare Erörterung zu formulieren, sind bestimmte Arbeitsschritte einzuhalten.

1. **Stoffsammlung**
   Um möglichst viele Argumente zu sammeln, wird als erster Schritt eine **Stoffsammlung** angelegt, die sich auf die einzelnen Bestandteile der *Fragestellung* bezieht. Zur Erhöhung der Beweiskraft wird in einem *zweiten Schritt* nach guten Argumenten gesucht. Diese können sein:
   - wissenschaftliche Belege,
   - Fakten,
   - Zahlen (z. B. statistische Erhebungen),
   - verallgemeinerbare Erfahrungen.

2. **Planung des Aufbaus**
   Einleitung: Der Leser soll an das Thema herangeführt und sein Interesse dafür geweckt werden (persönliche Erfahrungen, Fakten, aktuelle Bezüge). Es sollten bereits **Schlüsselbegriffe** erklärt werden.
   Hauptteil: Im Hauptteil werden die Argumente in der Reihenfolge *These, Beweis* oder *Beispiel, Folgerung* dargelegt. Hier soll über die Problematik umfassend informiert werden und eine überzeugende Schlussfolgerung gezogen werden. Dies geschieht durch **Argumenta-**

Argument: lat. argumenta = Erhellung, Veranschaulichung, Beweis

tionsketten, d. h. durch das Verbinden der verschiedenen Argumente mit Überleitungsformen (z. B. weiterhin, darüber hinaus, wie sich schon aus dem zuletzt genannten Argument ergibt ...). Ziel ist es, den Sachverhalt nicht nur zu klären, sondern **Lösungsvorschläge** zu unterbreiten, Strittiges zu klären, Kompromisse zu schließen oder sogar Entscheidungen zu treffen.

Schluss: Der Schluss bringt die **Meinung,** die aufgrund der Argumentation gewonnen wurde, zum Ausdruck. Wichtige **Argumente** können noch einmal kurz genannt werden. Der Schluss kann auch bestehen aus

- einer zusammenfassenden **Bilanz** der Argumente oder
- einer abschließenden persönlichen **Stellungnahme** oder
- einer **Aufforderung,** einem Appell oder
- einem Ausblick auf zu erwartende *künftige Entwicklungen* zur Thematik oder
- einem persönlichen, aber auf die Argumentation sich beziehenden *Wunsch,* der sich aus der Thematik ergibt.

Der Schluss kann auch *offen* sein.

Zusammenfassende Darstellung der Gliederung

Einleitung einer Pro-Kontra-Erörterung (als Hinführung zum Thema):

Definition: eindeutige Begriffsbestimmung

aktueller Anlass, eigene Erfahrung, Eingrenzung des Themas durch Definition des zentralen Begriffs, passendes Zitat oder Sprichwort

Hauptteil:

These = Behauptung, die bewiesen werden muss

1. die **These/Behauptung** (das Pro)
1.1
1.2 Gründe und Belege
1.3
...
2. die **Gegenthese/Antithese** (das Kontra)
2.1
2.2 Gründe und Belege
2.3
...
3. **Abwägung/Entscheidung** für den Pro- oder Kontra-Standpunkt oder für einen Kompromiss

Schlussteil (als Abrundung der Pro-Kontra-Erörterung):

Ausblick auf die Zukunft, Hinweis auf Ähnliches, Anknüpfung an die Einleitung

Folgende Arten von Erörterungen werden unterschieden:

Textgebundene Erörterung

In einer **textgebundenen Erörterung** setzt sich der Autor argumentativ mit den Inhalten eines oder mehrerer Texte auseinander. Dabei wird die

Textvorlage erschlossen, und der Verfasser der Erörterung betrachtet *kritisch* den vorliegenden Text, setzt sich mit ihm auseinander und stützt bzw. entkräftet vorgegebene Meinungen bzw. Behauptungen. Dabei ist eine **lineare** oder eine **dialektische Erörterung** möglich.

Freie Erörterung

In der **freien Erörterung** wird ein Thema unabhängig von einer Textvorlage behandelt. Es geht wie in der textgebundenen Erörterung um die *Aneinanderreihung* von **Argumenten** und die **Begründung** der eigenen Meinung.

Dialektische Erörterung

Bei der **dialektischen Erörterung** handelt es sich um die Auseinandersetzung mit einem Problem, das als **Entscheidungsfrage** formuliert werden kann. In der **Einleitung** werden die beiden *gegensätzlichen Positionen* benannt, und im **Hauptteil** der **Argumentation** werden diese nacheinander und anschließend gegeneinander abgewogen, dazu **Thesen** formuliert, diese mit Argumenten unterstrichen und im folgenden Abschnitt des Hauptteiles **Gegenthesen** erstellt und diese ebenfalls mit Argumenten belegt. Der Verfasser wägt im **Schlussteil** die Fakten und Argumente ab und entscheidet sich für ein Ergebnis. Dabei kann ein *Kompromiss* formuliert oder die Erkenntnis vermittelt werden, dass es keine Lösung gibt. In diesem Falle handelt es sich um einen offenen Schluss.

Dialektik: griech. dialektike = Kunst der Gesprächsführung. Dialektik ist eine Methode der Erkenntnisgewinnung, die auf Rede und Gegenrede beruht.

Aufbau einer dialektischen Erörterung

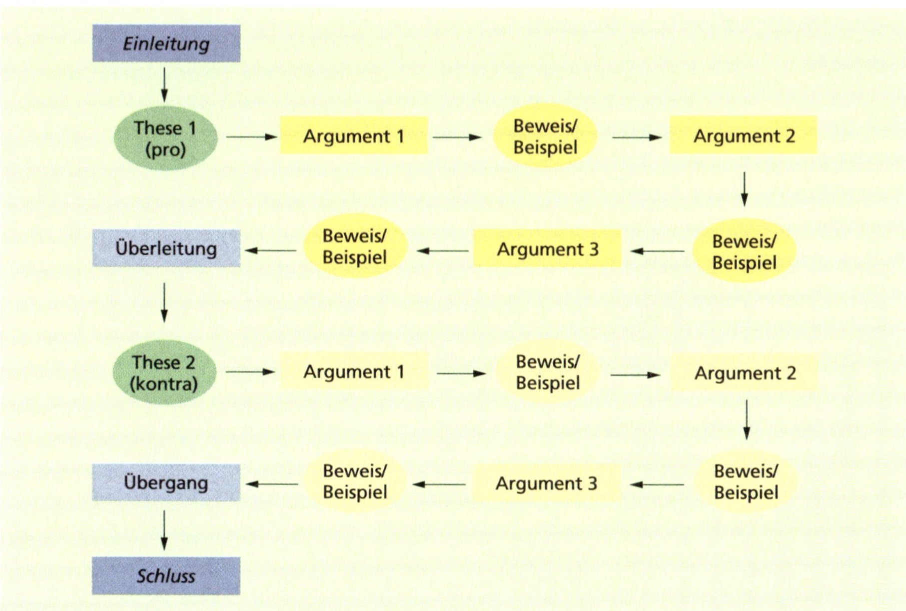

Schematische Darstellung einer Argumentation

These	Argument	Beweis	Beispiel	Folgerung
Sprachliche Mittel:	da, weil, denn, nämlich, deswegen	sodass, wie, damit, falls, weil, beispielsweise		daher, somit, demnach, also

3.1.11 Textanalyse und Textinterpretation

Bei **Texten** handelt es sich um **schriftliche Vorlagen,** die **Gebrauchstexte** wie Zeitungsberichte, Kommentare, Briefe, Werbetexte, Anzeigen und Kritiken sowie **literarische Texte** wie Romane, Erzählungen, Gedichte, Schauspiele sein können.

Analyse: griech. analysis = Auflösung, Zergliederung. Wenn man etwas analysiert, wird etwas untersucht. Analysen dienen der Aufdeckung innerer Zusammenhänge von Gegenständen, Sachverhalten und Ereignissen. Analysen sind in allen Bereichen des menschlichen Lebens üblich.
Interpretieren: lat. interpretari = auslegen, deuten, erklären.

> Das **Analysieren** eines Textes beinhaltet das **Erkennen** und **Benennen** von Merkmalen des Textes und das **Deuten** dieser Merkmale.

Texte bestehen aus sprachlich-stilistischem Material. Sie haben eine äußere Form und eine innere Struktur. In ihnen verdichtet sich ein Inhalt – ein Stoff. Es ist wichtig, Aussage, Absicht und darstellerische Mittel eines Textes zu erkennen.
Analysiert man einen Text, wird dieser unter verschiedenen Aspekten betrachtet.
Bei der **Formanalyse** werden die Bestandteile der Form (z. B. Aufbau und Gliederung, Strophe, Vers, Reim) untersucht.
Die **Strukturanalyse** beschäftigt sich mit der Anlage des Werkes, d. h., sie betrachtet das Gefüge des Textes (Aufbau, Motive und Motivgeflechte).
Die **Stilanalyse** untersucht die sprachlichen Eigenheiten, d. h., der Stil wird untersucht.
Die Ergebnisse jeder einzelnen Analyseform werden in einer **Werkanalyse**/auch: **Interpretation** zusammengefasst.

Formen von Textanalysen und Interpretationen

1. Analyse eines Prosawerkes
2. Gedichtinterpretation
3. Analyse/Interpretation von Dramen

Um eine umfassende **Interpretation** anfertigen zu können, sollten bestimmte **Analyseaspekte** beachtet werden:

1. bei der **Textinterpretation (epische Texte):**
   - Thema
   - zentrale Motive
   - Erzählperspektive
   - sprachliche Besonderheiten

- Figurenkonstellation
- Zeitgestaltung
- Raumgestaltung
- Aufbau der Handlung

2. bei der **Gedichtinterpretation:**
   - formaler Aufbau (Strophenaufbau, Gedichtform, Reim, Versmaß)
   - inhaltlicher Aufbau (Titel, Thema, Motiv, Handlung, lyrisches Ich)
   - sprachliche Gestaltung (Metaphern, Schlüsselwörter, Vergleiche, weitere Mittel)
   - Entstehungshintergrund (zeitliche Einordnung und zeitgeschichtliche Ereignisse, Autor/-in)

3. bei der **Interpretation** einer **Dramenszene:**
   - Stellung und Bedeutung für das gesamte Drama
   - Inhalt der Szene (Stellung der Szene im Handlungsverlauf)
   - dramatische Gestaltung (Formen des Sprechens, Reaktionen der Figuren, Schreibtechniken)
   - Aufbau
   - Thema
   - Figuren (Konstellation der Figuren, Tätigkeiten und Gebärden, Sprache, Absichten)

Eine Dramenszene

Analyse eines Prosawerkes (Roman)

Ein **Roman** entwirft vielschichtige Bilder von *Menschenschicksalen* in ihrem *geschichtlichen Umfeld.*

Romane sind seit dem 19. Jahrhundert weit verbreitet. Bereits im 16./17. Jahrhundert wurde der Roman als umfangreicher **Prosatext** entwickelt (vgl. BWS Literatur). Die Bezeichnung leitet sich her von der dem 12. Jh. entstammenden Wortbildung „romanz“, die alles Volkssprachige bezeichnete, im Unterschied zur lateinischen Gelehrtensprache.
Im Mittelpunkt der **Romanhandlung** stehen meist Einzelpersonen, ihr persönliches Schicksal, das in einer bestimmten Zeit unter bestimmten gesellschaftlichen Umständen dargestellt wird. Aber auch eine Gruppe von Menschen, die einen bestimmten Lebensabschnitt gemeinsam erleben, kann Gegenstand eines Romans sein.
Für die Anlage eines Romans sind folgende struktuierende Elemente von Bedeutung:

- **Personen:** ihre persönliche Situation, ihr Verhältnis zu anderen Personen, ihre Probleme
- **Raum und Zeit:** Ort der Handlung und Zeitraum, in dem die Handlung spielt
- **Handlung:** Verdichtung und Höhepunkte, Leitmotiv
- **Erzählperspektive:** vermittelt die Handlung ein „Ich-Erzähler“, gibt ein allwissender Erzähler einen Überblick oder erzählt ein „personaler Erzähler“ aus der Sicht einer Figur heraus?

Die **Aufsatzthemen** beziehen sich meist auf ein **zentrales Bauelement** des Romans. So können sich die Themen beziehen auf die

1. Charakterisierung und Entwicklung von *Haupt- und Nebenpersonen,* Beziehungen, Probleme der Handlung
2. Bedeutung wesentlicher *Textstellen,* z. B. entscheidende Dialoge
3. Bedeutung wichtiger *Motive*
4. Bedeutung des *Ortes* oder *Zeitraums* des Romans
5. Bedeutung des *Titels* oder Beziehung zwischen *Anfang* und *Ende*
6. *Charakterisierung* der *Hauptpersonen*

Bei der **Charakterisierung** der Hauptpersonen geht es darum, das Wesen, die Eigenschaften, Verhaltensweisen und ihre Entwicklungen zu beschreiben. Dabei werden Angaben zur Person *direkt* dem Text entnommen und eigene **Schlussfolgerungen** aufgrund des Verhaltens und der Äußerungen der Person gezogen. Die Folgerungen sollten mit Textbeispielen belegt werden.

Arbeitsschritte einer Romananalyse

Vorarbeit

1. Gründliches Lesen, um den Text zu erfassen
2. Kennzeichnen auffälliger Textstellen durch Unterstreichen, Einkreisen, Anmerkungen am Textrand
3. Klären unbekannter Begriffe und Wörter

Erschließungsfragen

Vorfragen

- Von wem wurde der Roman verfasst? Wann ist er entstanden?

Hauptfragen

- Worum geht es inhaltlich? Wie ist der Roman aufgebaut? Mit welchen sprachlichen Mitteln erreicht der Verfasser seine Aussageabsicht (z. B. Umgangssprache, poetische Sprache, besondere Ausdrücke, Dialekte u. a.)? Welches sind die zentralen Textstellen? Welche Hauptaussage hat der Text? Welche Aussageabsicht hat der Verfasser?

Zusatzfragen

- Wie wirkt der Text auf den Leser? Kann man den Text in einen Gesamtzusammenhang einordnen, z. B. Aussage einer bestimmten Zeit, steht der Text im Zusammenhang mit anderen Werken des Autors?

Der Roman „Bekenntnisse des Hochstaplers Felix Krull" wurde 1957 verfilmt. Die Hauptrolle spielte HORST BUCHHOLZ, die Zouzou INGRID ANDREE.

THOMAS MANN: „Bekenntnisse des Hochstaplers Felix Krull"
Beschreibe den Hochstapler Felix Krull als Tennisspieler.

- Gehe dabei auf die Wortwahl ein, z. B. auf den Gebrauch der Fachbegriffe des Tennisspielens.
- Warum ist das Tennisspielen für einen Hochstapler eine besondere Herausforderung? Wie wird sie von Felix Krull gemeistert?

Felix Krull, der Hochstapler, ist unter falschem Namen als Marquis nach Portugal gereist und hat sich dort von der schönen Zouzou zum

Tennisspielen einladen lassen. Er hat schon beim Tennisspielen zugeschaut – es aber noch nie selbst versucht! Daher empfindet er deutlich, dass die Annahme dieser Einladung „keine kleine Keckheit" ist, zumal seine Freundin sehr spöttisch und kritisch ihm gegenüber ist und viele Zuschauer mitbringt. Felix Krull kommt absichtlich etwas zu früh auf den Tennisplatz. Wir erfahren, dass er die perfekte Kleidung trägt: Flanellhosen, weißes Hemd, Leinwandschuhe. Jeder Hochstapler achtet darauf, dass er äußerlich der Person vollkommen gleicht, die er nachahmen will. Diese „überzeugende Tracht" beflügelt seine Stimmung. Er ist fest entschlossen, das Spiel zu wagen. Da er noch allein ist, fängt er an zu üben. Wichtig ist ihm nicht, dass ihm viele Schläge misslingen; wichtig ist, dass er eine positive Einstellung zu den Spielgeräten gewinnt. Sie erscheinen ihm „hübsch", er empfindet „Genuss", wenn er den Griff des Tennisschlägers umfasst, die Tennisbälle sind „allerliebst". Sein Charakter als Hochstapler wird deutlich, indem er seine stümperhaften Versuche mit den korrekten Fachausdrücken des Tennisspiels beschreibt: Racket, Schaufelbewegung, Vor- und Rückhandschlag, Gegenhof, Single. Diese Fachbegriffe spiegeln vor, dass sein Üben tatsächlich mit dem Spiel von Profis vergleichbar sei. Fachausdrücke werden auch bei der Beschreibung des späteren Spiels verwendet: Out, Game, servieren, Treibschlag, Serviceball, Retournieren, Vorhanddrive ... Es ist für den geschicktesten Hochstapler sehr schwer, einen Tennisspieler nachahmen zu wollen: Entweder man hat Tennis spielen gelernt oder nicht. Wie verhält sich Felix Krull in dieser für ihn fast aussichtslosen Situation? Zu Anfang des Spiels hat er Glück: Er kann den ersten Ball mit Präzision zurückgeben. Auch später hat er manchmal Glück, wenn er schwierige Spielzüge „aus purem Ingenium" meistert. Dadurch „verblüfft" er die Zuschauer. – Felix Krull versucht, die Zuneigung der Zuschauer zu erwerben, indem er ihre Heiterkeit erregt. Er scheint das Spiel nicht ernst zu nehmen, jongliert mit dem Ball herum und treibt allerlei „Mätzchen". Es ist für ihn vorteilhafter, wenn die Zuschauer lachen, als wenn sie ihn auslachen. – Ein weiters Mittel ist, dass er, der schöne Jüngling, beim Spiel hübsche Posen einnimmt, die den Zuschauern gefallen und die ihm Beifall einbringen. Die Anwesenheit seiner Freundin Zouzou versetzt ihn in Hochstimmung und feuert ihn an. Obwohl er die schlimmsten Fehler macht und zum Schluss verliert, wird sein Spiel von seinen Partnerinnen „amüsant" und „un peu phantastique" genannt. Das ist ein großer Erfolg für den Hochstapler, der zum ersten Mal in seinem Leben Tennis gespielt hat. (...)
(aus: Duden Abiturhilfen – Aufsatz Deutsch)

Einleitung zur 2. Teilaufgabe

Kleidung

„Schein ist mehr als Sein" – Devise des Hochstaplers

Fachausdrücke

Mittel, die Felix einsetzt, um das Spiel zu meistern

Beurteilung seines Spiels durch seine Partnerinnen

Gedichtinterpretation

Das **Gedicht** ist ein literarisches Werk, das zur Gattung **Lyrik** gehört.

In vielen Gedichten drückt der Dichter seine Gedanken, Gefühle, Stimmungen und Erlebnisse aus. Dafür wählt er oft eindrucksvolle **sprachliche Bilder.**

Ursprünglich wurde alles Geschriebene *Gedicht* genannt. Im 18. Jh. wurde die Bezeichnung auf den poetischen Bereich beschränkt.

Das Gedicht gibt in besonderem Maße *persönliche Gedanken* wieder und wirkt unmittelbar auf den Hörer und Leser ein. Der Dichter fügt seine Worte in eine bestimmte Ordnung von betonten und unbetonten Silben **(Hebungen** und **Senkungen),** von **Versen** und **Strophen,** wobei sich die Verse nicht unbedingt reimen müssen. Zu den Gedichten zählen Elegien, Hymnen, Oden, Sonette, Sprüche und Lieder (vgl. BWS Literatur).
In der **Lyrik** äußert sich ein Sprecher oft direkt als „ich". Diesen Sprecher in Gedichten nennt man das **lyrische Ich.** Dieses Ich kann
- über Ereignisse berichten,
- Landschaften schildern,
- eigene Gedanken und Gefühle äußern,
- eine subjektive Stimmung mitteilen,
- weitere Personen im Gedicht ansprechen.

Nicht immer ist das **lyrische Ich** erkennbar. Dann werden Gedanken oder Schilderungen unmittelbar erzählt.

Beispiel für ein erkennbares lyrisches Ich:
THEODOR STORM, „Die Stadt", 3. Strophe

...
Doch hängt *mein ganzes Herz* an dir,
Du graue Stadt am Meer.
Der Jugend Zauber für und für
Ruht lächelnd doch auf dir, auf dir,
Du graue Stadt am Meer.

Versmaß

Metrik = Verslehre

In einem Gedicht herrscht ein bestimmtes **Versmaß,** d. h., es erfolgt ein Wechsel zwischen betonten und unbetonten Silben. Dieser Takt wird **Metrum** genannt.
Das Versmaß wird durch die Anordnung der einzelnen Wörter mit ihren Hebungen (betonten Silben) und Senkungen (unbetonten Silben) gebildet. Der Versfuß ist die kleinste Einheit des Metrums. Die häufigsten Versfüße sind

Zeichen für betonte Silbe –,
Zeichen für unbetonte Silbe ∪.

- der Jambus: steigende Betonung von unbetonter zu betonter Silbe

∪ – ∪ – ∪ – ∪

Der Mond ist aufgegangen

- der Trochäus: fallende Betonung von betonter zu unbetonter Silbe

– ∪ – ∪ – ∪ – ∪

Still senkt sich die Nacht hernieder

Rhythmus

Wichtigstes Strukturelement des Verses ist der **Versrhythmus.** Darunter sind das Sprachtempo, Pausen, Verbindungen gleicher Versfüße (in der germanischen Sprache durch Haupt- und Nebenbetonung hervorgerufen) und ein bestimmtes Spannungsgefälle der Verse zu verstehen. Letzteres muss nicht mit dem metrischen Schema übereinstimmen.

Rhythmische Mittel

- Akzent
  - Wortbetonung
  - Satzbetonung
- Pause
- Tempo
- Klangfarbe
  - helle, dunkle Vokale
  - weiche, harte Konsonanten

Der Rhythmus des deutschen Verses ist an eine regelmäßige Folge von Hebungen und Senkungen gebunden.

Der rhythmische Ablauf zwischen Pausen heißt **Kolon.**

Allgemeine Regeln:
- Wer alles betont, betont nichts.
- Der Inhalt entscheidet über die Hauptbetonung.
- Pausen und deren Längen nach Sinneinheiten setzen.
- Das Vortragstempo ist abhängig von der Gesamtstimmung eines Gedichts.

Es werden unterschieden:
- fließender Rhythmus
- strömender Rhythmus
- bauender Rhythmus
- spröder bzw. gestauchter Rhythmus
- tänzerischer Rhythmus

In der deutschen Dichtung haben sich mit dem 18. Jahrhundert die freien Rhythmen herausgebildet. Hier werden die Verse durch einen stark ausgeprägten Rhythmus geformt ohne die Regelmäßigkeit eines Metrums und ohne Reim.

Reim

Ein wesentliches Strukturelement eines Gedichts ist der **Reim.** Dabei ist die häufigste Form der **Endreim.** Endet ein Reim mit einer Hebung, spricht man vom **männlichen Vers** oder der **stumpfen Kadenz.** Klingt der Vers mit einer unbetonten Silbe aus, so spricht man vom **weiblichen Vers** oder der **klingenden Kadenz**. Beim Endreim unterscheidet man den

- **Kreuzreim** (Reimschema = abab):

Dein blaues Auge *steht,*
ein dunkler See vor *mir,*
dein Hauch, dein Kuß *umweht,*
dein Flüstern mich noch *hier.*

- **Paarreim** (Reimschema = aabb):

Ich bin meiner Mutter einzig *Kind,*
Und weil die andern ausgeblieben *sind,*
Was weiß ich wie viel, die sechs oder die *sieben,*
Ist eben alles an mir hängen *blieben; …*

– **umarmenden Reim** (Reimschema = abba):

> Wenn ich, von deinem Anschaun tief ge*stillt,*
> Mich stumm an deinem heilgen Wert vergnüge,
> dann hör ich recht die leisen Atemzüge
> Des Engels, welcher sich in dir ver*hüllt.*

Sonderformen des Reims sind

Der Stabreim, auch Anlaufreim, war in der germanischen Dichtung üblich. Er wurde im 9. Jh. vom Endreim verdrängt. Noch heute ist er in einigen Redewendungen erhalten: Kopf und Kragen, Wind und Wetter.

Alliteration (Stabreim): Hier klingen die **Anfangsbuchstaben** oder **Anfangssilben** in einer Verszeile gleich.

> Mann und Maus
> Hildebrand und Hadubrand

Assonanz (Anklang, unvollständiger Reim):
Es herrscht Gleichklang von **betonten Vokalen** in einer Verszeile.

> Wie kam dein **A**bend

Klangfarbe

Durch die Wiederholung einzelner Silben, von bestimmten Vokalen und Konsonanten in unterschiedlichen Wörtern, aber auch durch die Wiederholung von ganzen Wörtern erhält ein Gedicht eine gewisse **Klangfarbe.** Dabei werden **helle Vokale** und Diphthonge (e, i, ei, eu), **dunkle Vokale** und **Diphthonge** (a, o, u, au), sanfte, eher **weiche Konsonanten** (b, g, l, m, n, w) sowie harte, **schärfere Konsonanten** (f, k, p, t, s, sch) unterschieden.

In einem **Interpretationsaufsatz** sollten nur die **auffälligen Klangphänomene** genannt werden. Ihre *Wirkung* auf das *gesamte Gedicht* ist wichtig, nicht eine Auflistung der formalen Aspekte.

Der bildhafte Ausdruck

Neben der Metrik, dem Rhythmus, dem Reim und der Klangfarbe eines Gedichts ist für die Interpretation der **bildhafte Ausdruck** zu beschreiben und zu werten. Bildhafte Ausdrücke dienen der Veranschaulichung von Vorgängen, Gegenständen und Erscheinungen, aber auch von abstrakten Dingen wie Gefühlen. Sprachliche Bilder haben eine lange Tradition. Sie finden sich in der Bibel, z. B. in den Psalmen Davids und in der antiken griechischen Dichtung.

Für den bildhaften Ausdruck treten meist drei Formen auf:
- der Vergleich
- die Metapher
- die Personifikation

Mit dem *Vergleich* wird ein Gemeinsames ausgedrückt.

Bedecke deinen Himmel, Zeus, / mit Wolkendunst,
Und übe, *dem Knaben gleich* ...

Eine **Metapher** ist ein Stilmittel, das einen (meist abstrakten) Sachverhalt bildlich anschaulich wiedergibt. Es wird nicht an die eigentliche Bedeutung des Wortes gedacht, sondern an einen übertragenen Sinn. Meist geht ein Wort oder Wortteil mit den übrigen Wörtern eine enge Verbindung ein.

*Engels*zungen, ein Wort *brechen,* Nerven*säge,* Zahn der Zeit, die Straße *schlängelt* sich ..., ... im Tale grünet *Hoffnungsglück* ...

Mit der **Personifikation** werden häufig Naturerscheinungen vermenschlicht. Meist geschieht das durch Verben, die menschliche Tätigkeiten bezeichnen. Die Personifikation ist eine Sonderform der Metapher.

lachende Sonne
noch *träumen* Wald und Wiesen ...

Arbeitsschritte und Leitfragen für eine Interpretation

1. Nach gründlichem Lesen Struktur und Gestaltungsmittel des Gedichts erfassen. Alles Auffällige zu Inhalt und Form und Gestaltung in Stichpunkten notieren. Wichtige, auffällige Stellen im Gedicht unterstreichen. Den Inhalt der Strophen (bei mehrstrophigen Gedichten) zusammenfassen. Das Reimschema notieren. Dieser erste Teil ist eine Analyse.
2. Beurteilen, in welcher Stimmung, Lage, Situation der Sprecher des Gedichts, das lyrische Ich sich befindet.
3. Notieren, wie der innere Aufbau des Gedichts ist (Bewegungs- und Entwicklungsverlauf von Vers zu Vers oder Strophe zu Strophe, Steigerungen, Brüche).
4. Feststellen, ob ein Motiv besonders stark ist.
5. Auffällige Sprachmittel benennen. Welche Wirkung haben sie (Verben der Bewegung, Adjektive, sprachliche Bilder)?
6. Was ist die Aussageabsicht des Dichters?

Am besten ist, das Gedicht einmal laut zu lesen. So vermitteln sich Klangfarbe, Reim, auffallende Sprachmittel sehr gut.

EDUARD MÖRIKE „Septembermorgen“

stumpfe Kadenz	Im Nebel ruhet noch die *Welt*	vierhebiger Jambus
klingende Kadenz	noch träumen Wald und *Wiesen*:	
stumpfe Kadenz	Bald siehst du, wenn der Schleier *fällt,*	
stumpfe Kadenz	den blauen Himmel unver*stellt,*	
stumpfe Kadenz	herbstkräftig die gedämpfte *Welt*	
klingende Kadenz	in warmem Golde fließen.	

Hinweise zur Interpretation (Stichpunktzettel)

Zeitform: Präsens
Stil: Behauptungen mit Textstellen belegen (unterstreichen), Einzelbeobachtungen mit Oberbegriffen zusammenfassen. Einzelne Beobachtungen miteinander verbinden; dabei beachten, nicht Mörike spricht, sondern ein „Ich“, das der Dichter sprechen lässt.

Interpretationsaufsatz zum Gedicht „Septembermorgen“ von E. Mörike:
In dem Gedicht von Eduard Mörike wird ein herbstlicher Morgen stimmungsvoll dargestellt. In einer einzigen Strophe ist dieses Herbstbild erfasst. Erkennbar ist eine Entwicklung von der Ruhe des Morgens zur fließenden Bewegung des Tages. In den ersten beiden Versen wird durch die Verben „ruhen“ und „träumen“ die Stimmung einer schlafenden Welt vermittelt. Jedoch die Wiederholung von „noch“ kündigt das baldige Ende dieses Zustands an, ebenso der Doppelpunkt. In den vier folgenden Versen enthüllt sich dann schrittweise – ausgehend von dem entscheidenden Satz „Bald siehst du“, der als sichere Aussage über die Zukunft im Indikativ geschrieben ist – das farbenprächtige Bild des Herbstes. Die sanfte Bewegung scheint ins Unendliche zu „fließen“ (in warmem Golde fließen). Unterstützt wird diese Stimmung durch die letzte klingende Kadenz.

Dramen untersuchen/interpretieren

Das **Drama** ist eine **Bühnendichtung,** ein Schauspiel. Im Drama gestaltet der Dichter eine abgeschlossene Handlung in szenischer Form, indem die unmittelbar beteiligten Personen die Handlung in Rede und Gegenrede darstellen.

Ein Drama zeigt häufig **Entscheidungssituationen,** die durch das Handeln der Personen gelöst werden müssen und dabei neue Entscheidungssituationen hervorbringen. Im Drama kann der Dichter im Gegensatz zum Roman zwischen den Szenen kaum etwas erklären oder erläutern. Er lässt seine Figuren mittels **Dialog** handeln, und die Darstellung muss so wirken, als bräche der Konflikt unmittelbar vor den Augen des Zuschauers aus.
Dramen sind also *Vorlagen* für Theater-, Opern- oder Ballettaufführungen, für Filme, Puppen- und Hörspiele. Ihre *traditionellen Formen* sind die **Tragödie** und die **Komödie** (vgl. BWS Literatur).

Das Drama entstand im antiken Athen aus dem Kult um den Gott Dionysos. Im 5. Jh. v. Chr. wurden die ersten großen Theater gebaut.

Aufbau eines Dramas

Dramen sind in **Akte** oder **Aufzüge** eingeteilt. Diese setzen sich aus mehreren **Szenen** oder **Auftritten** zusammen. Ganz allgemein gelten für den Aufbau folgende Regeln:
Erster Akt: Einführung in die Situation, Vorstellung der handelnden Personen.
Zweiter Akt: Auslösung des Konflikts.
Dritter Akt: Umschlagen der Handlung – Scheinhöhepunkt.

Vierter Akt: Um die Spannung zu erhalten, Verzögerung der Handlung.
Fünfter Akt: Katastrophe oder gütliche Lösung des Konflikts.

Das Wesentliche eines Dramas ist der **Dialog.** Im Gespräch – häufig Streitgespräch – werden die Positionen der handelnden Personen aufgeklärt. Der **Monolog** – das Selbstgespräch – gibt Auskunft über die Gedanken, Pläne, Gemütszustände einer Figur.

Hinweise zur Untersuchung eines Dramas

Zuerst sollte eine Aufbauskizze erstellt werden, am besten in Form einer Tabelle.

	1. Akt	**2. Akt**	**...**
Ort			
Personen			
Kernaussagen/Handlungen			
Schwerpunkt			
Bedeutung			

Folgende Fragen können gestellt und in der Tabelle beantwortet werden:
Ort: Wo spielt sich das Geschehen jeweils ab?
Zeit: Wann geschieht etwas (morgens, am nächsten Tag ...)?
Personen: Welche Personen treten auf?
Kernaussagen: Welches sind die wesentlichen Textstellen?
Schwerpunkt: Worum geht es in dem Akt vor allem?
Bedeutung: Was ergibt sich aus dem Geschehen dieses Aktes für den folgenden Akt oder für das gesamte Drama?

Die Aufgabenstellung kann nun eine Inhaltsangabe eines Aktes (↗ S. 211), eine Wiedergabe einer Szene, eine Analyse einer bestimmten Textstelle, die Charakterisierung von Hauptpersonen oder anderen Personen oder eine Interpretation einer Szene, eines Aktes sein.

Wiedergabe einer Szene

Zur *Vorbereitung* einer Wiedergabe kann so vorgegangen werden:
1. Kurze *Zusammenfassung,* was in dieser Szene geschieht.
2. Im Hinblick auf den weiteren Verlauf der Handlung sollte das Geschehen dieser Szene, die *Ursachen* und *Folgen* benannt werden.
3. Haben sich in der Szene *Veränderungen* für die beteiligten Personen ergeben – wodurch, durch wen?
4. Hat die Szene für den Verlauf der weiteren Handlung eine **Schlüsselfunktion**? Zum Beispiel: Macht die Hauptperson einen Fehler?

5. Hat die Szene *Einfluss* auf den *Schluss* des Dramas? Wodurch? Durch wen?

Puppenspiel, eine Form des Theaters, die Dramen, Opern etc. umsetzt.

Genaue Untersuchung einer Textstelle

Ausgangspunkt ist die **Grundsituation,** d. h.: Wer spricht mit wem? Welche *Absicht* wird verfolgt?
Wie ist es zu dem Gespräch gekommen? Die *vorhergehende Handlung* muss kurz betrachtet werden, um die Textstelle *werten* zu können. Eventuelle *Auswirkungen* auf den weiteren Verlauf sollten genannt werden. Die Art des Dialogs soll beschrieben werden. Werden z. B. eher Fragen gestellt oder Behauptungen geäußert? Wird ein Plan geschmiedet? Handelt es sich um einen Monolog – welche Gedanken bewegen die Person, welchen Einfluss haben sie auf den weiteren Verlauf?
Die **stilistische Darstellung** ist zu untersuchen: Mit welchen sprachlichen Mitteln wird Spannung, Freude, Stille, Trauer, Hoffnung hervorgerufen?

Charakterisierung von Personen

Hier sollten folgende **Leitfragen** im Vordergrund stehen:
1. Wann und wo tritt die Person auf? – Am besten auf einem Notizzettel die Stellen herausschreiben und kurz zusammenfassen.
2. *Zentrale Aussagen* und *wichtige Dialogstellen* der Person kennzeichnen. Die Verbindungen zu anderen Personen und ihre Beziehungen erarbeiten. In einer Figurenskizze kann dargestellt werden, wie z. B. die Hauptperson zu den anderen Personen steht.

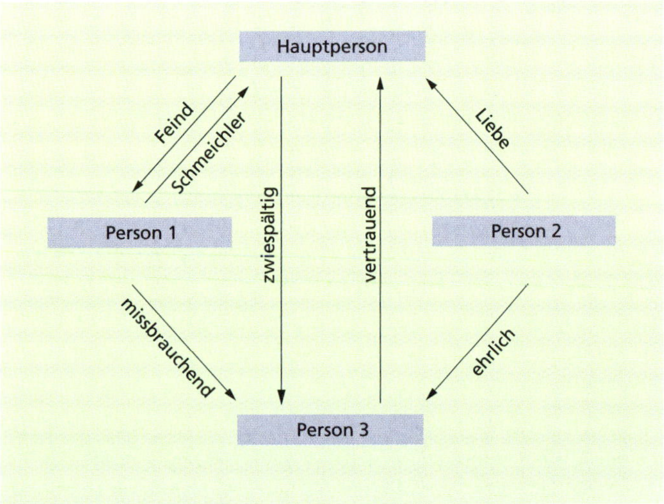

3. Die *Entwicklungsphasen* der Person beschreiben. Textstellen nennen, wo entscheidende Vorgänge und Veränderungen erfolgten. Die Bedeutung der Entwicklung für das weitere Geschehen darstellen.

4. Beurteilung der **Handlung** der Person. Diese **Beurteilung** muss genau begründet werden. Unter Einbeziehung des Gesamtgeschehens ist die Frage zu beantworten, warum es z. B. zur Zuspitzung oder Lösung des Konflikts kam (vor allem bei Hauptpersonen).

Besonders aussagekräftig ist die Charakterisierung der Hauptperson(en) einer Schlüsselszene, eines **Schlüsseldialogs:**

Aufsatz (Charakterisierung) „Der Streit der Königinnen" (SCHILLER: Maria Stuart I. und II. Akt)
In den gegensätzlichen Frauen gestaltet SCHILLER den Dramenkonflikt: Maria, die Anspruch auf den Thron hat und damit auch ihren Kopf riskiert, ist eine stolze, schöne, begehrenswerte Frau. Von ihrem Recht felsenfest überzeugt und auch davon, dass die englischen Gerichte sie nicht verurteilen werden, sagt sie im I. Akt: „Ermorden kann sie mich, nicht richten." Sogar als Gefangene verhält sie sich wie eine Königin: „Man kann uns niedrig behandeln, nicht erniedrigen" (I, 2). Trotz ihrer politischen Klugheit erkannte sie nicht das Machtstreben Elisabeths und hoffte auf sie in einer Begegnung: „Ihr allein, der Schwester, der Königin, der Frau kann ich mich öffnen" (I,1). Gerade hier vertraut sie zu sehr auf ihre persönliche Wirkung und bezieht die Empfindlichkeit Elisabeths, der älteren, hässlichen, unter ihrer Glanzlosigkeit leidenden Frau, nicht mit ein. Während Elisabeth sich kühl und überlegt in politischen Geschäften gibt, fühlt sie sich als Frau um ihr Glück betrogen, hasst die attraktive Rivalin, der gegenüber sie zwar ihre politische Macht ausspielen kann, aber entdecken muss, dass die Macht über Männer bei der anderen liegt. Sie will den Tod Marias, aber einen heimlichen, der die Königin nicht öffentlich mit der Hinrichtung belastet: „So muss ich Sorge tragen, dass mein Anteil an ihrem Tod in ewigem Zweifel bleibe" (II, 5).

(bearbeitet nach einem Aufsatzbeispiel aus: EVA-MARIA KABISCH – Aufsatz kurzgefasst)

Nach einem Einleitungssatz werden die entscheidenden Aussagen der Hauptpersonen mit *Textbeispielen* zur *Charakterisierung* genannt. Die wichtigsten Eigenschaften werden im Zusammenhang dargestellt. Mit Belegen wird auf Fehler der Personen verwiesen.

Die Charakterisierung der handelnden Personen, besonders der Hauptpersonen, ist unter Beachtung der historischen Verhältnisse vorzunehmen.
Diese Einordnung erleichtert die Interpretation wesentlich.

3.1.12 Zeitungsartikel

Der **Artikel** ist im Pressewesen ein **Sachtext.** Ein Artikel äußert sich zu einer bestimmten Sache oder einem Sachverhalt.

Es gibt unterschiedliche Formen von Artikeln, die vom Zweck und Inhalt abhängen. Wesentliche Formen sind:
- Leitartikel
- Nachricht
- Reportage
- Kommentar
- Glosse

Glosse = kurzer, oft polemischer Kommentar zu aktuellen Geschehnissen. Vielfach in witziger Form. Der Verfasser ist um originellen Ausdruck bemüht.

In wissenschaftlichen, populärwissenschaftlichen Veröffentlichungen werden Artikel zu spezifischen Themen in nichtjournalistischer Form gedruckt.

Der **Leitartikel** ist ein politischer Zeitungsaufsatz, der über aktuelle Ereignisse und Entwicklungen an vorderster Stelle berichtet. In kurzer Form werden die Tatsachen dargestellt und die Ansicht der Redaktion oder des Verfassers wiedergegeben. Er trägt entscheidend zur **Meinungsbildung** der Leser bei. Die verschiedenen Zeitungen und Zeitschriften bringen die Fakten *objektiv* an den Leser, verbinden diese jedoch mit *unterschiedlichen Standpunkten.*

Die **Nachricht** ist nur auf Fakten und Vorgänge beschränkt. Hier ist der Autor stets um **Objektivität** bemüht und steht den Tatsachen unparteiisch und unvoreingenommen gegenüber.

Beispiel für einen **Leitartikel:**
Auszug aus dem Leitartikel der Berliner Zeitung vom 30./31. März 2002 von ARNO WIDMANN

Arafats Ende ist das Ende Scharons

Seit über einem Jahr schreiben vernünftige Leute überall auf der Welt, dass es im Nahen Osten keinen Frieden geben wird, solange Yassir Arafat Chef der Palästinenser und Ariel Scharon Ministerpräsident Israels ist. Nun ist es so weit. Scharon hat Arafat zum „Feind" erklärt und damit offiziell gemacht, was schon immer die Grundlage seiner Politik war. Die Angriffe auf Arafats Hauptquartier in Ramallah haben	Fakten aktuelles Ereignis wer? was? wo? warum?
nur einen Sinn: die Beseitigung des Palästinenserführers. Die israelische Regierung leugnet das. Sie spricht, während sie seine Büros beschießt, von „völliger Isolierung" – ein biochemisch völlig korrekter Euphemismus für Tod ... Dass es so kommt, ist unwahrscheinlich. Aber je eher die Terrorkommandeure das Feld räumen oder einander beseitigen, desto früher kann	Standpunkt des Redakteurs
eine neue Generation ihre Toten begraben und einen neuen Anfang versuchen. Friedlich ist er nicht zu bekommen, ohne ihn ist aber kein Friede zu haben. Also sind wir entsetzt über das, was geschieht. ...	Meinung verbunden mit wie? wann?

Euphemismus = beschönigende Umschreibung

So zeichnen sich Nachrichten dadurch aus, dass sie aktuelle Ereignisse in den Vordergrund rücken und die Beantwortung der sechs W-Fragen aufnehmen: Wer?, was?, wo?, wann?, wie? und warum?
Der Artikel in Form einer **Reportage** ist eine umfassende Äußerung zu einem Ereignis oder Erlebnis. Die Reportage ist meist ein Augenzeugenbericht über ein aktuelles Geschehen *unmittelbar* vom jeweiligen Schau-

platz. Hier fließen aber oft sogenannte Hintergrundinformationen ein, die das aktuelle Ereignis näher erläutern, Ursachen benennen und somit Zusammenhänge des Geschehens sichtbar machen. Häufig sind Interviewteile (wörtliche Rede) enthalten. Die Reportage ist vor allem eine Form, die sich aus verschiedenen Textsorten zusammensetzt, wie Nachricht, Bericht, Schilderung/Erzählung. Der Leser kann sich so emotional und gedanklich in das Geschilderte hineinversetzen und erhält außerdem eine reiche Faktensammlung. Beispiele sind **Sportreportagen** oder **Auslandsreportagen.**

Beispiel für eine **Reportage**
Auszug aus einer Reportage der Berliner Zeitung vom 30./31. März 2002 von Christian Schwager

Geglückte Flucht am letzten Anstieg	
Am letzten Anstieg war der Widerstand gebrochen. Petra Roßner hatte keine Kraft mehr. Nur noch anderthalb Kilometer lagen vor der Fahrerin vom Radteam Saturn. Es waren anderthalb Kilometer zu viel. Die Leipzigerin musste ihre Begleiterin Hanka Kupfernagel	Augenzeuge direkt am Schauplatz Fakten, nacherlebbar
ziehen lassen. Gemeinsam hatten sie am Freitag die 52. Auflage von „Rund in Kreuzberg" dominiert, sie hatten sogar nach halber Distanz das Feld überrundet. ...	Zeitpunkt, Ort
Angeleitet von Peter Becker, dem Coach des Telekom-Kapitäns Jan Ullrich, legte sie die Grundlagen für die kommenden Rennen. „Ich bin in guter Form. Es läuft besser als im vergangenen Jahr", sagte sie zu ihrem Einstand ...	Begründung durch Interview, Hintergrundinformationen

3.1.13 Kommentar

Der Kommentar zählt zu den meinungsäußernden, literarisch-journalistischen Textarten. Er nimmt erläuternd und wertend Stellung zu einem aktuellen Sachverhalt, Ereignis oder Thema.

Kommentare verwendet man in der täglichen Kommunikation und insbesondere in den **Medien.** In der Presse, im Fernsehen, im Hörfunk und im Internet setzt sich der Verfasser des Kommentars aus persönlicher Sicht (subjektiv) mit Tatsachen und Vorgängen auseinander. Der Kommentator kennt den Sach-

Kommentar, lat. commentarius = Notizbuch, Niederschrift. Der Begriff wurde im 18. Jh. eingedeutscht. Das Verb dazu, *kommentieren*, lat. commentari, wurde bereits im 17. Jh. eingedeutscht und steht für „Stellung nehmen, einen Text mit erläuternden und kritischen Anmerkungen versehen, politische, kulturelle u. a. Ereignisse erläutern, besprechen". Im Gegensatz zur Nachricht erfüllt er so auch eine Appellfunktion (↗ S. 36, 243).

verhalt sehr genau. Er erörtert und bewertet dazu recherchierte Fakten und Hintergründe. Der **Medienkonsument** kann sich dann mit dieser Meinung auseinandersetzen und selbst zu einer Position gelangen. Im Gegensatz zum Kommentar wird eine **Nachricht** knapp, präzise und möglichst objektiv verfasst. Ein Kommentar stellt Fragen, rütteln auf, appelliert und zeigt Probleme auf. Der Kommentator verfasst seinen Text anschaulich und ausdrucksvoll. Emotional gefärbte Wörter und Wortfolgen sowie vergleichende Bilder und Ausrufe kennzeichnen den Text. Weitere stilistische Mittel sind Zitate in direkter und indirekter Rede sowie die Verwendung von Ironie, Satire und Humor.

Kommentar	
Wie mutig bin ich eigentlich? Stellen Sie sich vor, Sie werden in aller Öffentlichkeit überfallen – und keiner steht Ihnen bei! Nein, das ist keineswegs das Horrorszenario eines Gewalt verherrlichenden Films. Das ist eine Szene aus dem Dresdner Alltag.	persönliche Formulierung der Problemstellung
Es war am Dienstag vor einer Woche, als ein 18-Jähriger auf der Busfahrt Pappritz Richtung Stadt von drei Gleichaltrigen *angepöbelt, geschubst* und *geschlagen* und zudem beraubt wurde, bevor die *Rowdys* ihn in Bühnlau aus dem Bus stießen.	Ereignisschilderung mit wertenden Bezeichnungen
Das war kein Spuk um Mitternacht, das passierte gegen 17.40 Uhr in einem öffentlichen Verkehrsmittel. Und keiner half.	Zuspitzung der Argumentation
Der Überfallene stand ob des Überraschungsangriffs unter Schock, vermochte nicht um Hilfe zu rufen. Der Fahrer der Linie 93 achtete auf den Verkehr, bemerkte die Auseinandersetzung auf der hinteren Plattform nicht. Ihn trifft kein Vorwurf.	Hintergrundinformation im persönlichen Stil
Auch nicht die sieben Fahrgäste, die mit im Bus saßen? Die Frage sollte sich wohl jeder einmal für sich stellen: Wie verhalte ich	appellierend
mich in einer ähnlichen Situation? Schaue ich weg, unterhalte ich mich angestrengt mit meinem Nachbarn, halte mir die Zeitung vor die Nase? Mein Vorbild – die heiligen drei Affen, die nichts hören, sehen und sagen.	ironische Anspielung mit Zitat
Oder mische ich mich ein, versuche zu schlichten? Gemeinsam mit dem Nachbarn, weiteren Fahrgästen? Allerdings, das erfordert eine gehörige Portion Zivilcourage, Mut. Wie mutig bin ich?	persönlicher Standpunkt mit Frage an den Leser
(aus: „Sächsische Zeitung“, 02.10.1993, von MICHAEL WEICHELT)	

3.1.14 Kritik

Die **Kritik** im literarisch-journalistischen Sinne ist eine meinungsäußernde **Darstellungsform.** Im Vordergrund steht die kritische Betrachtung und **Wertung** von Texten, Theateraufführungen sowie Kunst-, Film- und Musikveranstaltungen. Es handelt sich um einen beschreibenden, einordnend-interpretierenden und z.T. auch glossierenden Bericht.

Eine häufige Form der Textkritik stellt die **Rezension** dar, die sich mit überwiegend **wissenschaftlichen Kriterien** der Kommunikation und Literatur zuwendet.

In der Kritik setzt sich der Autor mit dem **Werk,** dessen **Umsetzung** (Einsatz der Mittel) und eventuellen **Wirkungen** auseinander.

In einer Kritik eines Buches, einer Film-, Theater- und Musikaufführung, eines Bildes oder einer Ausstellung werden *Schwachstellen* benannt, *Positives* wird hervorgehoben. Es sind meist mehrere Textsorten enthalten, wie Inhaltsangabe, Bericht und auch Schilderung, vor allem, wenn die Wirkung des Werkes beurteilt werden soll. Der **Stil** von Kritiken ist äußerst unterschiedlich. Das hängt sowohl vom *Gegenstand* ab als auch vom Medium, wo die Kritik erscheint oder gesendet wird und damit auch von den Konsumenten. Natürlich hat auch jeder Kritiker seinen eigenen, ganz individuellen Stil.

Die häufig polemisch verfasste **subjektive Darlegung** sollte verständlich und nachvollziehbar sein. Sie hat keinen wissenschaftlichen Anspruch, sondern einen möglichst feuilletonistischen (plaudernden) Stil. Der Leser vergleicht dann seine Interpretation oder lässt sich einfach informieren, unterhalten.

Überall in den Medien findet man Kritiken, z. B. in Tageszeitungen (Feuilletonteil), in literarischen oder künstlerischen Fachzeitschriften, in Bücherjournalen, in Theaterprogrammen, im Funk und Fernsehen, im Internet etc.

Zum Fernsehfilm „Die Affäre Semmeling"	
Es hat sich gelohnt, das Werk scheint gelungen. Man hatte doch auch Angst, als „der neue Wedel" aufgerufen wurde. Das klang wie: der neue Handke und bot in seiner vorsorglichen Bejubelung des noch nicht Gesehenen („ein Glanzlicht in der Königsdisziplin", „Meisterwerk", „etwas ganz, ganz Besonderes") zu einiger Skepsis Anlass. Dieter Wedel ragt als monomani-	Betont feuilletonistisch verfasst Meinungsbild wirkt euphorisch Qualität des Regisseurs belegen Zitate und

Feuilletonstil = lockere, geistvolle, unterhaltende, auch satirische Darstellung

Diese Kritik von FRANK JUNGHÄNEL erschien im Feuilletonteil der Berliner Zeitung vom 08.11.2001 unter der Schlagzeile „Gnadenlose Getriebenheit“.

scher Autor, Regisseur und Günstling der Programmchefs aus dem einheimischen Fernsehflachland heraus. Ihm werden die höchsten Budgets bewilligt, diesmal die Rekordsumme von 27 Millionen Mark, er nimmt die meisten Drehtage in Anspruch, diesmal waren es zweihundertzehn, und seine Filme werden länger und länger. Bei „Der große Bellheim“ (1993) kam er noch mit vier Folgen aus, „Der Schattenmann“ (1995) musste bereits fünfteilig sein und nun erzählt er seine Geschichte gar in sechs Teilen von neunzig Minuten, obwohl zunächst nur drei mit dem auftraggebenden Sender verabredet gewesen sind. Dieter Wedel verfolgte seine Mission mit „gnadenloser Getriebenheit“, sagt Hans Janke, der als Fernsehspielchef des ZDF die Methoden seines Lieblingsgeldverschlingers genau kennt. …	Zahlen
Wedel ist ein Erzähler, den niemand aufhalten kann.	Wertschätzung und Ausblick

Viele Musikschulen und Gymnasien mit spezieller Musikausbildung gründen Jugendorchester.
Das Bild zeigt das Jugendsinfonieorchester des Händel-Gymnasiums Berlin während einer Probe.

Jugendorchester setzt Bruckner unter Dampf (Auszug)	
Claudio Abbado hat es vor 16 Jahren in Wien begründet: das vorzügliche Gustav Mahler Jugendorchester. Es kam auf seiner Europa-Tournee, die gerade in Luzern und Köln begonnen hat und nach Prag, Graz, Salzburg und Wien weiterführen wird, mit Bruckners 8. Sinfonie unter Franz Welser-Möst in die Philharmonie. …	Hintergrundinformation
Unter Abbado bootet das Jugendorchester im Herbst bei den Edinburgher Festspiel-Repliken der österlichen Salzburger „Parsifal“-Aufführungen sogar die Berliner Philharmoniker aus. Es ist inzwischen so etwas wie das Aushängeschild einer vielleicht zukunftweisenden musikalischen Globalisierung. …	Wertung der Leistung
Das Orchester sah sich am Ende seines Berliner Konzerts mit Recht gefeiert. Es hatte Bruckner unter jungen Dampf gesetzt, mit Vehemenz aufgewartet, in allen Sektionen seines Apparates glänzend bestanden. Freilich neigten die mächtigen Streicher-	bildhafte, anschauliche Sprache

chöre auf Kosten der Sangbarkeit ein wenig zur Schrillheit. Die Trompeten schmeichelten mit ihrer hervorberstenden Verve den Ohren nicht immer. Doch legten die zwölf Kontrabässe, von Berlins Ex-Philharmoniker Rainer Zepperitz unterwiesen, ein sonores Bass-Fundament. Die Hörner und Tuben bliesen sich geradezu die Seele aus den jungen Leibern. Delikat zeichnete die Solo-Oboe ihre Linien, prachtvoll musizierten die Pauken. Von Satz zu Satz steigerte sich die Intensität, gleichzeitig die innere Wahrheit des Vortrags. ... (aus: Berliner Morgenpost, 30.03.2002)	Verwendung einer Metapher („schmeichelten") Schwächen und Stärken benannt

3.1.15 Werbetexte

Unter **Werbung** wird die Gesamtheit aller Maßnahmen zusammengefasst, die einzelne Personen oder Personengruppen zu einem *bestimmten Verhalten* veranlassen sollen. Bei **politischer Werbung** spricht man auch von **Propaganda,** bei **wirtschaftlicher Werbung** von **Reklame.**

In der Literatur findet sich die Werbung vor allem eingebunden in Kritiken, in Klappentexten von Büchern, aber auch auf Videokassetten oder CDs. Viele Gebrauchstexte enthalten Werbetexte, z. B. Anzeigen, Kaufangebote. Die Werbetexte beinhalten meist eine **Gegenstandsbeschreibung** und eine **Qualitätsanalyse.**
Der Sprachstil von Werbetexten ist vielfach geprägt duch *Superlative,* kurze und *einprägsame Sätze.* Der angesprochene Konsument, der Umworbene, soll „auf einen Blick" das Wesentliche erfassen. Dabei setzt die Werbung auf **Schlagwörter,** vertraute Formulierungen, vielfach auf **Modewörter**/Neuwörter. Aber auch der **sachliche Stil,** der sich durch Fakten, Informationen, Untersuchungsergebnisse aus Befragungen und Tests auszeichnet, ist in der Werbung anzutreffen.
So treten *stilistische Unterschiede* in Abhängigkeit vom Gegenstand und von den Zielgruppen auf.
Fachbücher enthalten in ihren Klappentexten oft einen hohen Anteil Werbung.

Fachbuch (Klappentext)	
Computer-Sprache klipp und klar! Prozessor, PCI-Bus, Trojanisches Pferd, Enhanced DIE: Wenn Sie sich mit Computern beschäftigen wollen, kommen Sie um die	Offensiver Einstieg spricht Interessen/Bedürfnisse des Lesers an

Grundkenntnisse der Fachsprache nicht herum. Dieses Lexikon erklärt Ihnen alle Fachbegriffe, die Sie kennen sollten, und auch solche, durch die Sie mitreden können. Damit Ihnen kein Computer-Verkäufer ein USB für ein MMX vormachen kann und Sie bei Computer-Literatur und -Anzeigen nicht mehr nur Bahnhof verstehen. Kompakt und verständlich. Das ist das Motto von ComputerBILD, Europas größter Computer-Zeitschrift. Die Computer-BILD-Bücher führen dieses Konzept fort. Verständliche, einfache Schritt-für-Schritt-Anleitungen in Wort und Bild erleichtern Ihnen den Umgang mit Computern und Programmen. Kurze Kurse und viele sofort einsetzbare Tips & Tricks bringen Sie schnell ans Ziel – auch ohne Vorkenntnisse. C o m p u t e n t statt compliziert. Paperback Rückseite (aus: HARTMUT WOERRLEIN, „Computer-Lexikon“, Berlin, Ullstein 1998)	großer Anteil an **Werbetext:** – direkte Anrede des Lesers – Werbeargumente: Welchen Nutzen bietet das Buch?

Auf der Rückseite von Paperback-Ausgaben sind häufig kurze Werbetexte zu finden, die Besprechungen in Zeitungen und Zeitschriften entnommen wurden.

„Einsame Klasse, der neue Roman von Mary Higgins Clark. Spannung bis zur letzten Seite.“ Journal für die Frau
(auf der Paperbackrückseite des Romans „Ein Gesicht so schön und kalt“)

„Fazit: Da capo – weiter so! Man wartet (sehn)süchtig auf den nächsten Fall dieses einmaligen Commissarios ...“ Freundin
(auf der Paperbackrückseite des Romans „Die Stimme der Violine“ von Andrea Camilleri)

„Suchen Sie einen Roman, den man nicht mehr aus der Hand legen kann? Dann kaufen Sie sich den neuen Sheldon!“ New York Daily News
(auf der Paperbackrückseite des Romans „Das dritte Gesicht“ von Sidney Sheldon)

3.1.16 Brief

Briefe sind Mittel **schriftlicher Verständigung** zwischen räumlich getrennten Personen. Dabei werden unterschieden: **Privatbriefe** – Briefe von einer Privatperson an eine andere; **halbprivate Geschäftsbriefe** – Briefe von einer Privatperson an einen Betrieb oder eine Behörde und **Geschäftsbriefe** – Briefe von Betrieb an Betrieb oder von Betrieb an Behörde.

Es gibt auch die Unterscheidung in persönliche und sachliche Briefe. Diese Unterteilung lässt aber außer Acht, dass persönliche Briefe auch sachliche Inhalte haben und sachliche Briefe persönliche Formen einschließen können.

Brief: lat. brevis = kurzes Schreiben. Erste Zeugnisse stammen aus Ägypten und Assyrien. Schon früh wurden Briefe zur literarischen Kunstform entwickelt. Aus der Antike ist eine umfangreiche Briefliteratur bekannt, z. B. von CICERO und SENECA.

Historischer Rückblick

Briefe dienen dazu, einem anderen seine Gedanken ausführlich darzulegen, über meist familiäre Ereignisse zu berichten, Glückwünsche und Anteilnahme zu übermitteln oder Rat zu suchen.
Ausführliche und private Briefwechsel sind seit der frühen Neuzeit bekannt. Als historische Quellen dienen z. B. Briefe zwischen ERASMUS VON ROTTERDAM und MARTIN LUTHER, zwischen FRIEDRICH DEM GROSSEN und VOLTAIRE, zwischen GOETHE und SCHILLER oder auch zwischen KARL MARX und FRIEDRICH ENGELS.

Der private Brief

Inhalt und **Stil** des privaten Briefs werden von der *persönlichen Beziehung* zwischen Absender und Empfänger bestimmt. Im Brief wird das vertraue Gespräch schriftlich fortgesetzt.
Vielen Menschen fällt es leichter, sich schriftlich mitzuteilen, da die Distanz eine freiere Sprache zulässt, Emotionen zurückgedrängt werden können und so das Gespräch überlegter und toleranter „geführt" werden kann. Geständnisse (z. B. erste Liebesgeständnisse) fallen schriftlich häufig leichter. Natürlich gibt es auch entgegengesetzte Fälle oder Situationen.
Privatbriefe sind auch menschliche Dokumente einer bestimmten Entwicklung, der Bewältigung einer bestimmten Krise oder Situation, z. B. die Briefe von Widerstandskämpfern gegen den Nationalsozialismus an ihre Familien.

Sonderformen von Briefen sind Briefe in Versform, offene Briefe mit meist politischem Inhalt, philosophische Lehrbriefe und Briefromane – bekannt ist z. B. der Briefroman von Goethe „Die Leiden des jungen Werthers" oder Hölderlins „Hyperion" (BWS Literatur).

Brief von KÄTE NIEDERKIRCHNER (in der Nacht vom 27. zum 28. September 1944 im KZ Ravensbrück ermordet)
„Mittwochmorgen.
Heute kam der Schutzhaftlagerführer; er hat mir das Urteil vorgelesen, in einer so höhnischen, gemeinen, dreckigen Art, diese Bestie! Sie sind ja das Morden gewohnt und haben eine besondere Freude, sich an den Qualen ihrer Opfer zu weiden. Bei mir hat er aber kein Glück. Also wird es wohl heute abend passieren. Ich hätte doch so gern die neue Zeit erlebt. Es ist so schwer, kurz vorher gehen zu müssen. Lebt wohl, vielen Dank noch einmal für alles Gute, was Ihr mir in der kurzen Zeit angetan habt. Grüßt alle, Hilde, Maria, Sterndl, Mimi, Hermi."

Geschäftsbriefe (halbprivate)

Bei **halbprivaten** und **Geschäftsbriefen** müssen einige formale Festlegungen eingehalten werden. Diese Art von Brief sollte klar gegliedert, kurz und übersichtlich sein. Am Anfang des Briefes steht links der **Briefkopf,** der Angaben des **Absenders** und sechs Leerzeilen darunter die des

Der **Geschäftsbrief** hat neben der Funktion des **Informationsträgers** gleichzeitig eine **Repräsentationsfunktion.** Er ist die Visitenkarte eines Unternehmens. Deshalb soll für Form und Inhalt besondere Sorgfalt aufgewandt werden. Die Gestaltung sollte der DIN 676 und 5008 entsprechen.

Adressaten enthält. Auf der ersten Zeile des Briefkopfes steht rechts der *Ort* und das *Datum.* Die **Betreffzeile** wird vom Briefkopf mit vier Leerzeilen abgesetzt, danach folgt die **offizielle Anredeformel** einschließlich verliehener Titel und Dienstbezeichnungen. **Gruß-** und **Anredeformeln** sind übliche Wendungen und sollten vom Schreiber eingehalten werden, um nicht unhöflich zu wirken. Der *sachliche Schreibstil* sollte sich durch klare Aussagesätze und eine abwechslungsreiche Gestaltung des Satzbaus auszeichnen.
Dabei ist nach jedem Gedanken ein *Absatz* zu machen, der durch eine Leerzeile gekennzeichnet ist. Der Brief endet mit der **Grußformel** und der Unterschrift. Bei der Grußformel ist auf Höflichkeit und Sachlichkeit zu achten. *Keine Superlative verwenden!*
Sind dem Brief Anlagen beigefügt, werden diese eine Leerzeile nach der Unterschrift genannt (↗ S. 255).

Ruth Wolle   Nachhausen, 2002-05-13
Havelgasse 23   ((oder)) 13.05.2002
23456 Nachhausen

((6 Leerzeilen))

Firma Wassermann
Am Wasserturm 36
87654 Nassenheide

((4 Leerzeilen))

Anfrage zum Besuch der Produktionshalle
((2 Leerzeilen))

Sehr geehrte Damen und Herren, ((oder))
Sehr geehrte Frau Müller, ((oder))
Sehr geehrter Herr Schulze, ((oder))
Sehr geehrter Herr Direktor Wassermann,
((1 Leerzeile))
....
....
((1 Leerzeile))
Mit freundlichen Grüßen ((oder))
Mit besten Grüßen ((oder))

((3 Leerzeilen))

((Unterschrift des Absenders))

3.1.17 Antrag/Gesuch

Antrag/Gesuch

Ein **Antrag** oder **Gesuch** ist ein zumeist in schriftlicher Form vorgetragenes Verlangen auf Gewährung von Unterstützung oder Einholung einer Entscheidung in einer persönlichen Angelegenheit.

Ein **Antrag** ist im öffentlichen Recht das an eine behördliche Stelle gerichtete Begehren auf Tätigwerden.
Gesuch ist dafür ein veralteter Begriff.

Anträge/Gesuche können
- an **Behörden** oder staatliche Stellen
- an **gesellschaftliche** oder **private Einrichtungen**
- an **Arbeitgeber**

gerichtet werden.

Michael Kluge
Promenade 7
10813 Berlin

Berlin, 2002-05-05
((rechtsbündig))

((6 Leerzeilen))

Kreiswehrersatzamt
Berlin-Mitte
Personenkennziffer: ....

((6 Leerzeilen))

Sehr geehrte Damen und Herren,

((1 Leerzeile))

hiermit beantrage ich eine vorzeitige Musterung. Ich wurde im November 1983 geboren und möchte meinen Dienst am 1. Juli, unmittelbar nach Beendigung der Schule, antreten.

((1 Leerzeile))

Mit freundlichen Grüßen

((3 Leerzeilen))

((Unterschrift des Antragstellers))

3.1.18 Bewerbung: Anschreiben und Lebenslauf

In einem **Bewerbungsschreiben** wirbt der Verfasser für sich selbst. Deshalb ist das Bewerbungsschreiben in Form und Inhalt eine Art Visitenkarte, denn es vermittelt den *ersten entscheidenden Eindruck* von der Person des Bewerbers.

Mit dem Schreiben informiert der Bewerber z. B. den Ausbilder über Gründe der Bewerbung und lässt erkennen, warum er für die Stelle bzw. für die Aufgabe geeignet ist. Hier gelten keine Überredungskünste, sondern sachliche, selbstbewusste Überzeugung. Die **Bewerbungsunterlagen** (hierzu zählen noch der Lebenslauf, Zeugniskopien, Beurteilungen) sollen dem Empfänger ermöglichen, sich ein klares Bild von der fachlichen und persönlichen Eignung des Bewerbers zu machen.

Leitlinien für ein Bewerbungsschreiben sind:
- Bezug nehmen auf das Stellenangebot und die darin genannten Anforderungen;
- Nennung der Gründe für die Bewerbung, Qualifikationen aufführen;
- knappe Informationen mit einem präzisen Schreibstil verknüpfen;
- sachliche, höfliche und selbstbewusste Formulierungen wählen.

Gliederung für ein Bewerbungsschreiben:
1. Anlass der Bewerbung
2. bisherige Tätigkeiten
3. Fähigkeiten und Kenntnisse
4. Frage nach einem Termin für ein Vorstellungsgespräch
5. Hinweise auf beigefügte Anlagen, wie Lebenslauf, Zeugniskopien, Beurteilungen

Lebenslauf

Der **Lebenslauf** ist eine klar gegliederte, in zeitlicher *Reihenfolge* geordnete Darstellung der **persönlichen Entwicklung** des Schreibers.

i

Werden keine Angaben zur Form gemacht, ist immer der tabellarische Lebenslauf gefordert.
Er soll auf einem unlinierten DIN-A4-Bogen maschinenschriftlich oder in sehr guter Handschrift in exakter Form angefertigt werden.

Der Lebenslauf soll knapp, aber lückenlos über den bisherigen Bildungsweg informieren. Der zukünftige Ausbildungsleiter oder Personalchef möchte auf einen Blick die Daten des Bewerbers erfassen. In Stellenanzeigen wird die Form des Lebenslaufs oft vorgeschrieben, (z. B. handschriftlich – maschinenschriftlich, tabellarisch). Daran muss sich der Bewerber halten.
Folgende Angaben enthält ein tabellarischer Lebenslauf:
- persönliche Daten,
- Fakten über den schulischen und beruflichen Werdegang,
- Angaben zu vorhandenen Berufserfahrungen,
- erworbene Sprachkenntnisse,
- besondere Kenntnisse,
- weitere Qualifikationen sowie
- persönliche Interessen und Hobbys.

Maria Kluge
Promenade 7
10813 Berlin

Berlin, 13.05.2002
((rechtsbündig))

((6 Leerzeilen))

Atelier Modische Linie
Frau
Helene Schneider
10200 Berlin

((4 Leerzeilen))

Bewerbung um einen Ausbildungsplatz als Modegestalterin

((2 Leerzeilen))

Sehr geehrte Frau Schneider,

((1 Leerzeile))

nachdem ich in den Ferien bereits mehrmals in Ihrem Atelier arbeiten konnte, festigte sich bei mir immer stärker der Wunsch, eine Ausbildung als Schneiderin/Modegestalterin aufzunehmen.

((1 Leerzeile))

Bei meiner Berufswahl interessierten mich besonders die kreativen, z. T. künstlerischen Anforderungen, aber auch die handwerklichen Fähigkeiten. Seit drei Jahren besuche ich den Zirkel Malen und Textilgestaltung an der Volkshochschule und habe hier vor allem meine Kenntnisse in Farbenlehre und Zeichnen vervollkommnen können.

((1 Leerzeile))

Da ich informiert wurde, dass in Ihrem Atelier im Herbst dieses Jahres zwei Ausbildungsplätze zur Verfügung stehen, bewerbe ich mich für einen Ausbildungsplatz als Schneiderin/Modegestalterin.

((1 Leerzeile))

Zurzeit besuche ich das Gymnasium und werde im Juni 2002 das Abitur ablegen.

((1 Leerzeile))

Mit freundlichen Grüßen

((3 Leerzeilen))

Unterschrift

((1 Leerzeile))

Anlagen
Lebenslauf
Zeugniskopie des letzten Zeugnisses
Kopie der Bescheinigung über den Besuch der VHS

Das Lichtbild muss ein aktuelles Passfoto sein.

Lebenslauf

Lichtbild

Persönliche Daten

Name:	Muster
Vorname:	Hans
Anschrift:	Berliner Straße 10 10813 Berlin
Geburtsdatum:	18.05.1988
Geburtsort:	Oranienburg
Eltern:	Heinz Muster, Koch Elke Muster, Lehrerin
Geschwister:	ein jüngerer Bruder

Schulischer Werdegang

1994 bis 2000	Grundschule „Am Postamt", Oranienburg
2000 bis 2003	Heinrich-Heine-Oberschule
Voraussichtlicher Schulabschluss:	2004, Realschulabschluss
Berufserfahrung:	dreiwöchiges Berufspraktikum in der buchhalterischen Abteilung der Firma Müller, Oranienburg
Sprachkenntnisse:	Englisch als 1. Fremdsprache (Schulkenntnisse) Französisch als 2. Fremdsprache (Grundkenntnisse)
Besondere Kenntnisse:	Mathematik, Informatik

Weitere Qualifikationen:

2002	10-Finger-Tastenschreiben (Grundkurs an der VHS)
Seit April 2002	Jugendübungsleiter im Sportverein
Persönliche Interessen/Hobbys:	Computer, Lesen, Fußball

Berlin, 13. Mai 2002

((Unterschrift))

3.2 Gesprochene Texte

Es gibt viele Möglichkeiten, Kontakt zu unserer Umwelt aufzunehmen: durch unsere Mimik und Gestik, durch Gerüche und Geräusche (nonverbale Mittel) und durch unsere Sprache (verbale Mittel).

Die **Sprache** ist das gebräuchlichste und differenzierteste Mittel des Menschen, um mit anderen zu kommunizieren.

Sprachliche Äußerungen enthalten mehrere gleichzeitige Botschaften:
- Sie sagen über den Sender (Sprecher) selbst etwas aus.
- Sie lassen erkennen, in welcher Beziehung der Sender zum Empfänger (Gesprächspartner) steht.
- Sie verdeutlichen, worüber der Sender den Empfänger informieren will.
- Sie geben an, wozu der Sender den Empfänger veranlassen will.

Welche dieser vier Botschaften vom Empfänger stärker aufgenommen wird, hängt von der Absicht des Sprechers ab. Von seiner jeweiligen Absicht hängt auch ab, wie ein Text sprachlich gestaltet wird.

Grundsätzlich werden **monologische Redeformen** und **dialogische Gesprächsformen** unterschieden.

Monologische Redeformen, z. B. Referate oder Parlamentsreden, sind durch eine asymmetrische Kommunikation gekennzeichnet. Das heißt, sie werden von einem Sprecher vorgetragen und sind an einen bestimmten Hörerkreis gerichtet. Die Hörer sind zwar Empfänger, treten in der Regel aber nicht als Gesprächspartner auf.

Monolog: griech. monos = allein + logos = Wort, Selbstgespräch, Alleinrede

Dialogische Gesprächsformen, z. B. Rundgespräche oder Interviews, basieren auf einer symmetrischen Kommunikation. Zwischen dem Sprecher (Sender) und dem Empfänger (Gesprächspartner) findet ein wechselseitiger Austausch statt.
Voraussetzung ist, dass die Gesprächspartner bereit sind, einander zuzuhören und auf geäußerte Standpunkte und Argumente einzugehen.

Dialog: griech. dialogos = Zwiegespräch; Gespräch

3.2.1 Rede

i

asymmetrisch: ungleichmäßig, einseitig, mit ungleicher Rollenverteilung

Die **Rede** ist ein frei gehaltener mündlicher Vortrag, der zu einem *bestimmten Anlass* mit einem *bestimmten Ziel* gehalten wird. Er soll die Zuhörer informieren, anregen oder zu einer Handlung aktivieren.
Die Rede ist eine asymmetrische, monologische Äußerungsform.

Formen der Rede

Es werden verschiedene **Redetypen** unterschieden:
- Reden mit darstellender Funktion – wenn vor allem ein Sachverhalt dargestellt wird, wie z. B. im Referat;
- Reden mit Ausdrucksfunktion – wenn der Redner seinen Zuhörern gegenüber Eindrücke und Gefühle zum Ausdruck bringt, wie z. B. in einer Festrede;
- Reden mit appellativer Funktion – wenn die Zuhörer zu etwas aufgefordert werden, wie z. B. in einer Wahlrede.

Nicht jede Rede lässt sich diesen Redetypen eindeutig zuordnen. So gibt es auch Reden, in denen hauptsächlich argumentiert wird, wie z. B. in Anklage- oder Verteidigungsreden vor Gericht.

Politische Reden (Regierungserklärungen, Wahlreden u. a.), Gerichtsreden und Festreden sind *Formen öffentlicher Rede.*

Redner und Zuhörer

Auch wenn die Rede zunächst einseitig durch den Redner geprägt ist, darf sie nicht isoliert als „Redestrom" nur in einer Richtung gesehen werden.
Der Redner wendet sich an bestimmte Hörer. Er will sie informieren, sie ansprechen und/oder anregen. Allerdings erfolgt die **Rückinformation** (Feedback) durch die Hörer nicht direkt wie im Gespräch. Es sind vielmehr *nonverbale,* also nichtsprachliche *Rückinformationen,* wie
- mimische Reaktionen (Gesichtsausdruck der Zustimmung, der Konzentration oder des Zweifels),
- gestische Reaktionen (abweisende Bewegungen der Hände oder Applaus) oder
- andere Erscheinungen des körperlichen Ausdrucksverhaltens (Unruhe, Müdigkeit, Verlassen des Raumes).

Manchmal geschieht die *Rückinformation* des Hörers auf die Ausführungen des Redners
- durch kurze *verbale Rückäußerungen* in Form von bestätigenden, zurückweisenden, zweifelnden Zurufen einzelner Hörer („Ganz richtig!", „Wieso denn das?"),
- durch Rückäußerungen in Form lautlicher Äußerungen (Gemurmel, Lachen).

Hinweise für eine gute Rede

Bei der Vorbereitung auf eine Rede sollte man sich genau überlegen, *was* man *wem wie* sagen will.

Das erfordert vor allem:

- Das **Thema,** über das man reden will, soll klar umrissen sein. Dazu sind gute Sachkenntnisse notwendig, die durch das Auswerten von **Informationsmaterial,** wie Lexika, Zeitungsartikel, Fachliteratur, Videofilme u. a., erworben werden können. Auch durch Interviews, durch Befragen von Experten können Informationen eingeholt werden.
- Wenn das **Material** ausgewertet ist, sollte es geordnet und nach den Grundschritten Einleitung, Hauptteil, Schluss gegliedert werden. Zum Thema sind schriftliche Notizen in Form eines **Stichwortzettels** nützlich. Zitate, Formeln oder Definitionen, die genau wiedergegeben werden sollten, kann man darauf mit vermerken.

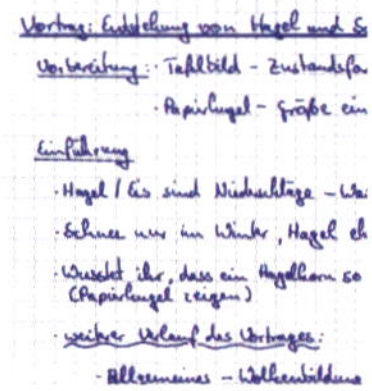

- Es ist zu bedenken, wer die Zuhörer sind, zu denen man sprechen will. Das heißt, man sollte überlegen, was die Zuhörer über das Thema eventuell bereits wissen, was sie interessieren könnte oder wie sie zu einigen Sachverhalten stehen.
- Eine gute Rede ist immer auch eine Frage des rhetorisch guten Vortrags. Vor allem ist klar und deutlich zu sprechen. Während der Rede ist es wichtig, sich auf die Zuhörer „einzustellen". Der Vortragende sollte immer im **Blickkontakt** zu ihnen bleiben und ihre Reaktion beachten (z. B. Interesse oder Langeweile).
  Die wirkungsvolle Gestaltung einer Rede hängt vom Einsatz bestimmter **rhetorischer Mittel** ab. Das sind vor allem Folgende:
  - Die Zuhörer werden direkt angesprochen.
  - Es werden rhetorische Fragen formuliert („Ist es Ihnen/Euch nicht auch schon so ergangen?").
  - Wichtige Wörter oder Gedanken werden wiederholt, um sie einprägsamer zu machen.
  - Antithesen (Gegensätze) werden vorgetragen, um die eigenen Argumente zu verdeutlichen.
  - Eine Übereinstimmung zwischen Redner und Zuhörer kann beispielsweise dadurch herbeigeführt werden, dass von „wir" gesprochen wird („Wir haben alle schon erlebt, dass ...").

Rhetorik: Wissenschaft von der wirkungsvollen Gestaltung öffentlicher Reden; auch Redebegabung, Redekunst

Analyse einer Rede

Die Analyse einer rednerischen Leistung kann von folgenden Fragen ausgehen:

1. Wie ist die **Redesituation?**
   - *Wer* redet zu welchem Thema?
   - *Für wen* wird die Rede gehalten?
   - *Was* wird vorgetragen?
   - *Wo* wird gesprochen?
   - In welcher *historischen Situation* wird/wurde die Rede gehalten?
   - Aus welchem *Anlass* wird die Rede gehalten?

2. Welchen *Zweck* verfolgt die Rede? Wie wird das beabsichtigte Anliegen vertreten?
3. Um welche *Redeform* handelt es sich?

3.2.2 Referat

Das Referat ist ein frei gehaltener mündlicher Vortrag, der übersichtlich und klar über einen Sachverhalt oder ein Thema informiert.
Das Referat ist eine asymmetrische, monologische Redeform.

Ziel eines Referats ist die sachgerechte Unterrichtung eines bestimmten Zuhörerkreises. Deshalb ist es wichtig, zur *Vorbereitung* eines Referats folgende Punkte zu beachten:
- Das **Thema** sollte genau umrissen werden.
- Es sollte **Informationsmaterial** besorgt werden, z. B. Lexika, Fachliteratur, Zeitungsartikel, Videofilme usw.
- Das Material sollte ausgewertet und geordnet werden.
- Eine **Gliederung** sollte erarbeitet werden (Einleitung, Hauptteil, Schluss).
- Für den Vortrag sollte ein **Stichwortzettel** angefertigt werden.

Hinweise zur Vorbereitung und Gliederung eines Referats

Die Erarbeitung eines Referats umfasst einen längeren Zeitraum. Verschiedene Arbeitsschritte sind notwendig.

Hinweise zur sprachlichen und rhetorischen Gestaltung

Auch wenn es zunächst schriftlich ausgearbeitet wird, sollte ein Referat in **freier Rede** vorgetragen werden. Dabei sind die Einstellung zu den Zuhörern und der Kontakt zu ihnen besonders wichtig.
Die Zuhörer für das eigene Thema zu interessieren und sie übersichtlich und klar zu informieren, bedarf einer guten Vorbereitung auf das, was man sagen will. Aber auch das Referieren selbst, also wie man spricht und seinen Vortrag gestaltet, sollte genau bedacht werden.

Folgendes ist für eine gute **sprachliche** und **rhetorische Gestaltung** eines Referats hilfreich:
- Die Zuhörer sollen auf das Thema und Anliegen des Referats gut eingestellt werden. Deshalb sollten zu Beginn des **Referats** Thema und Gliederung genannt werden. Auch über benutzte Hilfsmittel, Quellenmaterial und Fachliteratur sollte etwas gesagt werden.
- Auf die **Gliederungspunkte** sollte man im Laufe seines Referats wieder zurückkommen, damit sich die Hörer orientieren können.

„Jetzt komme ich zum zweiten Schwerpunkt des Referats: ..."
„Damit beende ich diesen Teil des Referats, den ich ... überschrieben habe."

- Die Zuhörer immer wieder *direkt ansprechen* und in die Darlegungen einbeziehen. Das kann durch solche Formulierungen geschehen wie:

„Sicher denkt ihr auch, dass ..."
„Sehen wir uns das einmal genauer an."

- Durch Vorankündigungen, Rückverweise oder das Aufwerfen von **rhetorischen Fragen** können Verständnis und Interesse der Zuhörer gefördert bzw. wach gehalten werden.

Rhetorische Frage: nur zum Schein, aus Gründen der Rhetorik gestellte Frage, auf die keine Antwort erwartet wird

„Auf diese Frage werde ich im nächsten Punkt noch eingehen."
„Wie ich schon dargelegt habe, ist das besonders wichtig."
„Könnt ihr euch das vorstellen?"

- Man sollte langsam und *deutlich sprechen*. Zu lange und komplizierte Sätze erschweren das Verständnis. Wichtige Aussagen kann man stärker betonen oder auch wiederholen. Mit kleinen **Sprechpausen** kann auf einen neuen inhaltlichen Schwerpunkt bzw. Gedanken aufmerksam gemacht werden.
- Die wichtigsten inhaltlichen Gedanken sollte man am Schluss des Referats noch einmal *zusammenfassen.* Auch jeweils am Ende eines Gliederungsschwerpunktes kann eine kurze Zusammenfassung vorgenommen bzw. der Hauptgedanke noch einmal genannt werden.
- Ein Referat sollte immer auch anschaulich gestaltet werden. Das kann einerseits durch eine **bildliche Sprache** geschehen. Andererseits können **Anschauungsmittel** und -materialien genutzt werden; wichtige Begriffe können an die Tafel geschrieben, Skizzen oder Schemata an die Wand projiziert oder Handmaterialien verteilt werden.

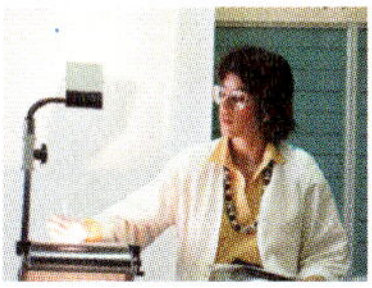

3.2.3 Vortrag

Vortragen: „nach vorn“ tragen; vor anderen etwas mitteilen

Der **Vortrag** ist eine ausführliche Rede über ein **Sachthema** vor einem größeren Hörerkreis. Sie soll die Zuhörer informieren und ihnen Wissen vermitteln.
Der Vortrag ist eine asymmetrische, monologische Redeform.

Gebräuchliche **Formen des Vortrags** sind:
- die Vorlesung (vor allem an Universitäten),
- der Lehrervortrag, der Schülervortrag (in Bildungseinrichtungen),
- der Fachvortrag (in Expertenrunden).

Vorbereitung eines Vortrags

Die Vorbereitung eines Vortrags sollte unter folgenden Gesichtspunkten erfolgen:
1. Sichere *Kenntnisse* zum Thema erarbeiten (Material sammeln, auswerten, auswählen).
2. Zusammengestelltes Material ordnen, Schwerpunkte des Themas benennen, eine **Gliederung** formulieren.
3. Sich Kenntnis über die **Zuhörer** verschaffen (Was können sie schon über das Thema wissen, was wird sie besonders interessieren?).
4. Überlegen, wie **Einleitung** und **Schluss** des Vortrags gestaltet werden können.

Ein Vortrag wird zunächst *schriftlich* ausgearbeitet. Dabei werden Zitate, statistische Angaben, Formeln und wichtige Kernsätze besonders kenntlich gemacht (unterstreichen, farblich markieren). Dadurch kann man diese Informationen in seinem *mündlichen* Vortrag auch sachlich korrekt und vollständig darbieten.

Vorbereitung des Vortragens

Auch wenn ein Vortrag schriftlich ausformuliert wird, sollte er nicht einfach abgelesen werden. Es ist zu beachten:

Nur ein gut vorgetragener Text wirkt und erreicht die Zuhörer.

Gutes, wirkungsvolles Vortragen kann vorbereitet werden. Dafür sind folgende Schritte zu empfehlen:
- den aufgeschriebenen Text leise durchlesen;
- Sinneinheiten ermitteln und kennzeichnen, z. B. durch Schrägstriche (/..../..../);
- Sprechpausen markieren, z. B. durch zwei Schrägstriche (//...);
- Wörter, die besonders hervorzuheben sind, unterstreichen (aber nicht zu viele);
- in halblautem Lesen das Sprechtempo, das Einhalten der Sinneinheiten und der Pausen sowie die Betonung beim Lesen prüfen;
- laut für sich selbst lesen, auf korrekte Aussprache und angemessene Lautstärke achten.

Hinweise für das Vortragen

Während des Vortrags ist es wichtig, den **Blickkontakt** zu den Zuhörern zu halten. Nur so kann festgestellt werden, wenn
- sie etwas nicht verstanden haben,
- sie eine Aussage besonders interessiert oder
- eine kleine Denkpause eingelegt werden sollte.

Hinweise für die sprachliche und rhetorische Gestaltung einer Rede oder eines Referats ↗ S. 259, 261

Gerade auch bei Fach- und Sachvorträgen sollte das *Mitdenken der Zuhörer* gefördert werden durch
- eine überschaubare Gliederung,
- Wiederholung wichtiger Aussagen,
- Zusammenfassungen am Ende von Gliederungsabschnitten,
- klare, kurze Sätze.

3.2.4 Rollenspiel

Das **Rollenspiel** ist eine *dramatische* (handelnde) *Form* des Gesprächs mehrerer Personen zu einem bestimmten Thema.
Es ist eine symmetrische, dialogische Gesprächsform.

Die Bezeichnung Rollenspiel geht auf eine Zeit zurück, als Schauspieler ihren Text noch von Papierrollen deklamierten.

Ausgehend von einer *realen Situation* (im Unterschied zur poetisch-literarischen) wird beim **Rollenspiel** menschliches Verhalten spielerisch-gestaltend nachgeahmt. Diese spielerische Art ermöglicht,
- dass der Spieler einer Rolle das Denken und Verhalten der gespielten Figuren besonders gut kennenlernt, weil er sich in sie hineinversetzt;
- dass der Spieler unterschiedliche Verhaltensvariationen durchspielen und erproben kann;
- dass sich der Spieler mit Konfliktsituationen oder alternativen Sachverhalten auseinandersetzen lernt.

Vorbereitung und Ablauf eines Rollenspiels

Die *Vorbereitung* eines Rollenspiels sollte von den Spielern gemeinsam getroffen werden. Sie überlegen sich zu einer Problemstellung eine bestimmte Situation, indem sie *folgende Fragen* klären:
- Wo spielt sich das Geschehen ab?
- Welche Personen treffen zusammen?
- Worum soll es gehen, welche Hauptaussage wird beabsichtigt?
- Welches ist die Kernstelle, der Höhepunkt des Spiels?
- Welche Ausstattung (Geräte/Hilfsmittel) wird benötigt?

Dann besprechen und verteilen sie die dazu passenden Rollen.

Bei der *Durchführung* eines Rollenspiels ist zu beachten, dass
- das Vorspielen nicht unterbrochen werden sollte;
- die Sprache der Situation und der Rolle, die übernommen wurde, angepasst ist;
- die Zuschauer/Zuhörer keine Mitgestalter sind.

Auswertung eines Rollenspiels

Die **Auswertung** eines Rollenspiels ist ein wichtiger Bestandteil des Gesprächs zwischen Zuschauern/Zuhörern und Spielern. Dabei sollten vor allem *folgende Fragen* im Mittelpunkt stehen:
- Was haben die Zuschauer wahrgenommen? Stimmen ihre Wahrnehmungen mit den Absichten der Spieler überein?
- Ist die im Spiel dargestellte Lösung des Problems realistisch? Gibt es andere Lösungen?
- Hätten sich die gespielten Personen auch anders verhalten können? Wie?

Vorlagen für ein Rollenspiel

Für die Gestaltung von Rollenspielen können als *Vorlage* eine Lektüre, Anekdoten, Sagen, Fabeln und Märchen, aber auch eine aktuelle Streitfrage oder ein Unterrichtsthema genutzt werden.

Aber auch ohne solche Vorlagen können Rollenspiele gestaltet werden. Denkbar sind solche *Situationen* wie:
- ein Auto betanken,
- beim Tapezieren helfen,
- eine schwere Prüfung absolvieren,
- sich gegen Gewalttätige auf dem Schulhof wenden.

Wenn eine *Vorlage* genutzt werden soll, ist zunächst zu klären, was (welches Problem) im Rollenspiel umgesetzt werden soll. Auch sind die Fragen zu beantworten, die generell in Vorbereitung auf ein Rollenspiel gestellt werden sollten.
Auf dieser Grundlage kann dann eine kleine „Dramaturgie" für ein Rollenspiel entwickelt werden (Ort des Geschehens, handelnde Personen, Rollenverteilung).

Anwendungsbeispiel

Ausgehend von folgender Episode aus einem Buch von HELGA HÜNGER:

> Nach einem anstrengenden Tag sitzen Helga und Hans beim Abendbrot. Ihre Tochter Gerti ist auch anwesend. Der Urlaub steht bevor; aber Helga geht viel durch den Kopf.
> Um Viertel vor sechs stehe ich zusammen mit meinem Mann auf. Während er sich wäscht und rasiert, setze ich Kaffeewasser auf, decke den Tisch in der Küche, mache Schulbrote für unsere zwölfjährige Tochter. Ich gehe ins Bad, ziehe mich an, frühstücke im Stehen, lege die Betten aus, räume Kleider auf, stelle benutztes Geschirr zusammen, leere noch die Aschenbecher von gestern Abend, schon viertel sieben. Ich wecke Gerti, die von der Oma versorgt werden wird. Ein hastiger Blick, ob alles in Ordnung ist, Fenster schließen, könnte Regen geben, Hupen vor der Tür, ich komme. Flüchtige Ermahnungen an Gerti: Komm sofort nach der Schule nach Hause, ach,

der Schlüssel ... Mein Mann fährt mich zur Haltestelle. Der Bus, wie gewohnt, überfüllt, Tor 2, mieser Pförtner, stempeln, rasch weißen Kittel und Häubchen anziehen, 7 Uhr 30, guten Morgen ...

(aus: HELGA HÜNGER, „Erzählungen aus Mallorca", Frankfurt/Main 1973)

Angeregt von dieser Episode könnte ein Rollenspiel mit folgenden *Ausgangsüberlegungen* vorbereitet werden:

Thema:	Familienalltag mit ungerechter Rollenverteilung
Ort des Geschehens:	Wohnung, vor dem Abendessen
Personen:	Mutter, Vater, Oma, Gerti
Hauptaussage:	Familienmitglieder fordern Verständnis und Hilfe von der Mutter, aber ihre Arbeit wird nicht anerkannt.
Kernstelle/Höhepunkt:	Die Mutter, die für alle das Essen zubereitet, bekommt nur Anwürfe und Probleme zu hören.

Mögliches Rollenverhalten/Darstellen der Situation:

Person		*Verhaltensweise*
Oma:	Wann gibts Essen?	erwartet, dass man sich um sie kümmmert
Hans:	n' Abend.	schlecht gelaunt
Helga:	Du kommst spät.	Feststellung
Hans:	Sei froh, dass ich überhaupt komm!	wütend, unzufrieden
Helga:	Wieso, hast du was?	möchte ihn verstehen
Hans:	Hast du was? Ich kann nicht den ganzen Tag wie du am Fließband träumen. Ich muss ständig mit Kopf und Händen ran.	wertet Helgas Arbeit ab, um seine Arbeit aufzuwerten
Oma:	Opa war früher nicht nur acht Stunden im Betrieb.	seine Mutter unterstützt ihn
Gerti:	Ich hab ne Fünf in Franz.	versucht, den Konflikt für sich zu nutzen
Helga:	Hier ist eure Suppe.	sie fühlt sich alleingelassen

3.2.5 Interview

Interview: franz. entrevenue = verabredete Zusammenkunft

Das **Interview** ist eine Gesprächsform zur Ermittlung von Wissen und Erfahrungen, Meinungen und Haltungen, Einstellungen und Bedürfnissen. Es wird durch die Abfolge von *Fragen und Antworten* zwischen zwei oder mehreren Personen in Gang gehalten.
Das Interview ist eine asymmetrische, dialogische Gesprächsform.

Das Besondere eines Interviews als dialogischer Gesprächsform besteht darin, dass sich der *Informationsfluss* von einem oder mehreren Antwortenden hin zum Interviewer vollzieht. Der Interviewer stellt seine Fragen zielgerichtet, er allein steuert das Gespräch.

Anwendungsbereiche des Interviews

Das Interview findet in verschiedenen Bereichen Anwendung:
- Es wird aber vor allem in der *Publizistik* eingesetzt, d. h., der Reporter oder die Reporterin stellt gezielte Fragen, zu denen sich der/die Interviewte äußert.
- In der *Meinungs-* und *Medienforschung* wird das Interview als Instrument der Befragung (Umfrage) verwendet. Befragungen werden mündlich, z. B. per Telefon, oder schriftlich mithilfe eines Fragebogens durchgeführt.
- In der *Medizin* und *Psychologie* findet das Interview als Instrument der Diagnostik (Bestimmung eines Krankheitsbildes) Anwendung.
- In der *Schule* wird die Befragung vor allem im Geschichtsunterricht genutzt, wenn bestimmte Informationen von Zeitzeugen eingeholt werden.

Je nach Anliegen und Zielstellung werden **Personen-** und **Experteninterviews** unterschieden.
- Bei einem **Personeninterview** geht es um die Meinung/Stellungnahme einer bestimmten Person zu einem Sachverhalt/Ereignis oder zur Person selbst. Es wird zumeist mit den gestellten Fragen in den Medien (Zeitung, Zeitschriften, Fernsehen, Internet) veröffentlicht bzw. gesendet. Die Person steht im Zentrum des Interviews, z. B. ein Schauspieler oder Sänger.
- Ein **Experteninterview** wird hauptsächlich mit dem Ziel geführt, spezielle Informationen zu einer bestimmten Sache oder einem Ereignis zu erhalten. Ein Interview mit einem Wissenschaftler über den Stand der Genforschung ist z. B. ein Experteninterview.

Es gibt verschiedene **Interviewformen,** die sich nach Zielsetzung und Art der Durchführung unterscheiden:
- **Telefon-/Internetinterviews** werden sowohl in der Meinungsforschung als auch in der publizistischen Arbeit angewendet. Sie setzen eine genau umrissene Fragestellung voraus und sind zumeist auf den Erhalt möglichst vieler Informationen in einer kurzen Zeit gerichtet. Die befragten Personen beantworten die gestellten Fragen ohne besondere Vorbereitung.

- **Straßeninterviews** werden zumeist zur Erkundung von Meinungen einer breiten Bevölkerungsschicht zu einem bestimmten Ereignis oder einem Thema durchgeführt. Die befragten Personen antworten auf die gestellten Fragen spontan.
- Auch ein **Prüfungsgespräch** trägt den Charakter eines Interviews, da es auf dem Wechsel von Fragestellung und Antwort beruht.

Beachte: Das **Prüfungsgespräch** lässt keinen Rollenwechsel zu. Die Dialogpartner sind nicht gleichberechtigt.

Interviewplanung

Jedes Interview sollte gut vorbereitet werden. Die *Vorbereitung* kann in folgenden Schritten erfolgen:
1. Das konkrete *Thema* und die verfolgte Absicht werden festgelegt.
2. *Geeignete Personen,* die befragt werden sollen, werden ausgewählt. Ort und Zeit des Interviews werden mit dem Interviewpartner abgestimmt.
3. Ein **Fragenkatalog** wird ausgearbeitet. Dabei sollten neben den inhaltlichen Schwerpunktfragen auch die Eröffnungsfrage und die Abschlussfrage formuliert werden; das heißt, Einleitung, Hauptteil und Schluss sind zu beachten. Die Fragen sollten inhaltlich präzise und sprachlich klar formuliert sein. Mögliche Antworten auf die Fragen werden skizziert, damit man sich gedanklich weitergehend vorbereiten kann.

Frageformen

Es gibt verschiedene **Frageformen,** die in Abhängigkeit von der jeweiligen Situation und den Interviewabsichten verwendet werden:

- **Meinungsfragen**
  Sie beziehen sich auf Haltungen, Einstellungen, Urteile, Erfahrungen, Motive, Wünsche, Interessen, Ansprüche, Erwartungen von Interviewpartnern.
  („Denken Sie, dass Ihre Arbeit künftig durch den Computer ersetzt wird?"
  „Wie beurteilen Sie die neuen Regelungen?")

- **Eröffnungsfragen**
  Sie gehören zu den Meinungsfragen, sind aber speziell darauf gerichtet, ein Interview einzuleiten. Sie dienen dem Bekanntmachen mit der interviewten Person oder dem Heranführen an das Thema, über das man sprechen will. Mit gut bedachten Eröffnungsfragen lassen sich Aufregung oder andere psychische Sperren, die bei einem Interviewpartner auftreten können, abbauen.
  („Wie sind Sie als einer der bekanntesten Komponisten eigentlich zur Musik gekommen?"
  „Haben Sie je gedacht, dass Ihre Entdeckung so vielen Menschen helfen würde?")

- **Tatsachenfragen**
  Sie beziehen sich auf Wissen, Erlebnisse und Erfahrungen von Interviewpartnern. Dazu gehören vor allem Faktenfragen. Sehr oft wird

diese Art von Fragen mit „wer, wann, wo, was, warum" eingeleitet.
(„Wer hat diese Krankheit entdeckt?"
„Wann sind Sie dieser Gruppe zum ersten Mal begegnet?")

- **Entscheidungsfragen**
  Sie gehören zu den Tatsachenfragen, zeichnen sich aber dadurch aus, dass sie als Antwort nur ein *Ja oder Nein* zulassen. Besonders in Fragebögen werden häufig Entscheidungsfragen formuliert.
  („Sind Sie gegen das Rauchen am Arbeitsplatz?"
  „Lesen Sie regelmäßig eine Tageszeitung?")

Personeninterview

mit INGRID NOLL aus dem BücherJournal (Kiepert), Oktober 2000 (Auszug)

Frau Noll, wie lebt die erfolgreichste und bekannteste Krimiautorin Deutschlands?
(Eröffnungsfrage)

Ich lebe so normal wie andere Frauen meines Jahrgangs ...

Ungewöhnlich ist auch, dass Sie in Schanghai geboren sind und dort Ihre Kindheit verbracht haben. Inwiefern haben Sie diese Jahre geprägt?
(Tatsachenfrage)

Meine Kindheit in China hat mir vor allem viel Freiheit geschenkt ...

Wenn Sie noch mal wählen könnten, wären Sie schon viel früher Autorin geworden oder hätten Sie etwas völlig anderes gemacht?
(Meinungsfrage)

Auf eine eigene Familie hätte ich ungern verzichtet, aber wenn ich geahnt hätte, dass ich Romane schreiben kann, hätte ich wohl früher damit begonnen ...

Durchführung von Interviews

Bei der Durchführung eines Interviews ist vor allem Folgendes zu beachten:
- Um die Aussagen eines Interviewpartners auswerten zu können, sollte man sie entweder mit einem Kassettenrekorder aufnehmen oder in *Stichpunkten* notieren.
- Man stellt zunächst sich selbst vor und erklärt sein *Anliegen* (wenn nicht bereits eine Vorabsprache getroffen wurde).
- Die *Fragen* sind klar und präzise, in möglichst kurzen Sätzen zu formulieren.
- Nach jeder gestellten Frage sollte man Zeit für die Antwort geben und nicht mehrere Fragen zugleich stellen.
- Dem Interviewpartner wird am Ende eines Interviews gedankt.

3.2.6 Rundgespräch

Eine der häufigsten, gebräuchlichsten und komplexesten Gesprächsformen im privaten wie im öffentlichen Bereich ist das **Rundgespräch,** das *Gespräch in der Runde.* Es kann straff organisiert sein (z. B. bei Konferenzen, Sitzungen, Meetings) oder spontan gestaltet werden.
Das Rundgespräch ist eine symmetrische, dialogische Gesprächsform.

In einem Rundgespräch sitzen oder stehen die Gesprächspartner möglichst so, dass sie untereinander *Blickkontakt* halten können. Sie hören einander zu und gehen mit Beiträgen aufeinander ein.
Rundgespräche dienen:
- dem Meinungsaustausch,
- der Lösung von Problemen,
- dem Treffen von Absprachen und Vereinbarungen oder
- der Wissens- und Erkenntniserweiterung zu einem Thema.

Rundgespräche können das *Gemeinschaftsgefühl* stärken, indem gemeinsame Ziele vereinbart werden, die erreicht werden sollen.

Je nach kommunikativer Situation gibt es verschiedene Arten von Rundgesprächen.

Diskussion: lat. discutare = zerteilen

1. Die **Diskussion** ist eine von mehreren Personen geführte Auseinandersetzung über eine Thema oder Problem durch Austausch von Standpunkten und Argumenten. Sie wird zumeist von einem Diskussionsteilnehmer oder Vorsitzenden geleitet und zielt vor allem darauf, Meinungen zu bilden und zu überprüfen, Lösungsmöglichkeiten zu finden, Analysen zu erarbeiten und Wertungen vorzunehmen. Das **Argumentieren** steht dabei im Mittelpunkt.
   Der Erfolg einer Diskussion hängt vor allem von der Bereitschaft der Teilnehmer ab, den Gesprächsverlauf aufmerksam zu verfolgen, auf

Argumentieren; schlüssiges Darlegen von stichhaltigen Gründen zur Stützung oder Widerlegung einer These bzw. zur Begründung oder Ablehnung eines Vorhabens

die Standpunkte und Argumente der Partner einzugehen und sachlich zu diskutieren.
Ob eine Diskussion spontan oder vorbereitet geführt wird, ist abhängig von der jeweiligen Situation und dem angestrebten Ziel.

Aufgaben des Diskussionsleiters

Die Aufgaben eines Diskussionsleiters bestehen vor allem darin,
- die Diskussion zu eröffnen und das Problem oder die Streitfrage darzulegen,
- den Diskussionsrednern das Wort zu erteilen,
- auf einen geordneten Ablauf der Diskussion zu achten und
- die Diskussionsergebnisse zusammenzufassen.

Formen der Diskussion

Es gibt verschiedenen Formen der Diskussion, so vor allem die Podiumsdiskussion und die Debatte.
- Die **Podiumsdiskussion** ist ein Gespräch von mehreren Teilnehmern (etwa sechs bis acht), die über gute Sachkenntnisse zu einem Thema verfügen. Das Gespräch findet vor einer interessierten Zuhörerschaft statt, die sich jedoch nicht an der Diskussion beteiligt. Sie erhält erst im Anschluss an die Podiumsdiskussion Gelegenheit, Fragen zu stellen oder Anmerkungen zu machen.
- In der **Debatte,** beispielsweise einer Bundestagsdebatte, steht ein Antrag im Zentrum, der zumeist von einer Gruppe der Teilnehmer gestellt ist. In einem ersten Schritt wird der Antrag begründet, dann wird über ihn mit Argumenten dafür und dagegen diskutiert. Der Ablauf einer solchen Debatte ist zumeist durch Regeln (z. B. durch eine Geschäftsordnung) festgelegt.
  Bei Einhaltung einer *strengen Form* läuft die Debatte in einer genauen Reihenfolge ab: Nach Benennung des anstehenden Problems durch den Vorsitzenden nehmen abwechselnd Für- und Gegensprecher das Wort. Argumente und Gegenargumente sollen gründlich geprüft werden.
  In einer **offenen Debatte** ist der Ablauf nicht so streng geregelt. Aber auch hier wird auf eine gleich lange Redezeit geachtet.

Debatte: franz. débat = Diskussion, Debatte (vor allem im Parlament); débattre = durchsprechen, den Gegner mit Worten schlagen

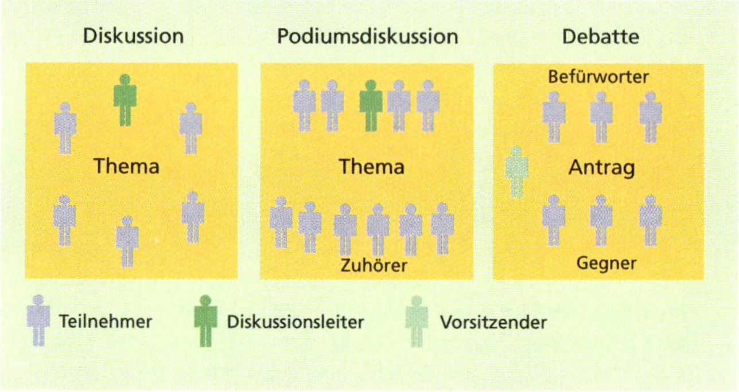

2. Die **Konferenz,** ein häufig einberufenes Gremium auf nationaler und internationaler Ebene, ist ein Rundgespräch, das von einem Moderator geleitet wird. Auf Konferenzen werden oft Teilnehmer mit unterschiedlichen Standpunkten und Auffassungen zusammengeführt und Beschlüsse gefasst (z. B. Umweltkonferenz, Schulkonferenz).
   - Die **Verhandlung** ist eine Gesprächsrunde, in der sich mehrere Personen mit einer Sachlage aus oft unterschiedlichen Blickwinkeln auseinandersetzen. Sie zielt darauf, eine Einigung zwischen den Verhandlungspartnern herbeizuführen oder eine Entscheidung vorzubereiten (z. B. Abkommen über die Beilegung eines Konflikts).

Konferenz: lat. conferre = konferieren; Besprechung mehrerer Personen über fachliche, organisatorische o. ä. Fragen

3. Das **Meeting** ist eine Versammlung oder Kundgebung, die häufig spontan oder kurzfristig stattfindet. Ein Meeting ist oft Ausdruck einer emotional geprägten Reaktion von Personen auf ein Thema oder ein gemeinsames Anliegen, zu dem sie ihre Meinung bekunden wollen (z. B. zur Schließung ihres Betriebes).

Meeting: engl. meeting, zu: to meet = begegnen, zusammentreffen; Zusammenkunft, Treffen

4. Der **Talk** ist eine Gesprächsrunde mehrerer Personen unterschiedlicher sozialer und beruflicher Herkunft, die zu einem gemeinsamen Thema Meinungen austauschen (z. B. Talkshow im Fernsehen). Das Gespräch wird vor einem Publikum geführt, das Meinungen äußern oder Fragen stellen kann. Ein Moderator übernimmt die Gesprächsführung. Es muss kein bestimmtes Ergebnis erzielt werden.

Talk: engl. talk, zu: to talk = reden, sprechen; Plauderei, Unterhaltung, öffentliches Gespräch

5. Das **Symposium** ist eine Tagung zur Erörterung wissenschaftlicher Themen (z. B. an Universitäten). Oft werden in Wortgefechten kontroverse wissenschaftliche Thesen verteidigt oder abgelehnt. Die Erörterung wird von einem Gesprächsführer geleitet.

Symposium: griech. symposion; urspr. Trinkgelage, das der Hauptmahlzeit folgte; es war geprägt von philosophischen Gesprächen und Einlagen von Sängern, Tänzern und Gauklern; unter dem Einfluss von engl.-amerikan. symposium in der zweiten Hälfte des 20. Jahrhunderts veränderte es seine Bedeutung im heutigen Sinne

Hinweise für die Teilnahme an einem Rundgespräch

Ein konstruktiver Beitrag in einer Gesprächsrunde setzt *Sachkenntnis* voraus.

Deshalb sollte sich jeder, der an einer Gesprächsrunde teilnimmt, *gut vorbereiten,* gedanklich oder auch schriftlich.
Ein vorbedachter oder vorformulierter Beitrag wird aber nur die *Grundlage* für eine Gesprächsteilnahme sein. Er ist immer in die jeweilige Gesprächsrunde, in einen bestimmten Stand der geführten Diskussion einzupassen. Und das bedeutet, dass man sich zu den anderen Gesprächsteilnehmern und zu ihren Positionen aufgeschlossen und konstruktiv verhält. Dabei ist Folgendes wichtig:

1. Bevor man das Wort ergreift, sollte man *prüfen:*
   - Was wurde bereits gesagt? (um *Wiederholungen* zu *vermeiden* oder sich einem wichtigen Gedanken nachdrücklich anzuschließen)
   - An welchen Beitrag bzw. welche Meinungen kann angeknüpft werden?
   - Welche *neuen Aspekte* sollten angesprochen werden und wie?

2. Bekommt man das Wort, kann die *Einleitung* des Beitrages auf unterschiedliche Weise erfolgen:
   - durch Aufgreifen eines Gedankens des/der Vorredner,
   - durch Ankündigen eines neuen, noch nicht geäußerten Gedankens,
   - durch eine provozierende (aber nicht verletzende) Aussage, die aber auch begründet werden muss.

3. Für den *eigenen Redebeitrag* sollte beachtet werden:
   - das Thema im Auge behalten, Weitschweifigkeit vermeiden, die eigenen Aussagen aber auch nicht zu knapp formulieren; sie sollen verstanden werden,
   - die eigene Meinung schlüssig und konkret darlegen, auf allgemeine Aussagen verzichten,
   - klar und deutlich, in angemessener Lautstärke sprechen.

4. Den *Schluss* des eigenen Beitrags sollte man so gestalten, dass die weitere Diskussion befördert wird. Das kann geschehen durch:
   - Zusammenfassen der vorgetragenen Gedanken und Ableiten von Schlussfolgerungen,
   - Formulieren einer Frage, die im weiteren Gespräch aufgegriffen werden kann,
   - Auffordern der Teilnehmer, sich zu dem Vorgetragenen zu äußern.

Überblick über Rundgespräche

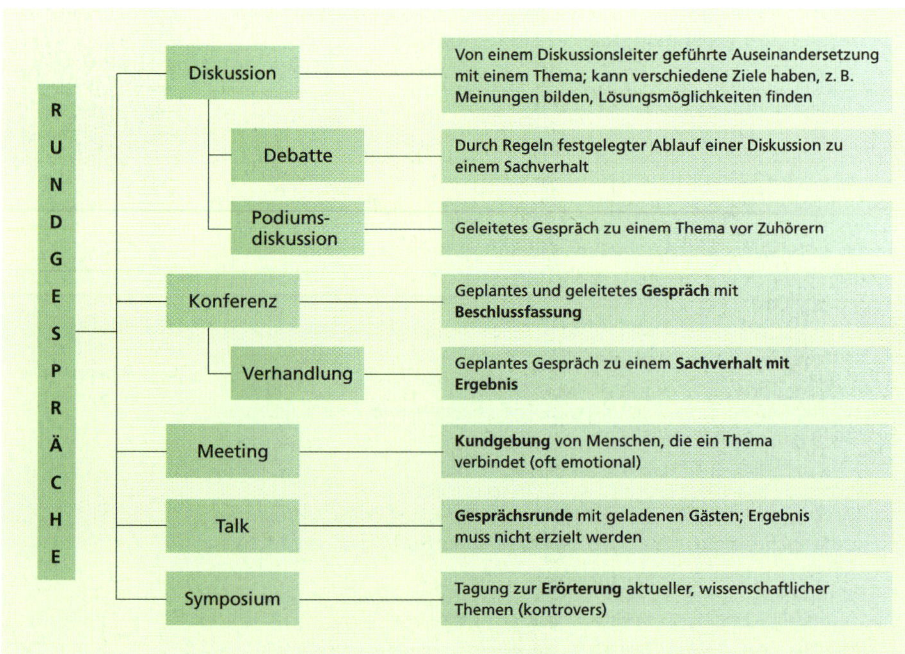

ANHANG A

Aus den amtlichen Regelungen zur Kommasetzung

Das Komma bei Aufzählungen

Das Komma steht bei Aufzählungen, also zwischen gleichrangigen Wörtern und Wortgruppen, wenn sie nicht durch Wörter wie „und" oder „oder" verbunden sind.

Sie wirken ruhig, gelassen, entspannt.

Wir lasen die heruntergefallenen Äpfel auf, mähten den Rasen und gossen die Blumen.

Das Komma bei Konjunktionen

Werden gleichrangige Wörter und Wortgruppen durch eine der folgenden Konjunktionen verbunden, so setzt man kein Komma (und, oder, beziehungsweise (bzw.), Entweder ... oder, nicht ... noch, sowie, sowohl ... als auch, sowohl ... wie auch, weder ... noch, wie, respektive).

Das schließende Komma eines vorangehenden Einschubs oder Nebensatzes o. Ä. bleibt jedoch erhalten.

Wir hoffen, Ihre Bedenken hiermit zerstreut zu haben, und grüßen Sie ...

Bei den oben nicht genannten Konjunktionen gilt die Grundregel der Kommasetzung zwischen gleichrangigen Wörtern und Wortgruppen.

Wir waren arm, aber gesund.

Je früher, desto besser.

Das Komma bei Partizip- und Infinitivgruppen

Partizipgruppen trennt man meist durch Komma ab, um die Gliederung des Satzes deutlich zu machen oder um Missverständnisse auszuschließen.

Wir hatten, durch Erfahrung klug geworden, diesmal die Gebrauchsanweisung gelesen.

Das gilt auch für Adjektivgruppen und entsprechende andere Wortgruppen.

Sie stand, ein Glas in der Hand, an der Theke.

Partizipgruppen (sowie Adjektivgruppen und entsprechende andere Wortgruppen) werden vor allem auch dann durch Komma abgetrennt, wenn sie

- mit einem hinweisenden Wort oder einer Wortgruppe angekündigt oder wieder aufgenommen werden,
  Genau so, mit viel Salami belegt, hat sie die Pizza am liebsten.
  Nur so, bleich und ganz in Schwarz, ist mir mein Großvater in Erinnerung geblieben.
- als nachgetragenen Sätze oder Erläuterungen anzusehen sind.
  Sie, ihr Glas in der Hand, stand an der Theke.

Infinitivgruppen trennt man meist durch Komma ab, um die Gliederung des Satzes deutlich zu machen oder um Missverständnisse auszuschließen.

- mit einem hinweisenden Wort oder einer Wortgruppe angekündigt oder wieder aufgenommen werden
  Zu tanzen, das ist ihre größte Freude.
  Erinnere mich daran, den Mülleimer auszuleeren.
- oder als nachtragende Zusätze oder Erläuterungen anzusehen sind.
  Wir, ohne einen Moment zu zögern, hatten sofort zugestimmt.

In den folgenden Fällen werden Infinitivgruppen nicht durch Komma getrennt:

1. Wenn die Infinitivgruppe von einem Hilfsverb oder einem Verb wie „brauchen", „pflegen", „scheinen" abhängig ist.
   Sie pflegt abends ein Glas Wein zu trinken.
   Er scheint heute schlecht gelaunt zu sein.
2. Wenn die Infinitivgruppe
   - mit dem übergeordneten Satz verschränkt ist,
     Diesen Vorgang wollen wir zu erklären versuchen. (übergeordnet = wir wollen versuchen)
   - den übergeordneten Satz einschließt,
     Den genannten Betrag bitten wir auf unser Konto zu überweisen.(übergeordnet = „wir bitten")
   - in der verbalen Klammer steht.
     Wir hatten den Betrag zu überweisen beschlossen. (verbale Klammer = „hatten beschlossen)

Das Komma bei Teilsätzen und Nebensätzen

Das Komma steht zwischen gleichrangigen (nebengeordneten) Teilsätzen, wenn diese nicht durch Wörter wie „und" oder „oder" verbunden sind.

Hier stehe ich, ich kann nicht anders, Gott helfe mir.

Das schließende Komma eines vorangehenden Einschubs oder Nebensatzes o. Ä. bleibt generell erhalten.

Entweder ich sage es ihm, und zwar heute noch, oder du sagst es ihm morgen selbst.

Eingeschobene Teilsätze werden von Kommas getrennt.

Sie hat, das weiß ich genau, ihr Examen mit Auszeichnung bestanden.

Das Komma steht zwischen Haupt- und Nebensatz; eingeschobene Nebensätze werden von Kommas eingeschlossen.

Über die Nachricht, dass du wieder gesund bist, habe ich mich gefreut.

Zwischen gleichrangigen Nebensätzen steht ein Komma.

Wenn das wahr ist, wenn du ihn wirklich gesehen hast, dann brauchst du dir keine Vorwürfe zu machen.

Das Komma trennt Nebensätze verschiedenen Grades.

Die Genehmigung kann nicht erteilt werden, wenn die Gefahr besteht,, dass sie missbraucht wird.

Das Komma bei Hervorhebungen, Ausrufen, Anreden

Mit einem hinweisenden Wort oder einer Wortgruppe angekündigte oder wieder aufgenommene Satzteile sind aus dem übrigen Satzzusammenhang hervorgehoben. Man grenzt sie durch Komma ab.

Deine Mutter, die habe ich gut gekannt.

Das Wort „bitte" steht als Höflichkeitsformel oft ohne Komma.

Bitte nehmen sie doch Platz.

Ausrufe, kommentierende Äußerungen werden durch Komma abgetrennt.

Ach, das ist aber schade!

Es geht uns gut, danke.

Das Komma trennt die Anrede vom übrigen Satz.

Harry, fahr bitte den Wagen vor.

Briefe nach DIN 5008 (die wichtigsten Inhalte auszugsweise)

Diese Auszüge stellen das Grundgerüst der geschäftlichen Briefe dar. Es ist möglich, zu variieren. Im Vordergrund steht eine gute Gestaltung der Schriftstücke, z. B. von Bewerbungen.

1. Alle Zeilen beginnen an der sog. Fluchtlinie (etwa 2,41 cm von der linken Blattkante entfernt). Die einzelnen Absätze des Briefes werden jeweils durch eine Leerzeile abgetrennt.

2. Der *Briefkopf* kann individuell gestaltet werden, z. B. mit Firmenbezeichnung, Werbetext, Grafik.

3. Die *Anschriftzone* umfasst entsprechend internationaler Normung nur noch 6 Zeilen. Sie hat eine Höhe von 27,3 mm, was etwas mehr als 6 Zeilen mit 12 Punkt Zeilenhöhe entspricht. Zusammen mit der Zusatz- und Vermerkzone ergibt sich damit die Gesamthöhe von 40 mm des Anschriftfeldes.
   Im gesamten Anschriftfeld werden *keine Leerzeilen* geschrieben.
   Es gibt keine Hervorhebungen im Anschriftfeld mehr. Bisher sollten postalische Vermerke bei fehlender Leerzeile unterstrichen werden.

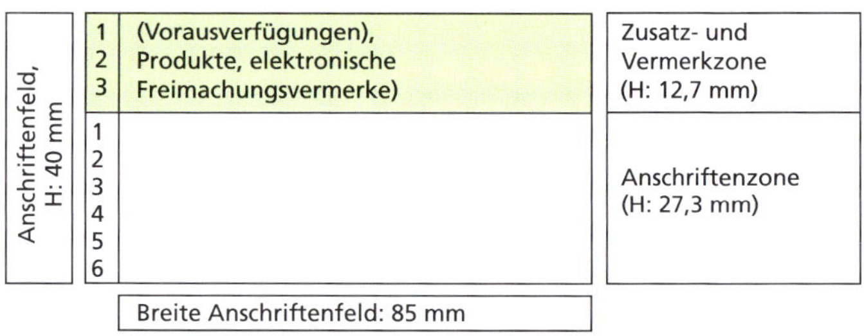

4. Der Raum rechts neben dem Anschriftenfeld bleibt normalerweise frei für die *Eingangs-* und *Bearbeitungsvermerke* des Empfängers.

5. Die *Bezugszeichenzeile* enthält die Bezugszeichen des Absenders, also Angaben zum bisherigen Schriftverkehr, die Durchwahlnummer, den Namen des Sachbearbeiters bzw. der Sachbearbeiterin, das Datum und gegebenenfalls das Diktatzeichen. Das *Datum* kann numerisch *2001-02-28* (verkürzt *01-02-28*) bzw. 28. 02. 2001 (verkürzt 28. 02. 01) oder alphanumerisch *28. Februar 2001* geschrieben werden.
6. Der *Betreff* in Form einer stichwortartigen Inhaltsangabe beginnt an der Fluchtlinie und wird nicht unterstrichen. Darunter bleiben zwei Zeilen frei. Das Wort „Betreff" selbst wird nicht mehr geschrieben werden.

7. Die *Anrede* wird mit einer Leerzeile vom Text abgesetzt. In manchen kaufmännischen Briefen, insbesondere bei Formularen, kann eine persönliche Anrede weggelassen werden.

8. Der *Brieftext* sollte empfängerbezogen und möglichst übersichtlich und verständlich sein:
   - Gliederung in Abschnitte durch je eine Leerzeile
   - Hervorheben wichtiger Angaben durch Einrücken des Textes, Leerzeilen, S p e r r e n oder *besondere* Schriftarten und Schriftstile
   - Formulierung in einem klaren, guten und anschaulichen Deutsch
   - Verzicht auf umständliche und altmodische Ausdrucksweisen

9. Der *Gruß* beginnt ebenfalls an der Fluchtlinie und wird durch eine Leerzeile vom Text abgetrennt. Auch die kaufmännischen *Grußformeln* unterliegen der Mode, heute üblich sind beispielsweise:
   - Mit freundlichen Grüßen
   - Mit besten Grüßen

   Nach der Grußformel folgen
   - 3 Leerzeilen für Unterschrift und Firmenstempel und
   - zuletzt der Name der/des Unterzeichnenden, ggf. mit Zusatzangaben.

   Der Gruß soll nie ohne Text auf einem zweiten Blatt stehen, da sonst eine eindeutige Zuordnung einer rechtsverbindlichen Unterschrift zum Schriftstück erschwert würde.

10. *Anlagen-* und *Verteilervermerke* stehen gegebenenfalls durch eine Leerzeile abgetrennt unter dem Unterzeichnernamen oder rechts neben dem Grußblock. Die bereits im Brieftext erwähnten Anlagen können nochmals genau aufgezählt werden.

Register

Bildquellenverzeichnis

akg-images, Berlin: 6; akg-images, Frankfurt am Main: 18 u., 19, 25 u.; K. Bahro, Berlin: 198 o.; W. Beyer, Altbach: 207; Bibliographisches Institut & F. A. Brockhaus, Mannheim: 24, 33 m., 33 u., 193, 249; Corel Photos Inc.: 217 m., 233, 240,257 u.; Deutsches Rotes Kreuz: 222 u.; Directmedia Publishing GmbH: 217 u.; Duden Paetec Verlag, Berlin: 205, 244; C. Elsner, Historisches Farbarchiv, Norderney: 18 o.; Fotoarchiv Panorama, Berlin: 33 o.; T. Geisel, Paulinenaue: 224; Hessischer Rundfunk/„Straßenstars“, Frankfurt am Main: 266; G. Lattke, Berlin: 202; G. Liesenberg, Berlin: 198 u., 218, 224 o., 245, 259; Messe Berlin GmbH, Berlin: 257 o.; Photo Disc Inc.: 35, 36, 37, 38, 204, 206, 220, 261, 262; picture-alliance/akg-images, Frankfurt am Main: 25 o., 28; Sander/Ursulaschule Osnabrück: 225; Puppentheater Berlin: 242; B. Raum, Neuenhagen: 7; A. Reichenbach, Mühlberg: 226; D. Ruhmke, Berlin: 269; J. Schneider, Neuenhagen: 248; B. Wöhlbrandt, Schönlage: 260, 263

Die Scheibe im Buch

Die CD enthält mehrere Hundert Fachthemen. Diese Themen bestehen aus einer kurzen Annotation ❶ und einem dazu gehörigen Langtext ❷. In der Annotation sind wichtige Begriffe aufgeführt, die direkt mit den entsprechenden Textabschnitten im Langtext ❸ verknüpft sind.

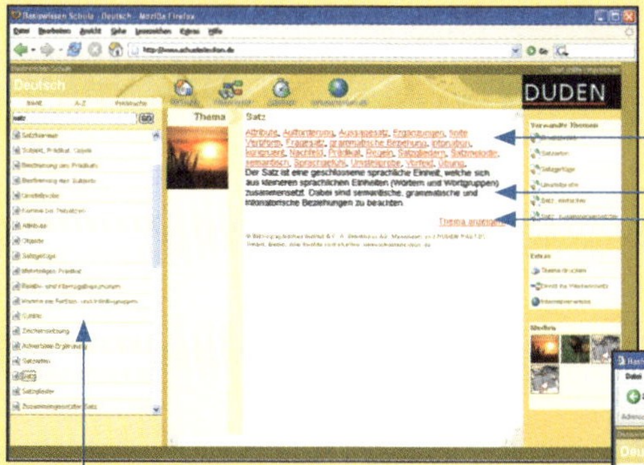

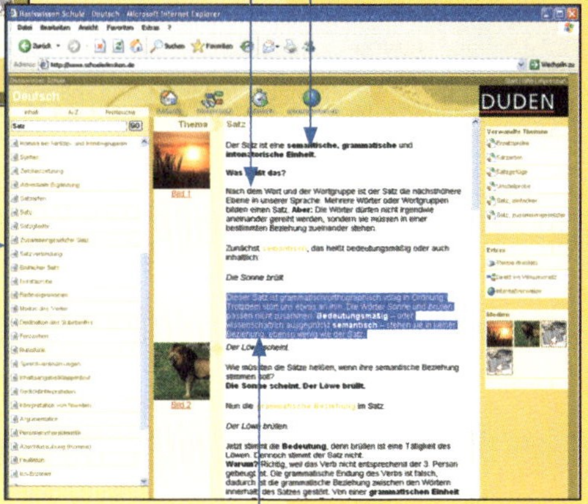

In der linken Spalte findest du entweder alle Themen sortiert nach dem Inhaltsverzeichnis bzw. sortiert nach Alphabet oder das Ergebnis deiner Suche mit der Suchfunktion.

In der rechten Spalte werden dir die Medien des aktuellen Themas angezeigt. So kannst du schnell und direkt zu den Bildern, Videos, Animationen usw. gelangen.

Alle Texte und Bilder der CD-ROM können ausgedruckt oder über die Funktionen „Kopieren" und „Einfügen" in einem anderen Programm (z. B. einer Textverarbeitung) weiter verwendet werden.

Jedes Thema verfügt neben dem Text über verschiedene Medien, die in einer separaten Medienspalte in der Mitte des Bildschirms aufgelistet werden. Dies können u. a. sein: Bilder, Videos, Flash-Animationen, PDF-Dateien und vieles mehr.

Übungen können interaktiv mit Einsetz-, Verschiebe- und anderen Übungstools zur Veranschaulichung von Rechtschreib- und Grammatikregeln genutzt werden.

Bilder und **Grafiken** können vergrößert und ebenso wie die Texte ausgedruckt werden.

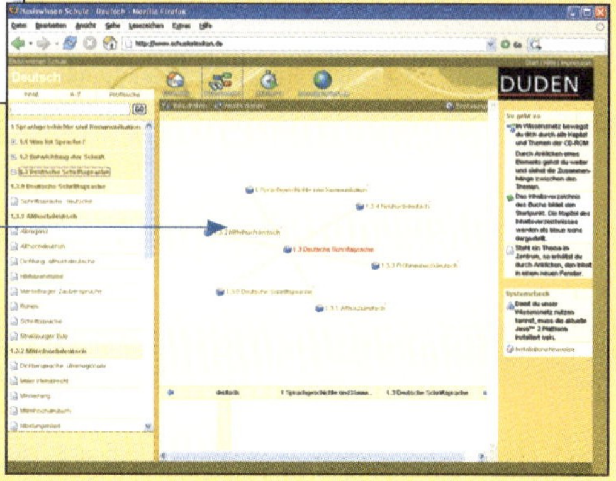

Das **Wissensnetz** (auf der Basis von Java) stellt anschaulich Zusammenhänge zwischen den Themen sowie zwischen dem Inhaltsverzeichnis und den einzelnen Themen dar.

Über den **Zeitstrahl** hast du einen schnellen Zugriff auf historische Ereignisse oder auf Biografien von Persönlichkeiten. Die Nutzung des Zeitstrahls setzt das Flash-PlugIn (auf der CD-ROM enthalten) für deinen Browser voraus.

Internet und CD-ROM – so gehts …

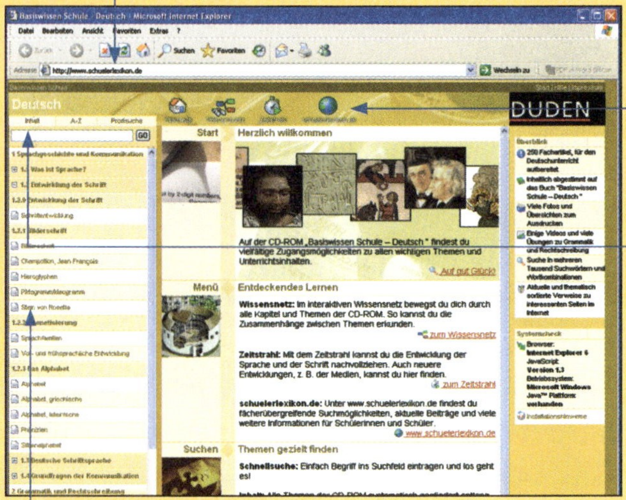

Die **Icons** am oberen Rand des Bildschirms führen dich zur Startseite des Lexikons zurück, starten das **Wissensnetz,** den **Zeitstrahl** oder bringen dich zum Schülerlexikon im Internet.

Zu den hunderten Themen des Lexikons gelangst du über das Inhaltsverzeichnis, das Register von A–Z oder über die Profisuche. Mit der **Profisuche** kannst du auch nach mehreren Begriffen gleichzeitig suchen oder dir die interessantesten Medien der CD-ROM anzeigen lassen.

Nach dem Klicken auf einen Absatz des Inhaltsverzeichnisses klappt das Menü auf und es werden dir alle **Themen,** die zu diesem Absatz gehören, angezeigt.

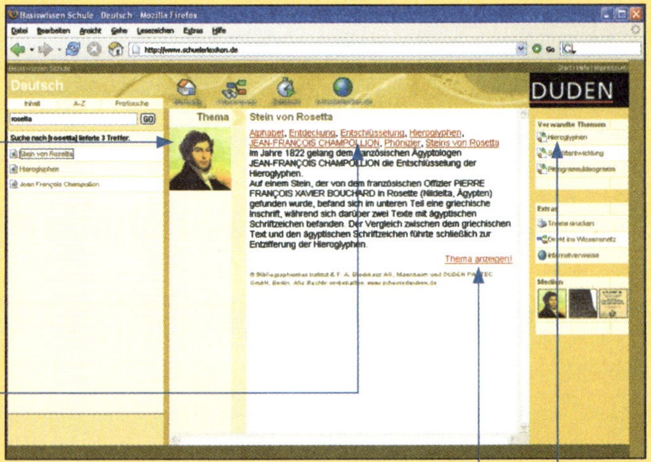

Durch einen Klick auf ein **Bild** in der Medienleiste wird dieses vergrößert dargestellt oder es laufen z. B. **Animationen** und **Videos** ab.

Durch einen Klick auf eines dieser **Suchwörter** springst du sofort an die entsprechende Stelle im ausführlichen Text des Themas.

Über „Thema anzeigen!" gelangst du zum **ausführlichen Text** mit Abbildungen, z. T. mit Animationen, Videos usw.

Die **verwandten Themen** listen alle Themen auf, die einen inhaltlichen Bezug zu dem Thema haben, das gerade angezeigt wird.